한일관계 2천년
2천년
화해의 실마리

한일 관계 2천 년: 화해의 실마리

발행일	2019년 9월 27일 초판 1쇄
	2020년 12월 1일 개정신판 1쇄
지은이	남창희
발행처	상생출판
주소	대전시 중구 선화서로 29번길 36(선화동)
전화	070-8644-3156
팩스	0303-0799-1735
홈페이지	www.sangsaengbooks.co.kr
출판등록	2005년 3월 11일(175호)

ISBN 979-11-90133-88-3

* 이 저서는 인하대학교 교내 연구비로 연구되었습니다.

한일관계 2천년

화해의 실마리

남창희 지음

상생출판

미국에서 귀국하여 연구자로서 삶을 시작한 것이 1993년이니 어언 26년이 되었다. 지금은 국방부 산하 군사편찬연구소로 이름이 바뀐 첫 직장에서의 임무는 일본의 군사동향을 관찰하는 것이었다. 이듬해 1994년부터 7년은 한국국방연구원에서 일본 지역 분석가로서 국방정책 연구에 참여했다. 1999년에는 자매기관인 방위성 산하 방위연구소에서 객원연구원 신분으로 가을을 보냈다. 2001년 인하대 정외과로 직장을 옮긴 후에는 평소 뜻하던 한일 고대 관계로까지 관심 영역을 넓혔다. 일본 연구자로서 그동안 한일 관계의 현장에서, 그리고 치열한 논쟁이 벌어진 세미나에서 많은 것을 듣고 체험했다. 1999년 여름 첫 한일 해군연합훈련에 민간인으로서는 유일하게 참관하기도 했다. 오키나와를 포함해서 대부분의 주일미군 및 자위대 주요 기지를 견학한 것도 행운이었다. 한국의 현대일본학회 등 일본 관련 학회는 물론, 미국의 일본 연구자 모임, 유럽일본학회(EAJS) 그리고 일본의 국제안전보장학회(JAIS) 회원으로 해외 동료 연구자들의 흥미로운 발표와 식견도 접할 수 있었다. 일본 연구자로 명함을 들고 다닌 덕분에 국내외의 요미우리, 산케이, 아사히, 마이니치 신문의 논설위원, 지국장, 특파원과 교분을 쌓으며 깊이 있는 의견도 교환했다. 동경의 주일대사관 무관부에서 근무하던 육해공군 장성과 영관급 장교들이 민간 학자와 협력하여 만든 한일군사문화학회에서의 교류도 정보의 질과 양을 보완해 주었다. 이 모든 경험은 여러모로 부족한 필자에게 과분한 기회였다.

원래 단독 단행본은 정년 퇴임 후 강의 없이 저술에 전념할 수 있는 때부터 본격적으로 출판하려 했다. 아직 식견과 학덕이 모자란 탓도 있지만 정년 후 제2의 인생을 영위하며 사회봉사의 차원에서 보람을 찾고 싶었기 때문이다. 하지만 지난 수년간 악화일로의 한일 관계가 인생 계획을 바꾸었다. 한일 양국 관계가 또다시 불행한 관계를 되풀이하지 않으려면 일본 연구자로서 뒷짐만 지고 방관해서는 안 된다는 생각이 들었다.

학술 토론과 정책 현장에서 습득한 지식과 소견을 사회와 공유하고 후학에게 전수하는 것은 연구자의 당연한 의무이기도 하다. 이 책에서는 기왕이면 효과적으로 목적을 달성하고 싶어 전문 학술 저서로서는 다소 이례적인 집필 방식을 채택했다. 독자들이 쉽게 이해하고 소통할 수 있도록 딱딱한 논문형 문어체만 고집하지 않고 종종 구어체에 가까운 표현을 섞었다. 개인적 체험담도 살리면서 마치 강연장에 온 것처럼 논지를 연결하고자 했다. 사진도 많이 첨부하여 파워포인트 강의 자료에 익숙한 젊은 학생들의 시각적 이해도 배려하려 노력했다. 그리고 주의 깊게 읽어 본 사람은 눈치채겠지만 이 책에는 같은 주제를 놓고 국제정치학과 일본 지역학(area study) 그리고 고고학을 결합해 보고 싶었다. 국제정치학을 처음 배우는 대학교 1, 2학년 학생들이 한일 관계의 다양한 측면을 주요 국제관계 이론으로 이해하는 참고서로도 활용되었으면 한다. 한일 관계에 관심 있는 일반인들도 양국 관계의 긴 흐름을 따라 읽고 나면 주요 국제정치 이론의 마인드맵을 그려 볼 수 있도록 편집했다. 동시에 일본 지역학과 역사학 전공자들에게는 국제정치

개념과 이론으로 융합적인 시야를 배양하는 자료로 활용되도록 유의했다.

이 책에서 일본인 이름과 지명은 일본어 발음에 충실하도록 표기했다. 한국에서는 고베라고 보통 쓰지만 현지 발음은 코오베에 가깝다. 필요한 경우, 일본 지명과 인명은 발음을 먼저 쓰고 괄호 안에 한자를 병기했고 영어의 경우는 알파벳 지명과 인명을 괄호 안에 병기했다. 그리고 각주에 가능하면 독자들이 보다 깊이 있게 탐구할 수 있도록 길라잡이 성격의 정보를 충실히 포함시키고자 노력했다.

단행본은 퇴임하고 출판하려 했기에 10년 가까이 집필이 빨라진 셈인데 지난 날을 돌이켜 보면 감사의 인사를 드릴 분이 많다. 지금까지 연구자로 성장하는 데 많은 분께 은혜를 입었다. 미 중부 캔사스주 로렌스에서 영면하신 은사 칼 란데 교수로부터 미국 주류 학계 원로의 아시아관과 일본에 대한 인식을 깊이 있게 배울 수 있었던 것은 참으로 행운이었다. 1950년대 헌팅턴, 올먼드, 파이, 라이샤워, 스칼라피노 교수 등과 미국 정치학과 지역학의 형성 과정에 참여했던 분으로부터 직접 창의적인 이론화(theorizing)의 경험을 공유할 수 있었다.

학계의 선배인 전 국제정치학회장 김의곤 교수와 서울대학교 정치외교학부 신욱희 교수 두 분이 국제관계이론의 적용에 대해 주신 조언에 감사드린다. 고려대 정외과 이용욱 교수, 한신대 경제학과 배준호 교수와 연세대 철학과 이승종 교수의 도움도 유익했다. 지난 일년 동안 대한학술원 회원 여러분들과 함께 한 토론 덕분에 개정 작업이 수월했다.

특별히 인사를 드리고 싶은 분은 필자에게 역사 속의 인간과 인생의 의미에 대하여 깨달음의 길을 열어 주신 상생방송 안경전 이사장님이다. 천부경과 단군세기 서문에 대한 국회와 연세대학교 특강에서의 감동은 지금도 생생하고, 역사철학의 본의를 깨치게 된 데에 깊은 감사를 드린다.

또 인하대학의 학부생 정유경 군과 융합고고학과 송옥진 선생이 자료 수집과 편집 과정에 자원하여 도움을 준 데 고마움을 표하고 싶다. 순직하신 전투기 조종사의 아내로 평생을 외로움을 달래며 아들을 연구자로 만들어 주신 어머니와 그리고 나의 가족에게도 감사의 인사를 빼놓을 수 없다.

2020년 가을 논산
국방대 교환교수 연구실에서

차 례

2부 고대 한일 관계의 진실

3부 한일 역사 화해의 길

1부

2천 년을 사이에 둔
과거와 현재의 대화

1. 표류하는 한일 관계

악화일로의 한일 관계

2019년 일부 언론의 한일 관계 보도는, 바닥을 모르고 추락하는 주가를 보고 발을 동동 구르는 개미 투자가들의 장탄식과 같았다. 봄부터 점점 커진 사이렌이다. 급기야 우리 신문에서 보기 드문 기사도 등장했다. "일본에 대한 5가지 오해와 진실"이라는 팩트 체크 성격의 글이다.[1] 일본 군국주의의 부활은 과장된 해석이고 오해라는 것이다. 지난 수십 년간 몇몇 언론에서 선정적이고 인기영합적인 일본 위협론을 확대 재생산하고, 일본 전문가들이 그런 언론을 비판해 온 것에 비교하면 격세지감이 든다.

그런데 그 시점이 오히려 청개구리 같다는 헛웃음이 나온다. 우리 언론과 시민단체들은 나카소네 정권이 등장하던 근 40년 전부터 일본의 군사대국화가 시작되었다고 봉화를 올리며 경고했다. 그러나 30년 전 일본에서는 세계 어디를 가도 볼 수 없는 反戰 평화주의 脫국가 시민사회의 목소리가 강했다. 자위대 복장으로는 동경 시내를 감히 나다닐 수 없었다. 대학에서 안보와 군사를 연구하겠다는 대학원생은 이상한 사람 취급을 받았다. 당시 국내 언론은 현실에는 존재하지 않는 '군사대국' 일본을 운운하며 당장 일본이 다시 쳐들어올 것처럼 성급하게 비상벨을 울렸다.

하지만 지금은 오히려 평화헌법 개정에 올인하려는 일본회의와 같은

---

[1] 『중앙일보』 2019년 2월 15일자, 26면

우익 단체들을 예의주시할 때이다. 아베 정권 지지세력 일각에서 황국 신민처럼 시대착오적인 파시즘 시절에 대한 향수와 유혹을 느끼고 있다고 일부 일본 학자들도 지적하고 있다. 헌법개정에 대한 일본 보수세력의 총공세도 집요하다. 일본의 건강한 안보적 현실주의자들과 협력 채널을 구축하여 과대망상에 빠진 극소수 우익세력을 고립시켜야 한다. 이제 와서 일본의 군사대국화론을 과장이라 할 것이 아니라 한일 양국의 시민사회가 협력하여 아베 정권의 궤도 이탈을 막는 노력을 해야 할 시점이 아닐까?

일본을 변호하는 기사를 금기시해 오던 우리 언론이 균형감각을 찾은 것은 다행이다. 하지만 그 시점이 늦었다는 아쉬움을 지울 수 없다. 지난 40년간의 '일본 군사대국화론'의 세뇌에 머리가 굳은 우리 국민들은 일본 정부가 콩으로 메주를 쑨다고 해도 믿지 않는 사회심리적 불신 장벽이 생겼다. 많은 한국 국민들은 여전히 2015년에 일본이 위안부 합의를 통해 국가의 개입을 사실상 인정하고도 사과하지 않았다고 믿는다. 서울시립대의 한일 관계 특강에서 학생들에게 물어보았을 때의 대답이다. 당시 합의문을 그대로 옮겨 보자.

위안부 문제는 당시 군의 관여 하에 다수 여성의 명예와 존엄에 상처를 입힌 문제로서 이러한 관점에서 일본 정부는 책임을 통감한다. 아베 내각총리대신은 일본국 내각총리대신으로서 다시 한 번 위안부로서 많은 고통을 겪고 심신에 걸쳐 치유하기 어려운 상처를 입은 모든 분들께 마음으로부터 사죄와 반성의 마음을 표명한다.

일본 아베 정권이 국가의 개입을 인정하고 위안부에 대해 사죄한 적이 없다고 믿는 학생들은 위 문건을 자기 눈으로 읽어 보고도 어리둥절해하며 그럴 리가 없다는 표정을 짓는다. 물론 10억 엔의 집행 방식, 불가역적 합의라는 문구, 이후 일본 정치인의 진정성 없는 발언 등 위안부 합의 정신을 무색케 하는 요소들도 적지 않다. 한국 정부가 피해자 할머니에 대한 공감 능력이 부족했다는 세간의 비난도 나름 이유가 있을 것이다. 한국 대통령이 12월 말까지 협상 시한을 못박아버리는 바람에 한국 협상 팀이 시간에 쫓겨 오히려 협상력이 떨어진 점도 아쉽다. 하지만 위안부라는 것은 존재하지도 않았다고 잡아떼왔던 아베 수상이 역사적 과오를 인정한 점은 긍정적으로 평가할 수 있다.

문재인 정부 시작부터 한일 관계를 나락으로 떨어트린 주 요인은 위안부 합의 문제였다. 일본은 박근혜 정부 협상 당시부터 한국은 협상에 합의하고도 정권이 바뀌면 딴 소리를 하기 때문에 믿을 수 없는 나라라고 국제사회에 떠들고 다녔다. 축구 골대를 움직이는 반칙을 하는 나라라는 것이다. 일본 측 요구는 사실 합의문에 고스란히 담겼다. 지난 위안부 합의는 불가역적이라는 문구를 기어이 삽입한 것이다. 시민사회의 터쳐 나오는 요구에 떠밀려 위안부 합의 재검토를 시작했지만 결국 파기는 안 한다는 어정쩡한 결론의 배경이기도 하다. 일본 정부와 언론은 기다렸다는 듯이 한국 때리기에 나섰다. 혹시나 했더니 역시나 정권이 바뀌니 한국은 국제적 합의를 코 푼 휴지처럼 내팽개친다는 논조였다. 우익 논평가들은 경기 중에 골대를 옮기는 비정상적인 외교를 하는 나라라고 신이 나서 비아냥거렸다. 일본의 날선 비판을 접한 한국의 여론도 발끈했다. 한일 관계 악화 2라운드는 이렇게 시작되었다.

문재인 정부는 미래지향적인 한일 관계를 추구하면서도 과거사를 직시하겠다는 소위 투 트랙 기조를 천명했다. 하지만 미래지향적 한일 관계는 구호뿐 양국 관계는 끝 모를 추락을 거듭했다. 징용공 배상 문제가 불거진 것이다. 일본 코노 타로 외상은 그 문제는 1965년 한일 기본조약의 청구권 협상에서 일괄 타결된 것이라고 선을 그었다. 일본 우익 세력은 한국이 또 오래 전에 합의된 협정을 파기하려 한다고 격하게 반발했다. 지긋지긋하다며 한국과 단교하자는 길거리 극우 세력의 목소리도 높아졌다. 한국은 대법원의 판단에 행정부가 이래라저래라 간섭할 수 없다는 고충을 토로했다. 더욱이 박근혜 정부의 사법농단 심리가 진행되는 중이라 손 놓고 바라볼 수밖에 없는 입장이라는 항변도 빼놓지 않았다. 한편 법리적으로 한국 변호인단 주장을 무조건 부정할 수 없다는 일본 율사들도 있어 이 사안의 대치 전선은 다소 복잡한 형세이다. 결국 한국은 2019년 6월 오사카 G20에서 주최국 일본과 정상회담도 하지 못하고 썰렁한 양국 관계의 민낯을 노출하였다.

겨울 기운이 여전한 2019년 2월 광화문에서 일본 공군 무관과 저녁 식사를 함께 하면서 한일 관계를 진단한 자리가 있었다. 한국 공군대학에서 유학을 한 적도 있어 우리말이 유창한 일본 항공자위대(공군) 대령이었다. 그는 한일 관계가 지하 1층까지 내려 간 줄 알았는데 지하 2층, 3층도 있었다고 걱정 섞인 농담을 했다. 그의 우려대로 2019년 벽두부터 해상자위대 P-1 초계기와 한국 군함 간에 위협 비행과 레이더 조사 문제로 티격태격 감정 싸움을 했다. 일본 측은 한국군이 위험하게 사격통제용 레이다를 쏴서 식겁했다며 책임자 사과를 요구했다. 국방부는 인도주의적인 북한 선박 구조 활동에 여념이 없는 우리 군함 주위에 일본이 위험한 저공비행 도발을 했다고 응수했다. 바닥까지 떨어졌다는 한일 관계에 '지하 2층'이 있음을 알게 해 준 사건이었다.

경제보복과 단교까지 운운하는 일부 일본 정치인에 대해 한국 국회의장은 미국 방문길에 일본이 가장 민감해하는 곳에 돌직구를 날렸다. 위안부 문제에 대하여 일본 천황(일왕)이 위안부에게 사과하면 해결된다는 언급이었다. 당시 필자가 일본에 있지 않았지만 일본 정계의 반응은 안 봐도 뻔했다. 아베 수상은 오히려 문희상 의장의 사과를 요구했다. 앞에서 말한 중앙일보의 '예전과 달리 균형 잡힌' 한일 관계 진단은 이러한 악화일로의 상황에서 나온 것이다.

국제정치학의 진단

한일 양국의 감정 싸움이 상대 상품 불매운동으로까지 번지는 상황마저 나타나자 중앙일보는 급브레이크성 사설을 싣기도 했다.[2] 양국 간 깊은 경제적 상호 의존의 현실이 목소리를 내는 순간이었다. 국제정치학 3대 패러다임에는 현실주의, 자유주의, 구성주의가 있다. 현실주의가 인간의 이기적 본성이나 힘의 분포를 국제관계의 주 변화요인으로 보는 반면, 자유주의는 도덕과 양심, 국제법과 제도의 역할을 강조한다. 자유주의 이론의 중심 인물인 로버트 코헤인과 조셉 나이는 무역, 투자로 두 나라의 상호 의존이 고도화되면 상호 전쟁의 가능성이 낮아진다고 말했다.[3] 상대편 나라에 우리나라가 투자한 공장이 즐비한데 폭격을 하는 것은 자해 행위에 불과하다는 비유이다. 무역과 투자, 인적교류는 거래비용을 줄이고 예측 가능한 미래를 보장받기 위해 촘촘한 제도의 그물망을 만든다. 규범, 규칙과 제도의 역할을 강조하는 사람들

---

2 "외교갈등에 불매운동까지... '반일 감성 선동' 자제하라," 『중앙일보』 2019년 3월 21일자, 30면.

3 Robert O. Keohane and Joseph Nye, *Power and Interdependence* (New York: Longman, 1977).

을 신자유주의 국제 레짐 이론가라 불렀다.[4] 복합적 상호의존(complex interdependence) 개념은 유럽에서 유럽의회로 성숙되어 가던 시대 분위기를 반영한 것이기도 했다.

안보적 차원에서도 레짐 이론은 국가 간 정보 부족의 문제를 줄여준다고 믿는다. 국가들은 이웃 국가의 블랙박스 속의 본심을 확인할 수 없어 비무장 상태에서 공격받기보다 정당 방어의 명분으로 무장을 선택하곤 한다. 그러면 상대 B나라는 우리를 침략하기 위해 군사력을 구비한다고 오해하고 역시 무장을 하게 된다. 그러면 A나라 역시 상대보다 우월한 군사력을 갖추려 하고 이것이 군비증강의 악순환을 낳게 된다. 애초에는 방어를 통한 안보를 선택한 행동이 결국 안보의 감소를 초래한 아이러니를 안보딜레마(security dilemma)라 부른다. 이처럼 국제사회에 숙명적인 안보딜레마의 원인은 결국 상대의 진심을 알 수 없다는 정보의 부족에 있다. 국가들이 제도를 만들면 정보의 부족으로 오는 안보딜레마의 악순환을 줄일 수 있다는 발상도 신자유제도론에 깔려 있다. 한일 양국이 다양한 군사 접촉 채널을 열고 군사 교류를 심화하는 제도를 만들어 나가면 서로 불신을 줄일 수 있다는 정책에 응용할 수 있다. 한국이 주변국과 군사 핫라인을 개설한 것도 신뢰를 높일 것으로 기대되었다.

칸트의 영구평화론[5]에 기원을 둔 통합이론은 크게 기능주의(func-

---

4 Stephen D, Krasner, "Structural causes and regime consequences: regimes as intervening variables," *International Organization*, Vol. 36, No. 2 (1982), pp. 185-205.
5 독일의 철학자 임마누엘 칸트는 자유로운 시민으로 구성된 공화제 국가들의 대표들이 모여 합의하여 세계정부가 출범하면 국제사회는 영구히 평화를 구가할 수 있다고 주장했다. 국제연맹과 국제연합의 사상적 바탕이 되었으며 현실주의에 대조되는 이상주의 국제정치 이론의 뿌리 중 하나이다. 구한말 한국 철학의 대가 전병훈 선생도 중국에서 출판되어 서구에 소개된 저서 『정신철학통편』에서 칸트의 영구평화론을 높이 평가한 바 있다. 전병훈의 천부경 주해를 마르틴 하이데거가 그의 無사상과 시간과 존

tionalism)와 연방주의(federalism) 노선으로 갈린다. 경제적 협력의 기능이 밑에서 축적되어 국가 통합으로 수렴된다고 한 것이 기능주의고, 국가 정책 결정자들이 위로부터 탑 다운식으로 통합을 설계할 수 있다는 것이 연방주의이다. 신기능주의(neo-functionalism)는 양자를 절충한 방식이다. 코헨은 레짐이 불확실성과 정보 실패를 극복하는 기능이 있음을 강조했다. 국제사회에서 이러한 레짐은 이기적 속성의 국가들의 행동을 구속하고 협력을 촉진하며 그 확산에 공헌한 패권국이 소멸해도 살아남을 정도로 효용이 있다고도 했다.[6] 최근 미국 패권의 상대적 쇠퇴와 트럼프 대통령의 탈동맹 레토릭(修辭)으로 일본에는 불안감이 스며들고 있다. 하지만 설사 미국의 개입 의지가 줄어든다고 하더라도 한일 간에 지금까지 누적된 레짐과 협력의 틀은 그 자체의 관성으로 양국 간 협력의 고삐를 늦추지 않을 거라는 전망도 있다. 레짐이 없는 것보다는 있는 것이 여러모로 낫기 때문이다.

사실 1965년 국교정상화 이후 한일 간에는 정부와 민간 차원의 수많은 협정과 계약을 축적하였다. 2018년 한국인의 일본 관광객 수는 무려 700만을 넘었고 매일 거래되는 계약서만 해도 셀 수 없을 정도이다.

재론과 비교하고자 했다는 이야기가 있는데 이 책은 그의 철학에 영감을 주었다.

6 Robert Keohane, *After Hegemony: Cooperation and Discord in the World Political Economy* (Princeton: Princeton University Press, 1984). 미국 국제정치학계(IR)에서 신현실주의와 신자유주의 간의 국가 간 협력 가능성에 대한 치열한 논쟁이 있었는데 신현실주의자의 비관적인 관점에 반대되는 주장은 Robert Axelrod, "Achieving cooperation under anarchy: Strategies and institutions," *World Politics,* Vol. 38, No. 1 (1985), pp. 226-254; 80년대 논쟁을 종합 소개한 저술은 Robert Keohane, *Neorealism and its critique* (New York: Columbia University Press, 1986); David Allen Baldwin, *Neorealism and Neoliberalism: the Contemporary Debate* (New York: Columbia University Press, 1993)이 있다; 신현실주의와 신자유제도론의 논쟁을 알기 쉽게 정리한 국내 학자의 글은 김의곤, 『현대국제정치이론』 (서울: 집문당, 1996), pp. 285-360과 현대 국제정치학 연구 속 현실주의 논쟁의 좌표에 대한 유익한 자료는 이상우·하영선 공편, 『현대국제정치학』 (서울: 나남 출판, 1992) 참조.

미국 트럼프 대통령이 경찰국가의 역할이 힘들어 그만두고 싶다고 해도 끈끈하게 묶인 한일 협력 그물망은 변하지 않고 작동한다고 신자유제도론자들은 주장한다.[7] 코헤인의 이론을 믿는 사람들이라면 한일 양국이 감정 싸움을 해도 큰 걱정을 할 필요는 없다고 할 것이다.

반면 신자유주의의 주장에 비해 신현실주의자들은 전혀 다르게 말한다. 서로 무역을 해서 각각 절대적인 이득을 얻는다 해도 늘 안보를 걱정해야 하는 국가들은 상대적인 이득의 차이에 민감하다고 한다.[8] A국가가 B국가에 비해 무역흑자가 많으면 그것이 나중에 국력의 차이로 연결되고 결국 군사력의 열세로 귀결될 것을 우려한다는 생각이다. 일본 입장에서는 지난 수십 년간 기술 이전을 해 주었더니 한국이 서서히 친일에서 반일 모드로 돌아서는 것이 신경 쓰이는 이유일 수 있다. 한국의 군사력이 증가하고 나아가 일본의 잠재적 위협국인 중국과 연대하여 일본에 대항하는 시나리오는 악몽일 것이다.[9] 일본의 넷우익이나 혐한론자들이 곧잘 떠들어대는 단골 메뉴같은 소리다.[10] 친중 코스로 미끄러져 가고 있다고 보는 한국에 견제구를 날리는 보복 조치가 나올 수 있다는 이야기이다. 안보적 고려에서 나온 경제 제재라면 한국이 미중 사이에서 입장을 분명히 할 때까지 계속될 가능성이 있다는 분석도 있다.

---

7 신자유제도론자 로버트 코헤인과 사회적 구성주의자 존 제라드 러기(Ruggie)의 논문에 대한 김우상 교수와 신욱희 교수의 번역 글이 유익하다. 김우상 외 편역, 『국제관계론강의 2』(서울: 한울 아카데미, 1997), pp. 232-309.

8 Joseph Grieco, "Anarchy and the limits of cooperation: a realist critique of the newest liberal institutionalism," *International Organization*, Vol. 42, No. 3 (1988), pp. 485-507.

9 澤田克己, 『韓國 反日の眞相』(東京: 文藝春秋, 2015); ケント ギルバト [Kent Gilbert], 『中華思想を盲信する中國人と韓國人の悲劇』(東京: 講談社, 2018).

10 山野車輪, 『嫌韓道』(東京: ベスト新書, 2015); 室谷克美, 『崩韓論』(東京: 飛鳥新社, 2017).

하지만 전면전 같은 경제보복 운운은 한일 무역구조의 현실을 모르고 하는 말이다. 일본 아소 수상이 징용공 문제에 대해 불소 등 소재 수출 제한, 관세 부과, 비자 면제 취소 등 보복조치를 거론한 적이 있다. 한국 변호인단이 미츠비시 회사 등의 재산을 압류하려 한다면 취할 대응조치라 한다. 1965년 한일기본조약의 청구권 합의에서 종료된 징용공 배상문제를 한국 정부가 일본 기업에게 떠넘긴다는 불만의 표시다. 일본 정치권에서 경제보복을 운운하자 일본 재계와 외무성에서 의외의 반응이 나왔다. 일본이 한국에게 무역흑자를 보고 있는데 경제보복을 해서 무슨 실익이 있느냐는 힐난이다. 한국 관광객의 비자면제를 철회하면 손해보는 것은 일본이라는 실토도 덧붙였다. 그럼에도 오사카 G20 직후 아베 수상은 한국 반도체에 필수적인 불화수소 등의 수출을 제한하는 조치를 단행했다. 일본 언론의 비판적 논조에도 아랑곳하지 않고 밀어붙였지만 한일 양국에서 자제를 요구하는 목소리도 동시에 높아졌다. 이 에피소드 역시 상호의존의 제어력이 얼마만큼 가동할지 측정해 볼 수 있는 기회이기도 했다.

자유주의 이론에는 또 다른 것이 있는데 소위 민주평화론(democratic peace theory)이다.[11] 민주주의 국가끼리는 서로 전쟁을 하지 않는다는 주장이다. 왜냐하면 전쟁은 경제적 파괴와 인명의 손실을 초래하는데 대체로 대중들이 그 비용을 부담하게 된다. 민주주의 국가들은 언론의 자유가 보장되고, 권력 남용에 대한 견제 장치가 작동하기 때문에 국가 지도자들이 전쟁 결심을 쉽게 하기 어렵다는 것이다. 이러한 주장을 입증하기 위해 경험적인 검증 기법도 다양하게 사용되었다. 예를 들어 그

---

[11] 민주평화론의 대표적인 학자 부르스 러셋(Bruce Russet)에 대한 간명한 참고자료는 이근욱, 『월츠 이후- 국제정치이론의 변화와 발전』(서울: 한울, 2009), pp. 143-164.

검증 방법을 말하자면 이렇다. 1800년부터 2020년까지 일어난 전 세계 전쟁 중 두 나라끼리만 서로 전쟁한 케이스를 수집한다. 세계대전처럼 여러 나라가 섞여서 싸운 것은 제외한다. 다음에 민주주의 국가의 평가 기준을 만들고 전쟁 당사국들을 민주국가와 비민주국가 두 가지로 분류한다. 다음 A와 B 쌍자(雙者) 조합을 네 가지 조합의 카테고리로 분류한다. 즉 민주국가 대 민주국가를 Democracy-Democracy그룹(DD)으로 약칭하면 Democracy-Non Democracy (DN), Non Democracy-Democracy (ND), Non Democracy-Non Democracy (NN) 네 가지 전쟁국 쌍자 조합이 나온다. 만일 전쟁의 발생 케이스가 DD는 0%인데 NN은 80%이고, DN은 10%인데 ND는 10%라면 대체로 민주국가끼리는 전쟁을 하지 않는다는 가설이 입증되는 셈이다.

한국과 일본은 아시아에서 대표적인 민주주의 국가이다. 2차대전 직전 일본은 여성의 투표권도 없었고 내각은 군부가 좌지우지한 군부독재였다. 파시즘의 혹독한 경험을 치르고 전후 일본은 미국의 도움으로 강고(強固)한 민주국가로 거듭났다. 한국은 군부 권위주의가 1992년까지 지속되었다. 필자도 80년대 초 캠퍼스와 가두 시위 현장에서 치열한 항쟁을 체험한 세대이다. 미국의 점령지 일본에서의 민주주의 이식 노력과 한국 민중의 치열한 투쟁으로 두 나라는 현재 공고한 민주주의 제도를 운용하고 있다. 민주평화론을 적용한다면 아무리 양국 정치인들이 삿대질하며 감정 싸움을 해도 무력 충돌이라는 극단적 상황까지 가기 어려울 것이라고 예측할 수 있다. 민주평화론이 과연 옳은 이론인지 공허한 이상론인지 앞으로 지켜보면 알게 될 것이다. 물론 일본이 혹자의 비판대로 가짜 민주주의이고 한국은 운동권 독재라면 민주평화론을 적용할 수 없다는 반론도 있다.

자유주의 이론에 따른 낙관도 있지만, 일본의 한국인 유학생들은 최근 우익에서 신정한론(新征韓論)의 움직임이 감지된다고 불안감을 토로한다. 중국의 부상과 북한의 핵무장으로 가뜩이나 누적된 일본 내부의 상대적 박탈감을 대리 분출할 타깃으로 한국을 골랐다는 것이다. 러시아와의 북방 영토 문제도 근육질 푸틴의 위세에 눌려 해결의 기미가 안 보이자 분풀이 격으로 한국을 때린다는 것이다. 혐한 감정으로 도배된 일본 넷우익의 편향된 댓글을 보면 일종의 집단사고 증후군을 연상하게 한다. 한국에 여행 온 일본인 관광객들이, 현지에 가보니 한국은 반일적이지 않고 예상 외로 쿨하고 친절하더라고 한 글에도 그럴 리 없다는 반박이 줄을 잇는다. 어빙 재니스(Irving Janis)[12]는 믿고 싶은 정보만 취사선택하는 확증 편향이 종종 정보 실패와 외교정책 오류를 낳는다고 지적했다. 극소수의 극단적 네티즌들이 아베 정권을 뒷받침하는 우익 세력과 연합하여 한국의 콧대를 꺾겠다는 신정한론으로 여론몰이를 하고 있다.

하지만 일본 정부의 고뇌는 한국이 예전처럼 만만한 나라가 아니라는 점에서 시작된다. 나라 재정이 파탄 나서 군대 월급이랍시고 모래를 섞어 발생한 19세기 말 임오군란 당시의 한국이 아니다. 세계적 수준의 첨단 군사력뿐 아니라 경제력도 이제 일본의 지위를 넘볼 만큼 커버렸다. 일본이 깍듯이 형님으로 모시는 미국의 확고한 동맹국이기도 하다. 그리고 북한 핵 문제를 해결하는 데 긴밀히 협조해야 할 한미일 협력체의 핵심 파트너이기도 하다. 일본 정부 백서에 한국을 애써 외면하려 해도 자해행위에 불과할 뿐이다. 일본 정부가 안달하는 부분은 부상

---

12 정책결정 과정에서의 다양한 문제점에 대한 포괄적인 소개는 James Dougherty and Robert Pfaltzgraff, *Contending Theorires of International Relations- A Comprehensive Survey* (New York: Harper and Row, 1981), pp. 468-510.

하는 중국을 상대하기 위해 한일 간 전략적 협력이 무엇보다 시급한 사안인데 한국이 기대만큼 호응해 주지 않는다는 속사정이다. 결국 일본은 한국과 죽이 잘 맞는 협력관계를 구축해야 되는 이상과는 반대로 갈수록 악화되는 양국 관계의 현실 사이에서 이상과 현실의 괴리로 초조해하는 것은 아닐까?

한일 관계의 빛과 그림자

그러면 한국에게 한일 관계라는 것은 과연 어떤 것인가? 여러 가지 양국 관계의 모델을 그려볼 수 있다. 일본은 우리에게 버릴 수도, 안고 갈 수도 없는 계륵같은 존재인가? 아니면 극단적으로 단교하고 이승만 정권 시기처럼 다시 대치하는 과거로 돌아가도 좋은 것인가? 반대로 일본을 다독여 한일 관계를 디딤돌로 북한의 핵문제를 해결하고 중국의 지역 패권주의를 억제하는 방책은 불가능한 것인가? 미국이 그토록 바라는 한미일 협력은 동북아 평화의 약인가 독인가 하는 민감한 문제도 있다. 바람직한 한일 관계의 방향에 대한 전문가들의 진단과 처방은 시중에 흘러넘친다. 하지만 현실은 최근 언론의 논조대로 갈수록 꼬여가는 이상 징후만 노출하고 있다.

문재인 정부는 재팬 패싱(Japan Passing) 일변도가 아니냐고 일본의 한국 전문가들이 볼멘소리를 했다. 2019년 2월 일본 케이오대학에서 열린 세미나에서 표출된 아쉬움은 페이스북을 통해 실시간 전파되었다. 동경대 키미야 타다시 교수는 한국 정부가 구상하는 동북아 질서에 일본의 역할은 보이지 않는다고 꼬집었다. 한국 측 패널리스트들은 일본이 과잉 반응한다며 일축했다고 한다. 사실 과거 6자회담이 한창 진행될 때도 한반도 평화 프로세스에 일본이 납치자 문제를 들먹이는 것에 곱지 않은 시선이 있었다. 지금도 일본이 고춧가루만 뿌리지 않으면 좋겠다는 투의 경계심이 남아 있는 듯하다.

하지만 잘 찾아보면 일본이 한반도와 동북아의 평화와 안보에 기여할 수 있는 여지가 적지 않다. 우선 역사적으로 우리가 인정하든 안 하든 일본은 한국전쟁 당시 공산화의 위기로부터 구하는 데 일조했다. 낙동강까지 후퇴한 국군을 살려준 것은 일본에서 발진한 인천 상륙 원정군이었다. 지난 70년간 한반도의 평화가 유지된 것도 일본이 반공의 보루로서 든든하게 후방에서 버텨 준 덕분이다. 앞으로도 북한의 위협과 중국의 팽창주의에 대응 카드로서 일본은 쓸모가 많다. 평화헌법의 족쇄를 차고 온순하게 있던 일본의 재군비를 가장 두려워하는 것은 북한과 중국이다. 여차하면 1% 국방비 상한선을 쑥 넘어 군사대국이 될 수 있는 잠재력 때문이다.

일본의 경제력은 80년대 말 뉴욕 부동산을 삼킬 듯하던 기세가 꺾였지만 여전히 세계 3위의 경제대국이다. 일본인들이 버블경제 붕괴 후 잃어버린 20년의 박탈감에 초조함을 토로하지만 만만치 않은 기술대국이기도 하다. 한국의 눈부신 경제성장 스토리에 일본으로부터의 자본과 기술 협력을 빼놓을 수 없다는 점은 인정하기 싫더라도 엄연한 사실이다.

사실 일본의 경제력에 가장 눈독을 들이던 인물은 김정일이다. 2002년과 2004년 코이즈미 수상의 2차에 걸친 방북 당시 북측이 체면을 무릅쓰고 실토한 과거 사건이 있다. 요코타 메구미를 포함한 일본인 납치를 북한 공작원이 실행한 것을 인정한 것이다. 북한이 국제적 망신을 감수하고 납치를 인정한 것은 관계 정상화를 통해 일본으로부터 얻을 수 있는 자금 때문이었다. 당시 아베는 귀국 일본인 송환을 거부하면서 국민을 지켜주는 강단 있는 지도자라는 이미지 메이킹에 성공했다. 덕분에 2006년 9월 처음 총리가 되었고 2012년 2차 아베 내각으로 복귀하는 데 밑거름이 되었다.

김정은 국방위원장도 여전히 일본과의 수교와 경제원조의 떡밥에 미련을 버리지 못하는 것처럼 보인다. 몽골, 스웨덴 등 제3국에서 물밑 접촉을 했지만 납치자 문제에 발목이 잡혀 진전을 보지 못하고 있다. 일본은 북한의 비핵화 특히 일본 열도를 사정거리에 둔 노동미사일과 무수단 같은 중장거리 미사일에 민감하다. 한국인들이 잘 모르는 핵 알레르기는 일본 사회의 집단 무의식에 깊게 자리 잡고 있다. 매년 8월 6일과 8일이 되면 일본 사회는 연례행사처럼 핵전쟁의 공포를 되새긴다. 예측할 수 없는 북한 정권 때문에 일본 열도가 대량살상무기에 위협 받는 상황은 반드시 벗어나야 할 우선 과제이다.

이 대목에서 잠시 북일 관계를 짚고 넘어가 보자. 북한과 일본이 서로 마주하고 있는 문제를 가만히 묶어 보면 의외로 쉽게 답이 보인다.[13] 핵탄두를 없애는 것이 어렵다면 운반체계인 미사일부터 먼저 줄이자는 발상의 전환이다. 북한은 일본을 사정거리에 둔 미사일을 폐기하고 일본은 북한과 관계를 정상화하며 경제 원조를 제공하는 거래다. 행동 대 행동으로 상호 약속의 이행 진도를 맞추어 가는 것이다. 입구는 노동 미사일 감축으로 시작하지만 출구는 핵 폐기로 종료되는 일본 주도형 비핵화 프로세스이다. 물론 한반도 전역을 위협하는 스커드 B와 C는 남지만 여하튼 핵탄두의 상당수는 감축될 것이다. 난제 중의 난제라

---

13 북일 간의 교섭을 게임이론 모델로 분석·전망한 졸고 Chang-hee Nam and Wook Kim, "North Korea-Japan Negotiations for Diplomatic Normalization: A Game-theoretic Analysis," *The Korean Journal of Defense Analysis*, Vol. 12, No. 1 (Summer 2000), pp. 109-130.

불리는 북한 핵문제 솔루션의 하나이다.

일본이 이처럼 북한 비핵화에 공헌하는 시나리오의 강점은 국제 비핵화 레짐을 보호할 수 있는 데 있다. 만일 북한 비핵화에 국제사회가 경제 원조를 한다면 나쁜 행동에 보상을 해 주는 셈이다. 울면 사탕 주는 식의 나쁜 선례를 남기게 된다. 호시탐탐 핵무장을 노리는 중동 나라들이 그냥 넘어갈 리 없다. 북한은 NPT와 IAEA 회원국이었는데 이런 나라가 국제 레짐에서 탈퇴해서 핵무장을 미끼로 경제부흥에 성공한다면 이처럼 국제 비핵화 레짐을 붕괴시키는 빠른 길은 없다. 유엔을 필두로 대북 경제제재로 북한의 핵 포기를 고집하는 이유다. 문제는 자력갱생에 도가 튼 북한이 경제제재로 쉽게 물러설 나라가 아니라는 현실에 있다. 미국이 군사력으로 레짐 체인지를 시도한다는 시나리오는 가능하지만 실행하기는 어렵다. 북한은 지정학적으로 강대국의 세력균형점의 중심에 있다. 한국전쟁 때 중국의 개입을 체험한 미국이 또 미중전쟁을 감수하고 북한과의 전면전을 결심하기는 쉽지 않다.

북한이 노동미사일을 감축하고 살라미 식으로 일본이 북한 사회 인프라 재건을 현물로 제공하는 것은 비핵화에 대한 보상이 아니라 식민 지배에 대한 배상이라 설명할 수 있다. 전 세계에서 전후 평화조약이 체결되지 않는 드문 북일 관계의 특수성을 살리는 것이다. 이러한 점에서 일본은 한반도 비핵화와 평화, 나아가 동북아 안보의 핵심 역할을 할 수 있는 역사적 배경을 갖고 있다. 문재인 정부도 일본을 애써 외면하지 말고 잘 지내야 할 이유가 여기에 있다. 2019년 여름 참의원 선거 이후 평화헌법 개정에 몰입하던 아베 정권이 집중력을 발휘하고 있지 않았다는 점은 아쉬웠다. 아베 입장에서는 성공 확률도 낮은 북일 관계 정상화보다 평생의 염원인 자위대 합헌화가 더 중요해 보이는지도 모른다. 아무튼 그렇게 금쪽 같은 시간은 흘렀다.

게임이론의 해법 둘러보기

지금까지의 이야기를 정리해 보면, 한일 양국은 서로 과거사의 질곡에 빠져 악화 일로의 관계에 있지만 실은 상생 협력으로 얻을 것이 훨씬 많다. 국제정치학의 훈수를 한번 들어 보자. 이론적으로 말하면 게임이론의 죄수의 딜레마나 사슴 사냥 모델처럼 북일과 한일 양국이 서로 협력하면 둘 다 이익이 될 수 있는데 현실은 늘 실망스러운 결과로 귀결된다.

죄수의 딜레마 이야기부터 시작해 보자. 공범인 친구 두 사람이 따로따로 취조실에 갇혀 있고 둘은 서로 친구와 의사소통이 불가능하다. 검사는 두 범인에게 자백을 하면 형을 감면해 주겠다고 약속한다. 둘 다 친구가 의리를 지킬 것으로 믿고 범행을 부인하면 감형된다. 공범들에게는 최선의 결과이다. 둘 다 자백하면 유죄로 감옥에 간다. 하지만 한 사람만 자백하면 그는 검사의 배려로 석방되지만, 친구의 의리를 믿고 자백을 거부한 다른 사람은 가중 처벌을 받아 징역이 늘어나는 상황이다.

북일 관계에 적용해 보면 유사한 점이 보여 무릎을 치게 된다. 북한과 일본이 서로 협력하여 비핵화와 경제 원조를 거래하면 둘 다 승자가 된다. 서로 믿지 못해 배신하면 결국 궁핍과 핵전쟁의 공포를 각각 벗어나지 못할 뿐이다. 북한이 일본으로부터 경제원조는 받고 비핵화 약속을 어기면 일본 외교는 대실패다. 마찬가지로 북한이 핵을 포기했는데 일본이 경제 지원을 안 하면 북한은 망한 셈이다. 죄수의 딜레마가 국제협상의 교착을 쉽게 설명하는 매력 포인트는 바로 배신의 유혹이 작동하는 신뢰 부족을 잘 설명하기 때문이다. 상대를 믿고 협력할 때 비록 플러스 이득은 얻지만 배신할 때의 이득보다는 적기 때문에 유혹에 쉽게 넘어가는 인간 심리를 꼬집는다.

국제관계학에서는 이런 딜레마를 극복하는 방법으로 Tit for Tat이라는 행동 대 행동 방식을 제안한다. 상대가 배신하면 나도 배신, 협력하면 협력하는 식이다. 눈에는 눈, 이에는 이 방식으로 대응하여 일회성 배신이 결국 손해라는 것을 알게 해주는 것이다. 나아가 상대의 협력을 유도하기 위해 일방이 우선 선의의 통 큰 양보를 선행하고 상대의 긍정적 반응을 기다리는 방책도 있다. 죄수의 딜레마의 보상구조(pay-off structure)를 사슴 사냥 게임 구조로 개량하거나 극단적인 치킨게임으로 협력을 강요하는 등 국제관계학에서는 여러 가지 기초적인 처방을 제시한다.[14] 북미 간에는 전쟁과 타협의 극적인 전환을 연출하는 트럼프와 김정은의 세기의 극장 협상도 벌어진 바 있다. 겁쟁이 게임(치킨게임)으로 설명할 수 있는 대반전이었다. 미국에 객기 넘치는 청년들이 자동차를 서로 마주 달리며 누가 미친 척하고 끝까지 정면 충돌을 감수하는가 하는 위험천만한 만용 게임이 있었다. 죽는 게 겁이 나서 차에서 뛰어 내리면 겁쟁이로 조롱받게 되는 경기를 치킨게임이라고 부른다. 미국의 전략 공군기들이 한반도 상공에 날아다니고 북한은 괌을 포

---

14 배신(Defection), 협력(Cooperation)의 선택이 가능한 두 사람(A, B)의 2×2 게임의 보상구조에서 상대의 선택과 관계없이 배신할 동기를 유발하는 수인게임(PD game)에서 선호도는 DC〉CC〉DD〉CD이다. 반면 사슴 사냥(Stag Hunt)은 CC가 DC보다 선호도가 높아 협력의 여지가 높다. 겁쟁이 게임(chiken game)도 협력의 가능성이 높아지지만 둘다 배신하는 DD가 둘 다 협력하는 것보다 보상이 많으면 협상을 아무리 해도 상황이 나아지지 않는 교착게임(Deadlock game)이 된다. 합리적 선택이론의 맥락에서 게임이론의 협력적 협상에 간단하고 쉽게 설명한 자료는 모종린, "합리적 선택이론과 외교정책," 김달중 편, 『외교정책의 이론과 이해』(서울: 오름, 1998), pp. 179-207을 추천한다.

격하겠다고 위협하는 상황은 마치 치킨게임과 비슷했다. 핵 전쟁이라는 둘 다 끔찍한 손해만 보는 선택을 하기 어렵기 때문에 부득이 협력에 나선 모습은 미소 냉전기 상황의 축소판인 듯했다. 전문 학자들이 논문에서 연구하는 현실의 게임이론에서는 수학공식도 등장하고 매우 복잡하다. 말하고 싶은 요점은 북일관계도 해결의 돌파구가 있듯이 한일 관계도 선순환적으로 연계되는 해법이 존재한다는 것이다.

Korea-Japan 패러독스

한일 양국은 서로 협력해서 얻을 수 있는 달콤한 혜택을 누리지 못하고 서로 불신의 늪에서 빠져 나오지 못하고 있는 것이 안타까운 현실이다. 한국이 일본에게 가진 가장 큰 불만은 일본 정계뿐 아니라 특히 우익의 과거사에 대한 불감증 혹은 둔감성이다. 피해자에 대한 공감 능력의 부족을 지적하는 것이다. 일본 사회 일각의 한국에 대한 우월감이나 후견증후군(patronage syndrome)을 지적하기도 한다. 일본이 아시아에서 맨 처음 근대화에 성공했으므로, 강점기가 가혹했을지 몰라도 결과적으로 일본 덕분에 한국이 서구화와 근대화의 노정에 올랐다는 강변에 반발한다.

한편 여담이지만 역설적이게도 일본을 깊이 연구하고 체험한 한국인들은 일본 지식인 집단의 무의식의 근저에 숨어 있는 한국에 대한 열등감을 발견하고 놀라곤 한다. 한미일 협력 문제에 대하여 공동 연구를 했던 일본의 저명한 국제정치학자는 사석에서 필자에게 '고대에 일본은 한국의 식민지가 아니었나' 하면서 고개를 떨구었다. 또 다른 일본인 교수 지인은 관서 지역의 고분을 발굴하지 않는 이유는 한국계 유물이 나오는 것을 두려워하기 때문이라는 말까지 했다.

반대로 일본 정치인들과 언론은 한국의 과도한 흑백논리와 피해망상증(paranoid)을 지적한다. 한국 사회에서는 전후 변화된 일본의 긍정적인 모습은 평가절하하고 군사대국화라는 프리즘으로만 바라본다는 것이다. 자라 보고 놀란 가슴 솥뚜껑 보고도 놀라는 격으로 엄살이 심하다는 힐난이다.

한일 관계가 쉽게 발전하지 못하고 감정적 대치가 계속되는 것은 분명 비정상적인 상황이다. 더욱이 지난 50년간 양국의 경제적 상호의존, 문화 교류, 인적 교류의 양과 질의 비약적 성장과 대비해 보면 괴이하게 보일 지경이다. 도대체 한일 관계에 남아 있는 앙금의 실체는 무엇일까? 이 문제는 한국의 일본 관련 전문 학회인 현대일본학회의 연례 학술회의의 단골 메뉴이기도 하다.

국제정치학의 새로운 패러다임인 구성주의 접근에서는 정체성을 단순한 종속변수가 아니라 독립변수로서도 다루어야 한다고 말한다.[15] 구성주의는 지식과 세계관이 종종 권력에 의해 굴절된다고 비판하는 성찰주의와 연관이 있다. 상대 국가에 대한 정체성도 역사적 맥락에서 재사회화라는 정치적 의도에 따라 국가에 의해 창조될 수 있다는 말이다. 이 책에서 한일관계 특정 정체성의 형성과 작동 과정을 해부해 보려고 한다. 굳이 분류하면 구성주의는 관념론의 범주에 들어간다. 유물론자인 막스와 레닌은 인식과 관념은 현실 물질 관계를 반영하는 것에 불과하다고 단언했다. 국제정치학의 현실주의와 신자유제도론도 힘의 분포나 제도에 집중하면서 관념적인 정체성은 부차적인 것으로 보았다. 철

---

15 Alexander Wendt, "Anarchy is What states make of it: the Social Construction of State Politics," *International Organization*, Vol. 46, No. 2 (June 1994), pp. 391-425; Alexander Wendt, *Social Theory of International Politics* (Cambridge: Cambridge University Press, 1999); 알렉산더 웬트 지음, 박건영 외 옮김, 『국제정치의 사회적 이론: 구성주의』 (서울: 사회평론, 2009).

학적으로 깊이 들어가 말하면 구성주의자들은 현실주의와 제도주의 역시 데카르트의 기계론적 우주론의 낡은 그림자를 벗어나지 못했다고 일축한다. 물질적인 측면에서는 상호협력이 중첩되고 고도화되면서도 한일간에 상대에 대한 인식이 퇴행하는 현상은 유물론적 시각에서는 이해하기 어렵다. 정체성과 현실 물질세계의 갭을 설명하는 과정에서 한일 관계를 구성주의적 관점에서 진단하는 논문들도 이어지고 있다.[16]

이 책은 한일 관계 앙금의 실체를 거시 역사적 시점에서 조망해 보고자 한다. 혹자는 필자의 접근을 구성주의로 분류할지도 모른다. 일본인이 한국을 보는 인식과 정체성의 뿌리를 긴 호흡으로 추적해 보려 한다. 한국에 대한 열등감과 우월주의의 기묘한 조합, 후견증후군, 한일 양국의 상호 경쟁심 등의 근원이 어디인지 찾아가는 역사 여행이다. 처음 일본 땅을 밟은 1990년 이후 전국 47개 도도부현(都道府縣)[17] 전부의 박물관과 유적지를 부지런히 발품 팔아 다닌 결과 매우 흥미로운 가설과 스토리텔링을 발견하였다. 혼자 알고 있기는 아까운 숨겨진 이야기 보따리를 풀어 보고자 한다. 그 여정의 발단은 최루탄과 화염병이 난무하던 80년대 초로 거슬러 올라간다. 필자를 충격에 빠트린 독립군가 발표회의 잔영을 우선 소개하고자 한다.

---

16 필자도 최근 논문에서 한국 내 동료 연구자들의 연구 성과를 서베이하여 이 문제를 다루어 본 바 있다. Chang-hee Nam, "Can South Korea Embrace Japan's Expanding Security Role? - Sources and the Manifestation of the Conflicting Identities," *Pacific Focus*, Vol. 32, No. 3 (December 2017), pp. 396-415.

17 우리와 달리 일본은 광역자치단체로서 東京都, 北海道 각 한 개와 쿄토와 오사카의 두 개 府가 있으며 나머지 우리 도(道) 규모보다 작은 43개 현으로 구성되어 있다. 한일 고대 관계사의 흔적을 찾아 30년간 47개 도도부현 돌아보기를 완주한 곳이 사막 해변 사구로 유명한 톳토리현이었다.

2. 독립군가 발표회의 충격

전쟁터를 방불케 한 캠퍼스

일본 열도로의 30년에 걸친 긴 연구 답사의 여정은 1983년 가을 연세대학교 학생회관 강당에서 경험한 사건에서 시작되었다. 80년대 초 당시 캠퍼스는 늘 최루탄과 화염병 그리고 사복 체포조의 폭력이 뒤섞인 전쟁터를 방불케 했다. 붉은 선혈이 낭자했던 금남로의 피 냄새가 광주 출신 학생들의 입을 통해 생생하게 전해지던 때이기도 했다. 연세대 중앙도서관 4층에서 유리창을 깨고 밧줄을 타고 매달려 구호를 외치는 데모 주동자는 일상의 모습이었다.

학생 동아리 중에 독립운동 유공자와 순직 군인 자녀들로 구성된 호우회라는 서클이 있었다. 교내의 치열한 민주화 투쟁의 바람을 타고 호우회는 그 정체성에 맞게 독립군가 발표회를 개최하였다. 가을 저녁 학생회관 2층 소강당 맨 앞줄에는 만주에서 독립운동을 했던 분들을 모셨다. 10여 곡 남짓 합창을 하던 중 이해하기 어려운 장면을 목격했다. 당신들의 자랑스러운 독립투쟁의 군가를 부르면 감회에 젖어 미소를 지으실 것으로 알았던 분들이 흐느끼며 눈물만 훔치는 것이었다. 어두운 표정에 억울함과 회한이 묻어나는 분위기였다. 행사 직후 간담회 자리에서 광복회장 이강훈 선생에게 독립투사 할머니들이 왜 그렇게 슬퍼하셨는지 여쭈어 보았다. 대학교 신입생에게 충격적인 대답이 돌아왔다. 해방 후 독립투사들은 숨어 살아야만 했고 이강훈 선생 본인도 해방된 조국에서 투옥된 적도 있다는 것이다. 상당수 독립투사들이 사회주의 사상의 영향을 받은 것은 사실이지만 자유 대한민국에서 늘 보이지 않는 감시의 대상이 되었다는 증언은 믿기 어려웠다.

1983년의 충격은 여러 가지 꼬리에 꼬리를 무는 의문을 해결하라는 숙제를 던져 주었다. 해방 후 왜 독립투사들이 영광의 주인공이 되지 못하고 삼대가 고생한다는 비아냥을 들어야만 했을까. 당시 대학에서 소위 운동권 학생들이 탐독하던 의식화 교재 중에 『해방 전후사의 인식』이라는 책이 있었다. 반민족행위자특별법에 의해 설치된 반민특위가 정권 핵심부의 방해공작 때문에 결국 친일파 청산이 실패했다는 것이 요지였다. 그 책은 선배들이 은근히 친일 지주를 엄격히 청산한 북한과 대비하며 이승만 정권의 정통성을 비판하는 데 이용되었다. 80년대 당시 군부정권이 친일파 비호 세력을 계승했다는 반정부적 의식을 함양하는 기초 교재였던 셈이다. 책 내용대로 일제에 부역했던 친일 가문들은 승승장구하고 독립투사들은 외롭게 소외된 역설을 눈앞에서 목격한 만 19세 청년의 심경은 복잡했다.

그날의 충격은 80년대 초 일본 나카소네 야스히로 수상의 신보수주의 깃발과 오버랩되어 오랫동안 머리에서 지워지지 않았다. 광복회장을 지낸 이강훈 선생에게 "일본이 과연 군국주의를 부활해서 우리나라를 다시 위협할까요?"라는 질문을 그 자리에서 던졌다. 일본은 일교련(우리의 전교조)의 힘이 살아 있으므로 일본의 민주주의가 호락호락 무너지지 않을 거라는 답변을 들었다. 교원노조가 과연 그정도 힘이 있을까 의문을 가지면서도 일본을 깊이 알고 싶다는 생각을 하게 되었다. 그날의 경험은 결국 일본 민주주의의 실체와 보수우익의 본질을 깊이 연구해야겠다는 결심으로 이어졌다. 일본 연구자로서의 인생의 여정이 그렇게 정해진 셈이다.

대동아공영권에 대한 야심적인 해부

미국 캔사스 대학으로 유학길에 오른 것도 미국식 민주주의와 패권 국의 본질을 현장에서 체험해 보겠다는 마음과 일본 팽창주의의 본질을 깊이 연구하겠다는 목적 의식의 발로였다. 다행히 당시 미국 중부 대학도시 로렌스에 위치한 캔사스대학에는 유별나게 일본 전문가들이 많았다. 지도교수 칼 란데(Carl Lande) 박사는 일본의 오야붕-꼬붕 관계와 비슷한 후견-피후견(patron-client) 모델로 일본과 필리핀의 선거 과정과 정치문화를 연구하는 정치인류학자였다. 현대 일본사를 배운 그랜트 굿맨(Grant K. Goodman) 교수는 네덜란드계 유태인으로 전후 동경의 연합군사령부(SCAP GHQ)에서 맥아더 장군의 통역장교로 근무한 인물이다. 한일 역사 전문가인 허스트(Hurst) 교수는 나중에 펜실베니아 대학으로 옮겼고 인류학과의 펠릭스 무스(Felix Moos) 교수 등을 포함, 한때 캔사스대학은 미국 중서부(Midwest) 대학들 가운데 일본 지역학의 중심지였다. 란데 교수와 굿맨 교수는 미시건대학 일본어 학습센터에서 정보장교로 같이 교육받은 오랜 친구이기도 했다. 태평양 전쟁에 실제 참전하고 일본의 격동기에 현장에 있던 분들로부터 일본을 배울 수 있었던 것은 참으로 행운이었다.

1991년 봄 "대동아공영권의 정치경제학"이라는 거창한 학위논문의 프로포절 발표회에서 5명의 지도위원들에게 1983년의 심리적 충격을 고백한 기억이 있다. 개인적 체험에 바탕을 둔 연구 주제(research puzzle)의 제기에 미국인 교수들은 흥미롭다는 반응을 보였다. 이 연구 주제는 미국 학계에서도 주목할 만한 가치가 있다고 관련 연구자들과 지도교수가 판단했던 것 같다. 학위논문 연구과정에 하버드 옌칭 도서관에서 연구보조금을 제공받기도 했고 트루먼 대통령 재단의 장학금을 받기도 했다.

　여기서 왜 일본 고대사로의 여행을 가게 되었는지 보충 설명하기 위해 학위논문에 대하여 간단히 소개해 보고자 한다. 논문의 탐구 문제 (research question)는 일본의 대동아공영권이라는 슬로건의 내적 팽창 구조를 정치경제적 분석 틀로써 해부해 보는 것이었다. 대동아공영이라는 선전 구호대로 과연 한중일 삼국은 같이 발전했는지 아니면 그것은 단순히 일본 제국주의의 수탈과 착취를 미화하는 레토릭(修辭)에 불과 했는지 냉정하게 메스를 대고 살펴보겠다는 야심적인 주제였다.

　덤으로 이 문제는 한국의 국가와 재벌 간 정경유착의 기원에 대한 탐구도 고구마 줄기처럼 노출하는 주제이기도 했다. 1980년 당시 폭력적인 군사정권 하에 민주주의가 질식되어 가는 중에도 경제성장은 순항을 거듭했다. 대학도서관 1층의 신문대에는 세상 소식에 궁금한 학생들이 서성이곤 했다. 캠퍼스의 치열한 反파쇼 투쟁 구호와는 대조적으로 신문에 보도되는 경제성장률은 매년 11-13%를 넘나들었다. 독재정권 주제에 경제성장 성과(growth performance)가 왜 저리도 좋은가 하는 의문이 생기지 않을 수 없었다. 당시 운동권 학생들의 바이블과도 같았던 종속이론에 의하면 남미 군사정권처럼 흡혈귀 같은 매판자본의 횡포로 불평등 성장이 만연하여 우리나라는 저발전이 고착되어야 했다. 하지만 당시 한국은 아시아의 네 마리 용이라 해서 해외 경제학자들이 주목하는 성공 신화의 주역이었다. 한국 경제성장의 비결을 분석하려는 노력은 미국 비교정치학 분야에서 소위 비교정치경제학 (comparative political economy)의 중요한 연구 주제로 큰 인기였다. 하지만 여전히 민주화 세력으로부터 악마화 되던 군부독재 체제가 높은 경제성장률과 양립하는 것은 쉽게 인정하기 어려운 현상이었다.

학위논문이 일본의 패권적 지역주의뿐 아니라 현대 한국 경제성장 그리고 군사정권과의 양립에 대한 함의까지 제시하는 점에 과분한 주목을 받았던 것 같다. 미국 버클리 대학에서 출판하는 주요 지역 연구 학술지 *Asian Survey*에 연구 결과가 1995년에 출판되기도 하였다.[18] 학위논문의 마지막 출판과정에서 워드 프로세서를 word perfect(WP)로 변환하는 과정에 편집 에러가 많이 생겼다. 나중에 inter-library 대출 공유 시스템으로 다른 대학에서 그 논문을 많은 연구자들이 빌려 보았다는 사실도 알게 되면서 지금도 아쉬움을 곱씹고 있다.

대동아공영권의 본질에 대한 필자의 답변은 간단히 말해 확대 재생산과 이식을 거듭하는 후견-피후견 이득 분배가 낳은 위계적 경제권의 팽창 압력이라는 것이었다. 생소한 술어가 가득한 이 문장을 풀어서 설명하면 이런 것이다. 12세기 천황(일왕)과 귀족들의 통치가 균열되며 무사 세력들이 등장하였다. 전쟁이 끊이지 않던 시대에 동경 서남쪽의 카마쿠라에 실세 장군이 일종의 무사정부 즉 막부(幕府)를 설치했다. 에도(동경)의 쇼군(將軍)과 지방의 봉건영주 다이묘(大名)들이 지방의 번주(藩主)로서 상하 역할을 분담하여 지배하는 체제를 막번 체제라 부른다. 전설적인 검객 미야모토 무사시가 쌍칼을 휘둘렀듯이 사무라이의 기세가 등등하던 시절이다. 당시 주군의 억울함에 복수하는 47인의 무사들의 이야기는 추신구라(忠臣藏)라 해서 지금도 가부키라는 일본 연극의 인기 제재이다.

이 중세 도쿠가와 바쿠한(幕藩)체제 시기에 막부의 쇼군과 미츠이(三井)와 같은 상인들은 독특한 상하 유착관계를 구축하였다. 동경의 료코

---

18 Chang-hee Nam, "South Korea's Big Business Clientelism in Democratic Reform," *Asian Survey*, Vol. 35, No. 4 (July/August 1995), pp. 357-366.

쿠에 가면 에도박물관이 있다. 일본의 토쿠가와 시대를 이해하려면 꼭 가봐야 하는 좋은 박물관이다. 에도박물관에는 미츠이 상점을 커다랗게 관내에 재현해 놓았다. 중세 자본축적 과정에서 미츠이가 차지한 역할을 대변하는 듯하다. 필자가 일본에 갖고 있는 은행구좌도 미츠이 스미토모은행인데 수백 년의 전통을 자랑하는 셈이다. 미츠이처럼 장군의 재정 관리를 도맡아 일종의 특혜를 누린 상인들을 세이쇼(政商)라 불렀다. 정치권력의 이동에 민감하던 정치 상인들은 눈치 빠르게 1868년의 명치유신 세력에 줄을 섰다.[19] 그 대가로 금융, 해운 항로권과 광산 개발권 등에서 미츠이, 미츠비시, 스미토모, 야스다 같은 기업들이 생겨났고 이들이 바로 자이바츠(財閥)로 급성장한다.[20] 정권과 기업이 정치자금과 산업특혜를 배타적으로 교환하는 관계는 필연코 특혜 배분에서 소외되는 집단을 낳게 된다. 후견인과 피후견인의 이득 배분구조에서 배제된 집단의 불만은 기득권 세력을 향하게 된다.[21] 후견-피후견(patron-client) 네트워크의 수혜자들은 그 독점 구조를 유지하기 위해 희생양을 외부에서 찾는 유혹에 빠지기 쉽다. 일본 제국은 한국을 식민 지배함으로써 국내의 불만을 외부로 배출하려 했다. 사이고 타카모리 주변에 모인 전직 사무라이들의 사례도 유사하다. 이렇게 해서 후견-피후견 유착관계는 일본 제국주의의 여러 팽창 메커니즘의 한 축을 담당했다. 팽창의 동기는 약육강식, 우승열패 풍조가 만연한 19세기 당시 국제사회의 야만적인 풍조만 해도 충분했지만 산업화 후발주자 일본에

---

19 石井寬治, 『日本經濟史』(東京: 東京大學出版會, 1991), pp. 136-146.
20 위의 책, pp. 136-146; 三和良一, 『槪說日本經濟史』(東京: 東京大學出版會, 1993), p. 45.
21 Chang-hee Nam, "Clientelistic Expansion of Japan in Korea: The Political Economy of the Greater East Asian Co-prosperity Sphere," Ph.D. Dissertation, University of Kansas, 1992.

게는 이러한 특수한 환경도 있었다.

유럽 국가들이 100년 이상 걸려 이룩한 근대화를 압축 성장으로 추진하려던 명치정부는 공장 증설에 필요한 자본축적에 고심했다. 국내에서는 높은 소작료와 조세로 농민들의 고혈을 짜내서 자본가로 변신한 다이묘와 유착기업들의 성장을 후원했다.[22] 모자란 자본과 재정적자를 메우기 위해서는 수출 드라이브가 불가피했다. 전국의 공장에서는 해외에 수출하는 생사와 직물의 생산원가를 낮추기 위해 저임금의 희생을 강요했다. 하지만 무리한 성장모델의 모순은 결국 1918년 전국적

----

22 石井寬治, 『日本經濟史』(東京: 東京大學出版會, 1976), pp. 70-79.

| 군산 시내 일본인 가옥 유적(위)과 전북 화호리 일본인 농장 창고 유적 (아래)

인 쌀 소동으로 표출되었다. 낮은 임금에 허덕이던 노동자들에게 엎친 데 덮친 격으로 쌀 수급에 차질이 벌어진 것이다. 항의 시위로 계엄령까지 내리며 몸살을 앓던 일본 정부는 대책에 부심하였다. 그 희생양은 조선의 농민이었다. 곡창 전라북도를 중심으로 관개시설을 대대적으로 정비하고 일본인 지주의 농장을 확대하면서 가혹한 쌀 수탈을 강행하였다. 점령지 조선에서의 산미증식의 결과, 생산은 늘었는데 한국인들의 쌀 소비는 오히려 줄어드는 모순 구조를 재생산하게 되었다. 일본은 모자라는 식량은 만주에서 수입한 값싼 콩으로 보충하려 하였고 이것은 만주로의 팽창을 유도하는 또 다른 요인이 되었다. 전 세계를 블록화하는 풍조도 있었지만 조선을 경제 순환의 보조 엔진으로 이용하는 데 맛을 들인 일본은 거대한 배타적 경제권을 꿈꾸기 시작했다. 대동아공영권이 모습을 갖추어 가면서 오족협화론, 아시아연대론의 구호가 대륙 깊숙이 파고들었다.

일본이 점령지 조선에서 가혹한 수탈 모순의 압력을 완화하는 메커니즘은 일본 중심의 경제권 확대로 재생산되었다. 이 정치경제 메카니즘 확장의 중심에 차별적인 이익 배분구조가 작동했다. 강제병합에 찬성한 이완용 등 민족 반역자들에게 작위와 은사금을 제공하고 변함없는 충성을 요구했다. 일본과 조선총독부를 후견인으로 하고 친일 협력자를 피후견인으로 하는 후견-피후견 관계가 조선으로 확장되었다. 소위 민족자본가로 불리던 조선인 신흥 상공업자들도 회유의 대상이었다. 1919년 만세운동으로 화들짝 놀란 일본은 문화통치를 표방하며 1911년 회사령으로 길들여진 조선인 자본가들을 후견-피후견 네트워크로 편입하도록 유도했다. 경성방직을 포함한 민족자본가들은 울며 겨자 먹기로 일본 제국주의의 확장 논리 속으로 빨려 들어갈 수밖에 없었다. 한편 이 협력망에서 배제된 민중에 대한 상대적 박탈은 심화되었다. 곡창지대 전북의 농민들은 새로운 세상을 약속하는 보천교와 같은 민족종교에 심취했다. 이어 1931년 만주사변을 전후로 짧은 타이쇼 민주정치가 자취를 감추고 군부가 정치의 전면에 등장하는 파시즘의 시대가 시작되었다. 만주와 중국 그리고 동남아로 끝없이 팽창하는 과정에서 한국인 자본가들에게는 순응 혹은 폐업, 이 두 가지 선택밖에 없었다.

해방 직후 남한에서 근대적인 공업기반을 가진 세력은 일제 시기 직간접적으로 후견-피후견에 참여한 사람들이 주축이었다. 반민족행위자 특별법의 소환 1호였던 박흥식처럼 적극적으로 전쟁에 협력한 사람도 있지만 기업의 생존을 위해 원치 않는 협력을 한 사람도 많았다. 나치 청산에 매서운 칼을 댄 프랑스 드골과 달리 이승만 정권이 반민족행위자 처벌에 고심할 수밖에 없던 상황이었다. 더욱이 지식인 사회에

일제의 탄압에도 불구하고 현재 서울 조계사 대웅전으로 이전되어 보존된 정읍의 보천교 십일전

서 사회주의 사상이 만연했던 시대에 남한에서 남로당의 집요한 정권 전복에 맞서기 위해서 극약 처방이 불가피했다는 해명도 있다. 여하간 해방 후에도 사회 곳곳에 조선총독부가 남긴 유산은 광범했다. 독립운동 지도자 이승만이 정권을 잡고 일본과의 화해에 날선 조건을 유지한 1960년까지 한일 관계는 수면 아래로 내려가 교착상태를 면치 못하였다.

하지만 4·19 혁명 후 사회혼란의 기회를 이용하여 집권한 박정희 군사정권은 일본과의 유착관계 복원에 집중하였다. 1965년 한일 국교정상화를 통해 한일 양국은 국가 대 국가 차원에서 서로 특혜를 교환하는 특수 관계를 발전시켰다. 고도성장에서 나온 수출품의 시장으로 한국은 일본에게 유용했고, 한국에게 일본은 경제원조와 기술 수입처로써 필요했다. 안보적으로도 한국은 일본에게 베트남전으로 현실화된 공산주의 확장을 최전선에서 막아주는 역할을 하였다. 급속한 전후 복구로 한국을 압도하는 60년대 북한의 경제력은 일본에게도 불안 요소였다. 한국의 공업화를 지원하기 위해 포항제철의 기술 이전을 포함, 한국에게 일본은 경제발전의 모델이었다. 이 과정에서 35년간 식민지 조선에 이식되었던 정부-기업 간의 상하 유착 행태가 더욱 만연하게 된다. 삼성, 대우, 현대 등 대표적인 한국의 재벌은 박정희 정권과의 특혜를 매개로 급성장하였다. 명치유신 후 일본 재벌의 정경유착을 연상시키는 양상에는 유사한 수출주도형 권위주의 발전 모델도 좋은 토양이 되었다. 만주군관학교에서 일본 주도의 급속한 만주 지역 공업화를 체감하고 일본 육사에서 일본의 군부개입과 권위주의를 목격한 박정희는 급속한 국가주도형 경제개발의 지휘자로서 최적의 인물이었다. 일본형 국가주도형 개발 모델이 박정희 정권의 일사분란한 지휘 속에 구현

되었다. 특정 재벌을 중심으로 한 급속한 성장의 고동 소리와 反파쇼를 외치는 거리의 함성이 기묘하게 공존하는 시대이기도 했다.

　1980년 군부 쿠데타로 집권한 5공화국의 슬로건은 '정의사회 구현'이었다. 어린 대학생의 눈에 전혀 어울리지 않는 정부의 구호는 늘 인지적 불일치(cognitive dissonance)와 심리적 갈등을 유발할 뿐이었다. 미국 비교정치학에서 동구 공산권이 붕괴한 이유가 당의 정책 슬로건이 현실과 괴리되어 나타난 인지적 불일치가 원인이라는 주장이 있었다. 1983년 가을 독립군가 발표회의 충격은 당시 군부독재 시기에도 계속되는 고도성장이 어떻게 도덕적으로 가능한가라는 의문이 오버랩되어 증폭되었다. 대동아공영권과 전후 개발독재라는 두 가지 문제는 상호 별개의 사안이지만 그 형성과 작동 과정에는 권력에 유착한 기업가들이 동시에 등장한다. 이강훈 선생 같은 독립군 원로들을 경원시했던 박정희 정권의 만군 인맥과 사회 전반의 문화권력 카르텔도 개발독재 과정의 한 역할을 담당하였다. 그 충격과 의문은 달라 보이지만 서로 연결된 문제였던 것이다. 하나의 의문을 풀면 다른 연구 퍼즐도 같이 풀리는 고구마 줄기 같은 연결고리가 있었던 것이다.

　"대동아공영권의 정치경제"라는 제목의 학위논문은 결과적으로 그렇게 야심적인 테마를 다루게 되었다. 미국 캔사스대학 정치학과 학과장이던 프란시스코 교수는 엄격하고 냉철한 분으로 필자의 학위논문에 대해 까칠하게 문제점을 제기했다. 어느 날 복도에서 만났을 때 미국인보다 외국인이 빨리 학위를 받을 수 있었던 이유는 이 학위논문의 치열한 문제의식과 창의적 논증 때문이라고 의외의 칭찬을 받은 적이 있다. 물론 그 표정은 언제나처럼 예리하고 냉정했지만 늘 그분 앞에서 긴장했던 불편함이 한순간에 녹는 듯 사라졌다. 30년이 다 된 옛 이야기가 되어 버렸는데 존경스러운 분이다. 한편, 지도교수님의 수차례에 걸친 정성스러운 교정 도움을 생각하면 엉성한 학위논문 마무리 편집이 지금도 아쉽고 마음에 걸린다.

정치인류학으로 본 고대 한일 관계

주제에서 잠시 벗어났는데, 일본 대동아공영권의 본질을 탐구하면서 그 팽창 과정의 시발점이었던 정한론(征韓論)에 대한 연구를 독촉하는 작은 사건이 1990년 여름에 있었다. 미국 대학원에는 지도교수가 지정한 도서를 읽고 구술시험을 통해 학점을 취득하는 directed reading이라는 이름의 대학원 과목이 있다. 후견-피후견 정치인류학의 창시자인 란데 교수의 주요 저작들을 섭렵할 수 있는 기회였다.

란데 교수가 문화인류학 개념으로 정치에 대한 설명을 시도한 분야는 실제로는 필리핀의 선거 행태의 분석에 대한 것이었다.[23] 서구와 달리 필리핀 정당정치는 이념적 충성도가 낮고 후견-피후견 구조에 구속된다는 것이다. 자신의 후견인이 정당을 바꾸면 주저하지 않고 따라서 정당 지지도 바뀌는 행태를 보수 혁신 양대 정당구도에 익숙한 서구 정치에서는 보기 어렵다.

한여름에 향수를 달래며 책을 쌓아 놓고 읽고 요약하던 중 지도교수

----

[23] Carl Lande, *Leaders, Factions, and Parties: The Structure of Philippine Politics* (Yale Southeast Asia Studies Monograph Series, No. 6 (New Haven: Yale University Press Southeast Asia Studies, 1965); Carl Lande, "Kinship and Politics in Pre-modern and Non-western Societies," In Johan T. McAlister Jr. ed. *Southeast Asia: The Politics of National Integration* (New York: Random House, 1973); Carl Lande, "Networks and Groups in Southeast Asia: Some Observations on the Group Theory of Politics," *American Political Science Review*, Vol. 67, No. 1 (March 1973); Carl Lande, "Political Clientelism in Political Studies: Retropects and Prospects," *International Political Science Review*, Vol. 4, No. 4 (1983).

가 예일대 재직 중 쓴 흥미로운 논문을 읽게 되었다. 일본 야마토 정권의 기원에 대한 짧은 글이었다. 일본의 야마토 정권은 한반도에서 이주한 세력이 현지 호족들을 포섭해서 형성했다는 것이 요지였다. 후견-피후견 모델[24] 창시자의 관점에서 일본의 건국 신화와 야마토 정권의 통치 양태를 해석해 본 것이다.

란데 교수는 젊은 시절 동서양의 판이하게 다른 친족 제도에 대하여 흥미를 가졌던 것 같다. 인류학에서 친족관계(kinship)에는 부모 중 한쪽만 조상으로 인식하는 것과 양쪽을 차별하지 않는 두 가지 유형이 있다. 가부장제나 모계사회는 전자에 해당한다. 동양과 달리 유럽 사회는 부계와 모계를 모두 친족 개념에 포함시키기 때문에 족보가 발달하지 않았다. 10대, 20대 선대로 가면 섞여서 모든 성씨가 조상이 되기 때문이다. 동남아나 유럽 같은 친족 제도에서는 엄격히 말하면 나를 중심으로 외연으로 뻗으면 친족의 경계가 모호해져서 결국 모두 남이 된다. 개인주의 성향이 발달하기 쉽다는 것이다. 이러한 친족 제도에서 성장한 개인들에게 서양처럼 법과 제도가 정립되지 않으면 사회적 안정이 흔들리기 쉽다. 법의 지배가 붕괴되면 필리핀이나 남미 국가들처럼 근시안적인 이기주의가 팽배하고 부패가 만연하게 된다는 것이다. 법치가 사라진 정치공동체에는 개인 간의 후견-피후견 특혜 교환 구조가 독버섯처럼 자라기 쉽다고 한다.

반면 한국처럼 부계만 조상으로 삼으면 성씨 혹은 가문 별로 사람들

---

24 후견-피후견 모델로 베트남 등 동남아 농촌사회를 분석한 사람으로 예일대학의 제이스 스캇이 있고 같은 학교에서 한미 관계를 분석한 연구자로서 서울대 신욱희 교수가 있다. 란데 교수가 인정했듯이 후진국 정치 모델로서 유용했지만 계량적 연구가 어려운 행동 데이터의 제약 때문에 이론적 확장성은 제한되었다. 하지만 수평적 정권 교체가 구현된 일본 민주당 정권 초기 개혁 대상으로 지목된 일본의 뿌리깊은 정관재 유착의 현상을 설명하는 데 여전히 유용하다.

이 선명하게 나뉜다. 김씨는 천 년이 지나도 김씨이고 박씨는 이천 년 전에도 박씨로 되므로 사람들은 성씨 수만큼의 가문으로 명확하게 소속이 구분된다. 각 성씨는 가족 간의 위계적인 질서가 자연스럽게 잡히게 되는데 이런 사회에서는 각 성씨의 우두머리 간에 통혼이나 협약만 맺으면 그 공동체는 서로 평화롭게 공존하기 쉽다. '제한된 가치의 권위적 배분'이라는 정치 과정도 각 가문의 대표들이 모여 합의하면 쉽게 된다. 일본의 경우 자민당 장기집권 시기 각 파벌의 영수들이 요정에서 만나 중요한 당정협의를 하던 모습을 연상하면 된다. 각 가문이 통치 영역을 나누어 서로 간섭하지 않으면 평화는 지속적으로 유지된다.

내란의 위험을 줄이는 상징조작 방법도 있다. 각 유력 가문 중에 특정 가문을 대대로 왕가(royal family)로 추대하고 특별한 상징적 권위를 인정해 주는 것이다. 태양의 아들이라는 의미에서 태양을 상징하는 새의 알에서 태어났다는 난생설화를 그런 예로 볼 수 있다. 고대 부여나 고구려의 마가, 우가, 저가, 구가, 양가 등으로 구성된 오가(五加) 문화의 전통이 이와 같은 문화적 배경과 관련이 있다는 주장도 가능하다. 이러한 친족제도와 권위 배분 방식은 지속적인 정치적 안정을 갖게 된다. 큰 아들이 왕권을 상속받는 제도를 만들면 미래의 안정도 보장된다. 서양에서도 왕이나 영주들이 특권을 세습하는 방식은 비슷하지만 가부장제 친족제도를 가지는 사회에서 천 년을 가는 가문과 족보, 동성 통혼 금기라는 문화 의식은 상대적으로 약하다. 하지만 최상위 권위의 가문에 대한 공감대가 무너지면 그 공동체는 붕괴될 수도 있다. 고주몽과 예씨부인의 아들 유리왕과, 고주몽과 후처 소서노의 아들 비류, 온조의 경쟁구도를 예로 들 수 있다. 고구려와 백제가 대대로 부여계 종주권 경쟁을 할 경우 타협이 어렵게 될 수도 있다. 비류와 온조는 결국 불만을 품고 이탈하여 독자적인 세력을 키웠고 고구려와 백제는 수백 년간 숙적 관계로 경쟁했다.

언어와 풍속 등 문화적 동질성을 갖는 지역끼리는 그 왕가 가문의 상징적 정통성을 공유하는 패턴도 나타날 수 있다. 여러 호족 세력이 난립한 공동체에서 전쟁을 종식시키기 위해 자발적으로 외부의 권위 있는 가문의 일원을 초청하는 것이다. 이곳으로 세력 확장을 꾀하는 외부 왕가 가문과 서로 계산이 맞으면 왕-제후의 계약을 맺고 복종을 서약하는 경우도 있다.

아마도 란데 교수는 이런 패턴으로 야마토 정권의 형성 과정을 설명하려 했던 것 같다. 한반도에서 일본으로 들어간 이주민은 천손강림 신화라는 상징적 권위를 부여받고 대체로 평화적인 방법으로 현지 수장들을 포섭하였다는 것이다. 3세기 말 갑자기 등장한 기마민족 세력, 성대한 고분의 조영, 획일화된 위세품으로서의 청동경의 부장 풍습은 란데 교수의 학설을 뒷받침한다. 하지만 이야기는 거기서 끝나고 구체적으로 어떤 과정에서 한반도의 유력 가문이 일본으로 유입되었는지 자세한 설명은 없었다. 이 이야기는 2부에서 고고학과 군사학의 지혜를 빌려 자세히 설명할 것이다. 문화인류학을 차용한 정치 문화론적 설명은 직관에 의존하기 때문에 한계가 있었다. 경험적인 데이터를 수집하여 가설을 세우고 통계적으로 입증하는 현대 정치학의 풍조 속에 더 뻗어가지 못했다. 가설을 도출하는 데는 유익하지만 엄밀한 입증은 쉽지 않다. 고고학과 군사학을 융합하여 설명력을 높이는 노력이 병행되어야 할 부분이다. 바로 이 점이 이 책에서 실험적으로 시도해 보려는 융합적 접근이다.

란데 교수는 고고학까지는 관심을 갖지 않아 그 이야기는 일종의 시론적 서술에 그쳤다. 하지만 일본의 한반도로의 팽창과정에 대하여 연구하고 있던 필자에게는 매우 신선하게 다가왔다. 왜냐하면 1987년 미국으로 유학을 가기 전 6개월 간 서울 시내 정독도서관에 매일 출근하듯이 가서 닥치는 대로 한일 관계 관련 책을 탐독했던 때의 의문과 접점이 있었기 때문이다. 일본의 한국에 대한 우월감은 문화적 열등감의 반발 심리라는 내용의 책들이었다. 재야사학이나 언어학, 민속학 등 다양한 관점에서 한반도의 선진문화가 일본으로 유입된 증거들을 볼 수 있었다. 백제로부터 워낙 선진문화가 물밀듯이 열도로 들어갔기 때문에 백제 것이 아닌 것은 재미없다는 의미로 '쿠다라나이'라는 말이 나왔다는 이야기도 읽었다. '쿠다라'는 백제이고 '나이'는 없다는 말인데, 물론 이런 말을 하면 일본인들은 처음 듣는 주장이라 일축한다.

일본인의 한국에 대한 열등감이 우월주의와 정한론으로 전화(轉化)된 것이라는 해설을 반복적으로 읽었기 때문에 란데 교수의 추론은 나의 탐구심을 더욱 자극하였다. 정한론의 뿌리를 정확히 안다면 한일 간의 불행한 과거를 치유할 수 있는 막힌 곳도 찾아 낼 수 있으리라는 기대도 부풀었다. 한의사가 환자의 막힌 혈 자리를 찾는 심정이라고나 할까? 한일 고대사로의 30년에 걸친 탐사의 열정은 그렇게 불이 붙었다.

3. 임나일본부설과 정한론(征韓論)

명치유신 전후의 정한론

김대중 정부 때 문화 개방으로 물꼬를 튼 한일 친선 무드는 2002년 한일 공동 월드컵 때 절정에 달했다. 일본 주부들은 한국 드라마 '겨울연가'에 푹 빠졌고 노무현 정권 때까지 전대미문의 한류 현상은 계속되었다. 하코네에 가족여행을 갔을 때 엘리베이터에서 한국인임을 알아보고 심하다 싶을 만큼 따뜻이 대해 주던 일본인들의 시선이 지금도 기억에 선하다. 일본 NHK 9시 간판 뉴스 시간에 한국 배우 이병헌이 특별 초대되고 연말 홍백전 가요대회에 한국 팀이 연이어 참가했다. 지금 생각하면 그런 때가 있었나 싶을 정도로 한류 특수는 한동안 계속되었

야마구치현 하기시의 요시다 쇼인 학당, 松下村塾

다. 한일 관계가 급전직하로 기운 계기는 어디였을까? 노무현 정부 때도 긴장 국면은 있었지만 양국 시민사회의 방파제가 작동했다.

양국 관계의 악재가 중화되지 못하고 감정의 앙금이 축적되기 시작한 것은 역설적이게도 한국의 보수 정권 시기였다. 이명박 대통령의 정제되지 못한 천황(일왕) 관련 발언이 양국 관계 훈풍에 찬물을 끼얹었다. 우익들로부터 정치적 쇼라고 평가절하된 독도 시찰 때문에 가뜩이나 예민해진 일본 여론에 불을 붙였기 때문이다. 바톤을 이어 받듯이 박근혜 정부부터 한일 셔틀 외교가 중지되더니 급기야 문재인 정부의 한일 관계는 끝을 모르고 추락했다.

일본 우익들은 물 들어올 때 노 젓는다고 정치인을 앞세워 반한 감정에 풀무질을 했다. 징용공 배상 문제에 대해 100가지 경제 보복 리스트 엄포를 놓기도 하고 비자 면제 취소와 단교를 주장하는 혐한 우익의 목소리도 커졌다. 일부에서는 신정한론(新征韓論)을 들먹이며 반일 일변도인 한국을 손봐야 한다는 극언도 했다. 5030 클럽 경제대국으로 우뚝 선 대한민국에게 시대착오도 유분수지, 과잉대응이라는 외무성의 지적에도 아랑곳하지 않는다. 제국주의 망령인지 정한론을 들먹이는 극우 세력의 시대착오는 다시 19세기 말로 우리의 시선을 돌리게 한다.

2006년 일본 큐슈대 교환교수로 있을 때 시모노세키에서 동해에 면한 산음선(山陰線) 해안 열차로 갈아타고 명치유신의 정신적 고향 하기 시를 찾아간 적이 있다. 파도 치는 해변에 바로 붙어 있는 낭만적인 철도였지만 열차가 중간중간 끊어져서 불편하기 그지없었다. 아침 일찍 출발했는데도 해질녘에야 겨우 도착했다. 허겁지겁 요시다 쇼인 박물관을 둘러보는데 눈에 띄는 디오라마 전시물이 있었다. 『일본서기』를 탐독하는 당시 무사들의 모습이었다. 당시 초슈번 하기 마을은 정한론의 출발점이었다. 실행을 독촉한 것은 큐슈 남단 카고시마의 사이고 타카모리였지만 처음 거론한 사람은 초슈번의 요시다 쇼인이었다.

1830년에 야마구치현 하기에서 태어난 요시다는 명치유신 핵심 인물들의 스승이었다. 이토 히로부미, 타카스기 신사쿠, 이노우에 카오루, 키도 타카요시(코인), 야마가타 아리토모 등이 그의 문하생이다. 요시다는 국수주의 미토학파의 영향을 받으며 전략가로 성장하였다. 그들은 일본은 다른 나라와 달리 신성한 신국(神國)이라는 사상을 가지고 있었다. 막부에 대항한 존왕파인 요시다는 서양의 외압을 이웃 아시아로의 팽창으로 보상받으려 했다. 1854년 저술한『유수록』에서 그가 남긴 말이다.

캄차카와 오호츠크를 빼앗고 오키나와를 제후로 삼고 조선을
다그쳐 옛날처럼 조공을 하게 만들고 북으로는 만주를 점령하

카고시마 시내의 사이고 타카모리 동상

고 남으로는 대만과 필리핀 루손 일대의 섬을 노획하여 옛날의 영화를 되찾기 위한 진취적인 기세를 드러내야 한다.

흥미로운 것은 약 100년 후인 1944년 미군의 반격으로 붕괴되기 시작한 대동아공영권의 영역과 유사한 대제국의 꿈을 꾸었다는 점이다. 조선으로 하여금 옛날처럼 조공하도록 한다는 것은 『일본서기』의 임나일본부 이야기를 거론한 것이다.

요시다 쇼인의 정한론 구상은 사실 그만의 것은 아니었다. 에도 말기 일본의 국학자들은 『일본서기』와 『고사기』를 필수 교재로 가르쳤다. 이 고대 역사서는 하늘에서 강림한 천손이 일본 천황의 뿌리이므로 일본은 신성한 나라라는 민족 우월주의를 고취했다. 현대 우익의 과대망상증의 뿌리이기도 하다. 명치유신 전후에 선민의식으로 무장한 혁명 주도 세력이 나온 네 곳의 번이 있었다. 큐슈의 히젠(현 사가현), 사츠마(현 카고시마현), 쵸슈(현 야마구치현)와 토사(시코쿠의 코치)가 그곳인데 모두 서남 지역이라 서남웅번(西南雄藩)이라고도 불렸다. 사츠마출신 하급무사 사이고 타카모리는 정한론의 아이콘 같은 인물이다. 조선을 제압하자는 주장이 빨리 받아들여지지 않자 불만을 품고 낙향할 정도였다. 1877년 큐슈를 무대로 벌어진 내란인 서남전쟁의 중심인물이기도 하다.

명치유신 직후 일본의 근대화가 순조롭기만 했던 것은 아니었다. 봉건 토쿠가와 막번 체제를 해체하고 새로운 지방행정 조직으로 재편하는 폐번치현(廢藩置縣)이 단행되었다. 다이묘들의 위용을 과시하던 천수각과 성이 버려지고 중앙에서 파견한 지사들이 행정권을 장악했다. 사무라이들은 칼을 빼앗기고 월급으로 보장된 봉토도 반납했다. 세금

납부 방법을 바꾸는 지조개정(地租改正)과 무사의 특권적 소득원을 해체하는 질록처분(秩祿處分) 과정에서 무사들은 박탈감에 빠졌다. 불만이 쌓인 무사들은 사이고 주변에 모여들었다. 해외로의 정벌이 무사들의 존재감을 살릴 출구라는 막연한 기대감 때문이었을까. 조정의 단짝친구 오쿠보 토시미치는 일본의 국력이 아직 모자라므로 조선 출병은 시기상조라는 입장을 굽히지 않았다. 결국 1877년 명치유신의 동지끼리 싸우는 서남전쟁이 일어났다. 난공불락의 요새 쿠마모토 전투에서 실패한 사이고군은 카고시마로 후퇴했다. 화산 구름이 이색적인 사쿠라지마를 바라보는 시로야마(城山)에 최후의 진을 쳤다. 동굴 앞 안내판 설명에 의하면 유탄을 허리에 맞은 사이고의 자결로 내란은 종결되었다.

카고시마에는 네 번이나 가보았는데, 도시 전체가 명치유신의 테마파크 같은 곳이다. 사카모토 료마 전시관이 있는 코치(전 토사번)와 사가현에도 명치유신 관련 박물관이 있지만 카고시마에는 미치지 못한다. 일본 명치유신과 정한론의 중심지역이라면 역시 야마구치현의 하기시와 카고시마를 꼽을 수 있다. 카고시마 시내에 있는 유신 후루사토관이라는 박물관은 고려교라는 다리 옆에 있는데 꼭 가볼 만한 역사학습장이다. 역사의 현장을 걸으며 격동의 시절 한 나라의 운명을 바꾼 지도자들의 행보를 돌이켜보며 감회에 젖곤 한다.

정한론의 실행 시기를 놓고 대립했을 뿐 동경의 명치유신 정부도 언젠가는 조선을 병합하겠다는 목표는 동일했다. 오쿠보의 우려대로 1895년 청일전쟁에서 승리했지만 힘이 모자란 일본은 서양 강국의 압력에 못 이겨 요동반도를 토해내야 했다. 러시아, 프랑스, 독일이 조선의 독립을 위태롭게 한다는 명분으로 전리품을 반환하게 한 것이다. 천황이 히로시마의 대본영(전쟁지휘본부)까지 와서 총력을 다해 얻은 성과물을 빼앗기자 삼국간섭을 주도한 러시아에게 원한을 품게 된다. 10년 후에 발발한 노일전쟁의 씨앗이 이미 이때 심어졌다. 일본은 한반도에서의 독점적 영향력 확보를 위해 부국강병에 절치부심하게 된다.

세력전이 이론과 열강 일본의 등장

극동의 오랜 패권 세력인 청을 대체하고 나아가 러시아도 몰아내고 일본이 새로운 맹주로 등장하는 과정을 설명하는 쓸모있는 국제정치이론이 하나 있다. 오르갠스키가 주장한 세력전이(power transition) 이론이다.[25] 그는 국력의 증가 속도의 상대적 차이가 현저한 산업화 이후에는 전통적인 힘의 균형(balance of power)이 맞지 않다고 비판했다. 농업 생산력이 갑자기 증가하기 어려운 과거와 달리 독일이나 일본처럼 급속한 공업화로 군사력이 팽창하는 사례를 주목했다. 오르갠스키는 국제사회는 기존 질서의 이권 배분을 놓고 피라미드처럼 위계적으로 구성되어 있다고 보았다. 상층부에는 만족한 국가들이 있고 맨 아래에는 불만족한 국가들이 있다. 불만족한 국가들은 현상타파적인 성향이 있는데 자국의 국력 증가가 패권국을 능가하는 시점에 전쟁이 일어나기 쉽다고 보았다. 힘의 균형이 아니라 불균형이 역전(전이)될 때 전쟁이 발발한다는 이론이다. 이 이론은 전통적인 현실주의 힘의 균형 이론가 모겐소[26]

25 Abramo FK Organski, *World Politics* (New York: Alfred and Knopf, 1968); AFK Organski and Jacek Kugler, *The War Ledger* (Chicago: University of Chicago Press, 1980); 논평을 포함한 다양한 전쟁이론과 비교한 오르갠스키의 세력전이 이론의 소개는 이상우, 『국제관계이론, 4판』 (서울: 박영사, 2006), pp. 230-258; 세력전이 이론에 정통한 국내 학자는 김우상, 『신한국책략 III』 (서울: 세창출판사, 2012), pp. 181-202과 관련 영문 논문들이 유익하다.

26 국제정치학의 영원한 고전, 한스 모겐소의 *Politics Among Nations*의 번역서는 한스 모겐소 저, 이호재, 『현대국제정치론-세계평화의 권력이론적 접근』 (서울: 법문사,

의 주장과는 상반된다.

한스 모겐소는 국가는 이기적인 인간들로 구성되어 있어 늘 국력 팽창을 꿈꾼다고 보았다. 홉스의 '만인의 만인에 대한 투쟁'과 같은 국제사회에서 전쟁을 막기 위해서는 힘의 균형이 필요하다고 했다. A, B, C 세 나라로 구성된 국제사회를 상정할 때 A의 국력이 5이고 B의 국력이 2이면 A가 B를 침략하여 영토와 주민을 빼앗으려 하기 쉽다는 것이다. 이 때 B가 국력이 3인 C와 동맹을 맺으면 A(5) = B(2) + C(3)으로 균형이 달성되어 A의 공격 의욕을 포기시킬 수 있다는 생각이다. 모겐소는 흥미롭게도 유럽에서 미국으로 이민 와서 잠시 캔사스대학에서 교편을 잡았다고 한다. 냉정한 사회과학자의 전형인 프란시스코 교수가 들려준 이야기다. 동부의 대학이 아니라 밀과 옥수수 밭이 전부인 시골 캔사스에 체류한 사연이 궁금했다. 전쟁에 지친 심신을 달래고 싶었을까. 양차 대전의 야만적인 약육강식 국제정치를 체험한 그로서 국가안보를 지키는 길은 자국의 국력 혹은 동맹을 통한 힘의 균형뿐이었다.

실제로 1868년 이후 일본의 공업화는 눈부셨다. 천황의 시종 출신인 이와쿠라 토모미가 인솔한 서양 견학단에는 유명한 명치 엘리트들이 참가하였다. 태평양과 대서양을 건너 미국과 유럽의 근대문명을 접한 그들의 추진력은 일사분란했다. 문명개화라는 슬로건으로 근대적인 산업을 키우는 식산흥업(殖産興業)에 몰입했다. 혁명의 정치자금을 제공한 상인들에게 영양가 있는 산업특혜를 나누어주는 관업불하(官業拂下)가 시행된 것도 이때였다. 확장된 공업력은 바로 군사력으로 전화되었다. 서양을 배운다는 양무운동을 주도하던 청나라의 이홍장도 기세 좋은 일본의 국력 증대를 감당할 수 없었다. 일본은 러시아 발틱 함대를

1987)이 있고 2014년에 출판된 이호재·엄태암 공역본이 있다.

격파하여 국제무대에 신흥강국으로 극적으로 데뷔하는 데 성공했다. 오르갠스키의 공식대로 일본은 행운을 거머쥐었다.

한반도에서 일본의 독점적 지배의 걸림돌을 하나씩 제거한 이듬해 한국의 외교권이 박탈된다. 을사조약은 2년 후 정미7조약을 거쳐 결국 1910년 강제병합으로 이어졌다. 사이고가 외친 정한론의 꿈이 이루어진 순간이다. 19세기 중반부터 반세기에 걸친 집요하고 체계적인 정한론의 실현 과정의 이면에는 일관된 한반도로의 침략 야욕이 엔진으로 작동했다. 이 강력한 에너지를 뒷받침한 물질적 기반은 1592년 토요토미 히데요시가 실패한 대륙 정복 전쟁 때부터 축적되었다.

토쿠가와 체제 250년의 실력 배양

임진왜란의 선봉장 카토 키요마사와 코니시 유키나가는 모두 큐슈에 영지를 두었다. 잘 알려진 바와 같이 울산성에서 농성전을 벌일 때 죽을 고생을 한 카토는 귀국하여 철옹성 쿠마모토성을 쌓았다. 사츠마번의 시마즈 요시히로도 이들과 함께 조선 침략에 참여했다. 시마즈는 정유재란에 참전하여 전라도를 헤집고 다니다가 남원에서 도자기 명장 심당길을 납치하여 데려왔다. 파리박람회에서 명품으로 이름을 날린 심수관 도자기 가문의 조상이다. 큐슈 사가현의 아리타 도자기도 조선 도공 후손이 만든 것이다. 토쿠가와 시대 이들 조선 도공의 도자기들은 번주들의 각별한 후원을 받으며 품질을 개량하여 유럽으로 대량 수출되었다. 유럽 귀족들을 매료시킨 도자기를 생산한 큐슈는 서양문물과의 접촉이 허락된 곳이기도 했다.

오랜 전국시대를 끝내고 정권을 잡은 토쿠가와 가문은 지방 다이묘들을 효과적으로 통제하기 위해 감시 수단을 강화했다. 산킨코타이(參

勤交代)라 해서 지방 영주들은 1년마다 에도(동경)에 가 있어야 했다. 사람들의 이동도 철저히 통제해서 전국에 검문소 같은 세키쇼를 설치하였다. 대표적인 관광지 하코네의 세키쇼 유적에서 여성 여행자의 머리까지 참빗으로 살펴보는 마네킹을 본 적이 있다. 쇄국정책을 고수한 막부이지만 나가사키의 데지마라는 작은 섬은 유럽인들과의 무역항으로 허락했다. 이 부채 모양의 작은 섬에 상륙한 네덜란드 학자와 상인들은 호기심 가득한 번주와 학자들에게 서양 지식을 전달하였다. 오페라 '나비부인'의 무대가 된 섬도 바로 이곳이다. 여기서 서양의 근대적인 과학지식과 공업기술을 배우는 것을 란가쿠(蘭學)라 불렀다. 작은 항구를 통해 유입된 지식은 큐슈와 쵸슈의 하급무사들에게 널리 퍼져 250년간 근대화 역량을 축적하는 기회를 제공했다.

대항해시대 이후 제국주의가 본격화되면서 동양의 인도와 말레이반도, 인도차이나와 인도네시아는 하나씩 유럽 열강의 식민지가 되었다.

| 카고시마 구 사츠마번 시마즈 영주의 근대적 공장지대와 집성관

중국도 1840년 치욕적인 아편전쟁 후 半식민지의 운명으로 전락했다. 이에 반해 1853년 일본 동경만 앞에서 함포 외교로 개항을 요구한 미국의 압력은 상대적으로 부드러웠다. 페리 제독은 막부의 장군이 거부하고 연기를 요청하자 다시 오겠다고 하고 물러섰다. 요코하마에 있는 카나가와조약 관련 박물관과 시모다에는 관련 유적에 신사적인 미국과의 조우의 경험이 잘 보존되어 있다. 혹자는 일본과 중국의 국운이 갈린 이유를 외압의 차이로 설명하기도 한다. 이른바 외압의 차이가 일본에게 기회의 창을 주었다는 것이다. 하지만 그보다는 오래 전부터 서양 학문을 익히고 근대화의 필요성을 절감한 서남웅번 정치엘리트들의 대응이 기민했던 점을 주목해야 한다. 이들은 외세에 불평등 조약으로 굴복한 막부를 타도하고 새로운 정부 수립에 신속하게 역량을 결집했다. 약한 외압 못지않게 내부적으로 축적된 역량이 큰 역할을 했던 것이다.

당시 임진왜란과 정유재란에 참여했던 카고시마의 사츠마번의 시마즈 요시히로의 후손 시마즈 나리아키라의 선견지명은 탁월했다. 1858년 사망 전까지 반사로, 방적소, 기계공장을 모아 작은 공업지대를 의욕적으로 조성하였다. 집성관(集成館, 슈세이칸)이라 불리는 공장 유적 안에는 볼거리가 가득하고 바로 옆에 있는 아름다운 번주 별장 정원 센간엔을 즐길 수 있다. 사츠마번은 1863년에 영국 함대와 포격전을 벌일 정도로 근대적인 군사력도 구비했다. 역사의 우연인지 모르지만 임진왜란 때 조선군을 곤경에 빠트린 조총이 처음 일본에 전래된 곳도 이 사츠마번이었다.

정한론의 기원, 임나일본부설

문제는 사람들을 일관된 행동으로 집단적으로 추동하는 정신 즉 정체성이다. 현대 미국 국제정치학에서는 인간들이 간주관적(inter-subjectively)으로 서로 구성해 가는 정체성을 국제관계의 타성과 변화의 요소로 주목하고 있다. 현실주의와 자유주의 혹은 제도주의 간의 양대 패러다임 구도에 끼어들면서 최근에 부상한 것이 구성주의(constructivism)이다. 정치공동체가 공유하는 정체성은 역사적 경험과 이야기의 전승을 통해 전해진다. 결정적이고 극적인 변환점(critical juncture)이 아니고서는 고착된 정체성이 쉽게 변하지 않는다.

한일 관계가 교착 국면을 벗어나지 못하는 문제에 몰입하다 보니 최근에 필자도 어느새 구성주의 담론으로 기울고 있는 자신을 발견하곤 한다. 오사카대학에서 개최된 일본국제안전보장 학회에서 안보전문가들의 인식조사 결과를 소개했더니 일본인 동료들이 흥미롭다는 반응을 보였다. 이듬해 2017년 2월에는 워싱턴 옆 볼티모어에서 발표를 하고 이어서 대만국립대 국제학술회의에서 다시금 해외학자들과 소통했다. 필자가 연구한 한일 관계 정체성의 이중구조를 해부한 연구를 모 유럽 교수는 철저한 구성주의 시각이라고 논평한 적이 있다.[27] 하나의 주제에 매달리던 관성 때문인지 지금은 일본 역사 속의 한일 관계 정체성을 파고들고 있다. 지금까지 30년에 걸쳐 역사 답사를 하고 관련 자료를 조사한 결과, 역사책의 컨텐츠가 무시할 수 없는 정체성 형성의 요소라는 감을 잡게 되었다. 따라서 역사서 편찬은 종종 정치공동체가 특정 나라에 대한 인식과 정체성을 구성하고 재구성하는 데 위력을 발휘한다.

요시다 쇼인부터 사이고 타카모리를 거쳐 이토 히로부미까지 이어진 한반도에 대한 인식에는 정한론의 논리구조가 작동했다. 과거에 일본에게 복속되어 조공을 바치던 나라인데 건방지게 대등한 대우를 요구

---

27 Chang-hee Nam, (2017), pp. 396~415.

하므로 버릇을 고쳐 주어야 한다는 생각이다. 침략주의적 집단행동을 추동한 일본의 우월주의 정체성의 뿌리는 놀라울 정도로 깊다. 17세기 국학파들은 712년에 편찬된 『고사기』와 720년 편찬된 『일본서기』를 정한론의 근거로 삼았다. 특히 『일본서기』의 임나일본부 관련 기사를 실제 역사로 믿고 조선 침략의 명분을 찾았다. 임나일본부라는 것은 369년 일본 신공황후가 가야 7국과 4읍을 정벌 후 설치했다는 식민통치기관을 말한다. 이후 562년 신라에 의해 가야 지역의 임나일본부가 멸망할 때까지 약 2백 년을 존속했다고 한다. 그리고 그 이전에 임신한 신공황후의 신라 정벌 당시 비굴하게 항복을 구걸한 신라 왕의 이야기도 그림처럼 일본인들의 뇌리에 새겨졌다. 임나일본부의 위세에 눌린 백제와 신라는 굽실굽실하며 조공을 바쳤고 심지어 고구려까지 일본을 두려워했다는 이야기이다. 이 주장은 고대 일본이 한반도 남부의 삼한을 지배했다는 남선경영설(南鮮經營說)로 발전되어 일선동조론의 근거로도 이용되었다. 매우 정치적으로 이용된 고대사 관련 학설인 셈이다. 명치유신 초기 일본 참모본부에서 임나일본부 관련 서적을 출판한 것도 우연이 아닐 것이다.

실제 일제 강점기 일본 고고학자들은 가야 지방의 고분을 마구잡이로 발굴하여 가야에 임나일본부가 있었다는 증거를 찾으려 했다. 35년이라는 긴 시간이 주어졌으나 근거를 찾지 못하였고 결국 전후 임나일본부설은 일본에서도 폐기되었다. 가야 고분을 발굴하면 할수록 같은 시기 일본보다 선진적이고 독자적인 왕국이 건재했음을 입증할 뿐이었다. 현재 일본 고대사학계에서 임나일본부설에 대한 지배적인 입장은 고고학적으로 입증되지 않는다는 쪽에 가깝다.

그런데 스에마츠 야스카즈라는 관변학자가 『일본서기』에 대한 종교와도 같은 신념을 가지고 또 다른 임나일본부설을 만들어 냈다. 1949년에 『임나흥망사』라는 책을 펴내면서 오히려 가야 지역을 넘어서 임나의 영역을 전라도 지역까지 확장하였다. 일본 고대사학계의 통설과 달리 임나일본부설의 잔영은 일본 출판계에 여전히 남아 있다. 일본의 서점가에서 지금도 어렵지 않게 찾을 수 있다. 오히라 히요시라는 민간연구자가 정리한 『임나로부터 풀어본 고대사』(2017)라는 책의 예를 들어보자.[28] 그는 우선 일본 고대사학계가 『일본서기』의 방대한 임나일본부 기록을 무시하는 것에 불만을 토로한다. 오히라는 전라도 광주 월계동 고분, 명화동 등과 함평, 남해 등의 전방후원분을 자세히 소개하면서 임나일본부와 연결하여 기술했다. 전라도까지 임나일본부를 확장한 쓰에마츠의 학설과 궤를 같이 한 것이다. 가야와 안라가 임나일본부라는 그는 『일본서기』에 나오는 관련 지명을 무리하게 한반도에 비정했다. 탁순을 대구인 달구벌로 비정하거나 다라(多羅)의 비정에 억측이 난무한다. 국내의 한국 사학계 일부도 비슷한 주장을 하고 있는 점은 놀랍다.

이상하게도 가야가 임나라는 전제는 한국 사학계에서도 광범하게 공유되었다. 전혀 의심할 바 없는 통설처럼 고대사학계에 횡행하고 있다. 임나가 가야라는 전제를 벗어나지 못한 한국 사학계는 2010년 한일역사공동연구회에서 어정쩡한 결론을 내고 말았다. "왜가 한반도 남부에서 활동했을 수 있지만 임나일본부를 두고 지배했다고 볼 수는 없다"고 기록한 것이다. 필자는 임나가 가야라는 전제가 바로 변형된 임나일본부설이 횡횡하는 징검다리를 놓아 준 것이 아닌지 의심한다. 이 책을 통해서 그 점에 집중하여 한일 관계 갈등의 씨앗을 해부해 보고자 한다.

임나에 대한 일차적인 사료는 임나일본부설을 주장한 『일본서기』 안

---

28 大平裕, 『「任那」から讀み解く古代史』(東京: PHP研究所, 2017).

에 있다.『일본서기』숭신 천황 65년 조에 "임나는 축자국으로부터 2천여 리 떨어져 있고 북쪽은 바다에 가로 막혀 있고 계림의 서남쪽에 위치하고 있다"는 기사가 있다. 축자국은 지금의 후쿠오카이다. 후쿠오카에서 고대 뱃길 거리 개념으로 2천 리에 해당하는 곳을 찾는 데 도움이 되는 자료가 있다.『삼국지』「위지」동이전 왜인전에는 한반도 남부 구야한국에서 뱃길로 천 리를 가면 대마도이고 다시 바닷길로 천 리를 가면 일대국(잇키섬)이 있고 거기서 또 천 리를 가면 말로국(큐슈 북안)에 다다른다고 했다. 축자국으로부터 바닷길로 2천 리에 위치한 땅이라면 대마도가 가장 유력한 후보이다. 특히 북쪽은 바다에 가로 막혀 있다는 기사를 보면 한반도 남부 지역은 확실히 아니다. 혹자는 거제도 같은 남해 섬일 수 있다고 말하지만 거제도는 중국 기록에 의하면 4천 리나 떨어져 있다. 이 정도면 임나가 대마도의 북쪽 지역에 있던 것으로 해석할 수 있다. 반면 계림(경주)의 서남쪽이라는 기사는 거제도와 부합된다. 하지만 당시 대한해협 해류를 감안하면 대마도 항로가 경주에서 서남쪽으로 이동하여 거제도에서 남쪽을 향하여 노를 저어야 하므로 서남쪽으로 인식했을 가능성은 있다.

또『일본서기』에 등장하는 임나 주변의 백제, 신라의 기록을 유심히 읽어보면 이상한 점이 눈에 띈다. 고구려와 백제와 같은 국가 대 국가가 아니라 작은 성읍국가들끼리 옥신각신한 듯한 모습이 나온다. 신공황후의 신라 정벌 기사를 보면 신라왕의 문에 창을 두었더니 그 자리에 오랫동안 서 있었다는 구절이 나온다. 작은 부족국가의 집 앞에 창을 꽂아 둔 것 같은 묘사이다. 황순종과 여러 연구자들이 보기에 이상한 점은 계속 나온다. 스이닌 천황 2년에는 고작 비단 100필 때문에 신라와 임나 사이에 원한 맺힌 싸움이 시작되었다고 한다.『일본서기』에 백제, 고구려, 신라의 전쟁에 동원되는 병사들이 동네 싸움하는 것처럼 몇 백 명 단위의 부대가 등장한다. 실제로『일본서기』유라쿠(웅략) 천황 8년 기록에 고구려가 신라에 정예병사 100명을 보내 지켜주려 했다는 말이 나온다. 고구려도 인색한 나라이고 신라도 보잘 것 없는 나라처럼 보인다. 김현구 교수도 유라쿠 천황 23년에 축자(후쿠오카)에서 500명을 동원하여 고구려를 공격했다는 기록에 의문을 제기했다.[29] 마치 작은 섬에 갇힌 성읍국가들끼리의 전투를 보는 듯하다. 더욱 우스운 기록은 케이타이(계체) 천황 6년(512년)에 나온다. 임나와 백제는 서로 가까워서 아침저녁으로 다녀올 수 있고 개와 닭이 어느 나라 것인지 모를 정도라 했다. 이웃마을끼리라면 몰라도 충청도·전라도의 백제와 경상도 가야 사이에는 있을 수 없는 이야기이다.

　이점을 두고 인하대 융합고고학과 대마도 답사 팀은 2019년 세 번에 걸쳐 현지 조사를 하고 나서 흥미로운 가설을 제시했다.[30] 임나는 가야가 아니라 대마도의 북쪽에 있었는데 그 이전에는 대마도가 신라계, 고구려계, 백제계 세력으로 나뉘어 늘 싸우는 관계였다는 것이다.『일본서기』가 후대에 개찬되면서 신라계 성읍국가가 신라로 둔갑했거나『일본서기』편찬자가 처음부터 한반도 신라와 대마도 신라를 의도적으로 구분하지 않았던 것 아닌가 하는 의심이다. 신공황후가 정벌했다는 나라가 한반도의 신라가 아니라 대마도의 신라계 성읍국가로 보고 퍼즐을 맞추어 보자는 제안이다. 대마도 북쪽에 신라와 내통하는 세력을 왜가 공격한 이야기가『일본서기』편찬자에 의하여 침소봉대되었을 가능성을 제시한 것이다. 공격한 주체가 신공황후인지 누구인지는 제외하

29 김현구 외,『일본서기 한국 관계 기사 연구 (I)』(서울: 일지사, 2002), p, 277.
30 "인하대 연구팀, 임나는 가야가 아니라 대마도였다",「연합뉴스」(2018년 1월 29일).

고 왜의 미니 원정일 수 있다는 스토리이다. 대마도에 있던 신라 속국이라는 퍼즐 조각을 놓고 보면 신공황후의 신라 정벌이 여러 점에서 가능한 이야기가 된다.

우선 한반도 경주는 평지 고도가 해발 30-40m라서 만조 때 바닷물이 경주 시내까지 들어올 수 없다. 하지만 대마도 북서쪽 좌호평야는 마을 깊이 밀물이 들어올 수 있는 것을 현지에서 확인했다. 신공황후가 만조의 수위를 잘 이용해서 신라 왕이 겁을 먹었다고 했는데 경주 동해안은 조수간만의 차이가 미미하다. 반면, 좌호만의 입구는 양쪽에 높은 산이 사이에 있어 함대를 만 입구에 배치하면 위압적인 무력 시위가 가능함을 현지에서 확인했다. 고고학적 조사에 의하면 대마도 각지에는 신라계, 백제계 유물이 집중적으로 출토되었다. 서북쪽에는 신라와 가야계 토기가 많이 나오고 중부의 백제계 계지 지역에서는 백제식 무덤과 유물이 출토되었다.

대마도는 한반도와 일본을 잇는 사활적인 교통로이자 문화 교류의

| 대마도 좌호만의 입구 모습

다리이기 때문에 한반도에서 삼국의 세력 변동에 따라 그 중심 세력이 교체되었을지도 모른다. 특히 백제와 왜의 긴밀한 동맹관계를 유지하거나 차단하는 데 대마도는 전략적 요충으로서 역할을 했을 것이다. 『삼국지』「위지」 동이전의 기록에도 왜를 소개하면서 대마도에 대한 기록에 상당한 분량을 할애했다. 대마도가 현대와 같은 일본의 변방 도서가 아니라 당시에 한반도와 일본 열도를 잇는 젖줄이자 생명선이었음을 암시한다. 일본과 한반도의 국제관계 형성에서 대마도가 중요한 위치에 있었다는 배경에서 대마도를 무대로 한 임나일본부라는 가공의 이야기가 파생된 것이 아닐까 생각된다. 『일본서기』의 편찬자가 대마도인 임나와 한반도 가야 땅을 섞어서 '임나'라 적어 놓은 결과, 현대 역사가들의 혼란을 초래한 것이 아닐까.

여하튼 『일본서기』와 『삼국지』「위지」의 정보를 종합해서 판단하면 대마도가 임나라는 가설을 배제할 수 없다. 물론 두 사료의 기록을 사실이라 인정하는 전제 하의 추론이다. 『일본서기』 자체가 고대로 갈수록 허무맹랑한 위작이 많으므로 신공황후를 허구의 인물로 보는 사람도 많다. 하지만, 숭신 천황 기록의 임나 비정 기록을 신뢰할 수 없다고 하면 임나일본부설은 자기모순에 빠진다. 임나일본부설의 근거가 된 『일본서기』 자체를 부정하면 학설로서 설 자리가 없어지기 때문이다. 이미 고려대 최재석 교수가 그렇게 주장했고 황순종 전 과기부 국장도 대마도를 임나라고 주장했다.[31] 이 책에서는 지금부터 임나는 대마도라는 가능성을 열어 두고 이야기를 풀어 보기로 한다.

임나가 대마도라는 주장은 처음 나온 것이 아니다. 부산대의 이병선

31 최재석, 『고대 한일 관계사 연구』 (서울: 경인문화사, 2010); 황순종, 『임나일본부는 없었다』 (서울: 만권당, 2016).

교수[32]와 문정창 등 여러 사람이 이미 제기한 학설이다. 이병선 교수는 부산대 국어교육과 교수로 은퇴한 학자로 한국지명학회 고문이기도 하다. 그가 출판한 책 『한국 고대 국명 지명의 어원 연구』[33]는 자신의 전공분야인 음운학을 고대사에 융합적으로 적용한 연구이다. 그는 임나와 관련된 지명을 대마도에서 80여 개 발견했다고 주장했다. 앞으로 이러한 융합적인 연구가 쌓이면 과연 임나가 가야인지 대마도인지 안개가 걷힐 것으로 기대된다.

다시 정리하면, 명치정부의 최대 대외전략 목표였던 정한론의 기원은 8세기 초반에 편찬된 『일본서기』에 있다. 역사책에 기록된 내용이 일본 국가지도부와 대중들의 대한반도 정체성을 형성하고 그것이 실제 양국 간의 불행한 역사로 현실화된 것이다. 일본 제국주의의 본질과 일본 우익 엘리트의 한국에 대한 편견과 우월주의의 흐름을 추적하는 과정은 결국 고대사의 탐사를 불가피하게 했다. 4세기 말 야마토 정권은 과연 한반도에 원정하여 임나일본부라는 식민통치기관을 설치했는가? 백제와 신라는 과연 임나일본부의 지배를 받으며 왜왕에게 제후의 예를 다하며 조공을 바쳤는가? 한반도의 고토회복이라는 정한론은 실제 역사에 근거를 둔 것인가? 이 해묵은 문제의 해답은 의외로 일본에서 멀리 떨어진 내몽골의 고대 제사 터 답사에서 우연히 실마리를 찾을 수 있었다. 야마토 정권의 형성과정에 대한 란데 교수의 설명과 맞아떨어지는 지금까지 동양사 연구에 없었던 새로운 해석이다. 다음 장에서 이 우연한 발견부터 이야기 보따리를 풀어보려 한다.

---

32 이병선, 『임나국과 대마도』 (서울: 아세아문화사, 1990).
33 이병선, 『한국 고대 국명 지명의 어원 연구』 (서울: 이회문화사, 2002).

옛 백제의 땅, 논산의 은진미륵불

2부

고대 한일 관계의 진실

1. 우하량 원통 토기와 일본 하니와

동북공정이라는 이름의 역사전쟁

동북공정 문제로 노무현 정권 초기에 한중 관계가 싸늘해진 적이 있었다. 긴급하게 봉합하긴 했지만 이 문제는 여전히 현재진행형이다. 동북공정(東北工程)은 중국의 동북지역 고대 역사에 대한 종합적인 연구 프로젝트를 말한다. 2003년부터 한국 언론에 중국의 황당한 역사왜곡이라는 기사가 소개되기 시작했다. 고구려와 발해가 중국의 지방정권에 불과하다는 이야기는 한국인의 귀를 의심케 했다. 중국과 수교 10년 만에 마치 매복 기습을 당한 기분이었다. 이 엉뚱한 주장의 근거는 현재 중국 영토 내의 모든 소수민족의 고대 역사는 중국사의 일부라는 것이다. 한국인의 민족 정체성을 뿌리부터 흔드는 이 주장은 착착 실행에 옮겨졌다. 한국인들이 가장 자랑스러워하는 고구려가 중국사로 편입된 한중일 고대사 연표를 2009년 중국 대련박물관에서 직접 목격한 적도 있다. 중국 왕조는 노란색으로 표시되어 있는데 뻔뻔스럽게 고구려를 노란색 부분에 집어넣었다. 여순에서 본 안중근 장군과 신채호 선생 관련 유적과 대비되어 더욱 황당하게 느껴졌다.

동북은 중국 입장에서 중원의 동북 방향에 있는 동북 3성을 가리키는 말이다. 공정이라는 말은 연구과제 혹은 프로젝트로 이해하면 된다.[1] 현재 중국의 영토 내에서 벌어진 소수민족의 과거 역사는 모두 중

---

[1] 동북공정은 동북변강역사여현상계열연구공정(東北邊疆歷史與現狀系列硏究工程)의 줄임말이다.

국사의 일부라는 해석이다. 동북공정을 그 의도에 맞게 이름 붙이면 '고구려 지우기 공작'이고 본질은 한국사의 정체성 침식이다.

2004년 중국 사회과학원 등 북경 소재 국가연구기관을 순회 인터뷰 조사 방문하던 중 북경대 정치학과 교수들과 이 문제로 언쟁을 한 적이 있다. 고대 역사 왜곡은 일종의 침략이라고 꼬집자 북경대 교수는 바보 같은 일부 역사학자들의 주장에 신경 쓰지 말라는 투로 대응했다. 하지만 또 다른 북경대 교수의 발언은 의미심장했다. 역사 해석은 시대가 바뀌면서 늘 변화하는 것 아니냐고 변호하는 것이었다. 귀를 의심했지만 언중유골 중국 지식인의 속내를 알게 된 계기였다.

중국의 역사 왜곡은 늘 한반도에 대한 영토적 야욕과 결부되었다. 당 태종이 고구려를 침공할 때 원래 요동은 중국 땅이었다는 말로 정당화했다. 혹자는 북한 급변사태 때 북한 주민의 만주지역 난민 유입과 마찰에 중국이 미리 대응하려는 것이라고 말했다. 또 통일 한국과의 간도 영토 문제 시비를 미리 차단하려는 의도라고 분석했다. 하지만 한만 국경인 압록강 하류와 중류로 속속 배치되는 중국군의 움직임이 심상치 않았다. 방어용이 아닌 전차 등 기갑부대 배치와 그 후 반복된 도강훈련은 더욱 의심을 사기에 충분했다. 압록강 이북 몇 킬로미터도 안 떨어진 곳에 광대한 탄약고와 병참기지가 있다는 제보도 들어본 적이 있다. 북한 급변사태 시 한미연합군의 대응에 맞서는 '병아리 계획'이라해서 중국군이 청천강까지 점령한다는 미확인 보도가 잇달았다.

미국에 랜드연구소라는 대표적인 안보 전문연구기관이 있다. 2013년 캘리포니아 로스앤젤레스 해변의 랜드연구소에서 간담회를 한 적도 있는데 높은 식견에 감탄한 적이 있다. 랜드 연구소의 부르스 베넷 박사는 김정은 신변에 위기가 올 때 중국군이 청천강까지 기습 점령할 수 있다고 분석했다. 한만 국경에 배치된 중국 신속대응군의 전력구조를 분석하면 신의주에서 50~100km 종심(縱深)까지 기습 점령할 것을 염두에 둔 것이라는 비공개 주장도 나왔다. 동북공정 논리와 수상한 공세형 전력 배치가 결합되자 중국의 의도에 대한 의심이 나올 만도 했다. 고대 북한이 자기네 영토였다고 억지 주장을 하며 침공을 정당화할 수 있다는 우려가 식자층에 퍼졌다. 고대사 역사 문제가 첨예한 현대 동북아 국제정치와 만나는 순간이었다. 이때부터 한중 고대사에 대한 필자의 외도(?)가 시작되었다.

랴오닝성 우하량 제단과 일본 고분 토기 관찰

고대사와 국제정치학의 융합으로 인도한 사람은 요서 지역 청동기 문화의 전문가인 복기대 교수다. 그를 처음 만난 곳은 한국국제정치학회 세미나 장이었다. 그는 필자에게 동북공정 문제의 본질은 안보 문제임을 주지시켰다. 교육부 성삼제 국장을 소개하면서 자신이 주도하던 정부의 동북공정 대응 팀으로 필자를 끌어들였다. 그런데 그와 함께 동북공정의 현장을 찾아다니던 답사에서 뜻밖의 수확을 얻었다. 내몽골 깊숙한 오지로 동행하면서 동북공정의 기원에 대해 깊이 이해할 수 있었다. 동북공정이 단순히 고구려, 발해사를 중국사로 편입하려는 것이 아니라 고조선과 그 이전의 요서 홍산문화와도 관련이 있음을 알게 되었다.

이 이야기는 이 책의 범위를 넘는 것이므로 간단히 언급하고자 한다. 중국은 중원의 황화문명보다 천 년이 앞선 고대 선진문명을 만리장성 이북 땅에서 발견하고 충격을 받았다고 한다. 동시에 견물생심이라고, 그 세련된 선진문화를 중국 문화의 다원적인 뿌리의 하나로 자리매김

하여 중화민족의 위대한 부활이라는 역사적 근거로 삼고자 했다는 것이다. 인류 문명의 뿌리인 중국이 다시 부상하여 강대국이 되는 것은 원래 자리로 돌아가는 것에 불과하다며 중국몽의 정당성의 근거로 삼고자 한다는 주장이다. 홍산문화는 내몽골 적봉시를 중심으로 한 신석기 후기 문화이며 옥기문화라고도 불린다. 고고학의 영역에 들어가므로 자세한 설명은 생략하고, 아무튼 동북공정이 단순히 고구려사의 귀속 문제에 국한된 것이 아니라 보다 깊은 동북아 문명의 기원에 대한 해석과 관련되었음을 지적해 두고 싶다.

복 교수는 신채호, 정인보의 소위 민족사학을 계승한 단국대 윤내현 교수의 수제자이다. 중국 요녕대학에서 석사과정을 마치고 길림대학에서 동북 지역 고고학의 권위자 임운 교수에게 사사했다. 임운 교수는 북경대 소병기 교수와 함께 중국 고고학의 쌍벽을 이루는 권위자라 한

요녕성 우하량 유적의 방형 제단이 땅에 제사지내는 사직단을 연상케 한다.

다. 2011년 필자가 인하대 대학원 부원장 재직 시 복기대 교수는 인하 대학교에 융합고고학과 설치를 제안했다. 당시 인하대 사학과 S 교수와 함께 복 교수는 영등포 중국식당에서 융합고고학이 왜 중요한지 열정적으로 설명했다. 복기대 교수가 중국 고고학계에 충분한 학술 네트워크를 가지고 있는지 확인할 수 있는 기회도 있었다. 2011년 대학원장을 수행해서 동북 지역 대학에서 외국인 대학원생 유치 활동을 하며 복 교수의 학자로서의 신뢰성을 면밀히 관찰해 보았다. 중국 고고학계와 길림대학 고고학과에서 복 교수의 입지는 탄탄했다. 귀국 직후 인하대 대학원은 융합고고학과 설치 절차를 밟았다.

복기대 교수와 2008년 처음 요녕성 북단의 우하량 유적을 찾아가 보았을 때 일이다. 3단으로 된 원형 제단에서 토기 파편을 살펴보고 네모난 방형 무덤(총)이 밀집한 지역이 5,500년 전 제사 터였다는 설명을

| 우하량 유적 옆에 있는 전시관의 밑이 뚫려있는 통형토기

들었다. 5,500년 전후라니 놀랍기 그지없었다. 수렵 채집을 하던 원시시대로 알던 신석기 후기에 이처럼 인공적인 건축기술이 있었다는 것이 신기했다. 홍산문화 시대 무덤에서 부장품으로 발견된 옥기들은 입을 다물지 못하게 했다. 현대인들의 공예기술 못지않게 정교하게 세공된 예술품을 본 순간 기존의 고대인에 대한 선입견이 거품처럼 사라졌다. 세련된 예술감각을 가진 사람들임을 한눈에 알아볼 수 있었다.

감동의 물결 속에 고대 한일 관계에 대한 어떤 힌트를 주는 희한한 토기를 발견한 것이 바로 그때였다. 유적지 바로 옆 작은 전시관에 들어가 구경하던 중 눈에 띈 토기가 있었다. 원통형으로 바닥이 뚫린 특이한 토기인데 '무저형 통형 토기'라 부른다. 그 통형 토기의 모양이 일본의 고분에서 흔히 발견되는 통형 하니와 토기와 비슷해서 과연 밑이 뚫려 있는지 확인해 보았다. 놀랍게도 위아래로 열려 있는 원통형 토기가 일본 고분 하니와와 동일했다. 당시는 우연히 비슷한 형태라 생각하고 흥미롭다는 강렬한 기억만 마음에 일단 담아 두었다.

그리고 4년 후 2013년에 일본 코베대학에 교환교수로 체류할 때 관서지방의 박물관을 이 잡듯이 뒤지며 역사 탐사에 탐닉했다. 하루 걸러 무릎 연골이 아플 정도로 박물관과 유적을 찾아 곳곳을 누비고 다녔다. 서쪽으로는 히메지와 오카야마까지 다니고 동쪽으로는 오사카를 넘어 나라와 아스카를 샅샅이 답사했다. 박물관을 찾아다니는 취미는 한일 양국 고대사의 퍼즐을 풀고자 하는 탐구욕의 연장이었다. 2006년 큐슈대학에 방문교수로 가 있을 때에도 큐슈의 모든 박물관과 유적을 찾아 다녔다. 낮에는 혼자서 시골 유적을 찾고 밤에는 일본 고고학 입문서를 비교하며 하루하루를 보냈다.

하루는 코베시 매장문화재센터를 찾아갔는데 수천 개의 토기 전시물에서 흥미로운 토기가 보였다. 우하량에서 보았던 밑이 없는 원통형 토기 측면에 원형, 방형, 삼각형 투창이 선명하게 뚫린 것이었다. 유심히 살펴보고 나니 아스카 쪽 다른 박물관에서도 원방각 도형으로 작은 창문처럼 투창이 있었던 기억이 났다. 나라현립카시하라고고연구소[2]에 다시 가서 확인한 순간 가벼운 전율을 느꼈다. 코베시의 외곽 해안 주택가 언덕에 있는 고시키즈카 고분의 하니와들의 삼각형 투창도 새삼스럽게 기억났다. 그때 원방각 도형에 특히 주목한 것은 동양의 오랜 천원지방설 때문이었다. 동양에서는 전통적으로 하늘을 동그라미로 표현하고 땅을 네모로 표현했다는 것이 통설이다. 나아가 삼각형은 인간을 상징한다는 이야기를 들은 바 있었다. 원통형 토기 측면의 원방각 도형 투창은 전에 유심히 관찰했던 우하량 총묘단 유적 통형 토기와 통

---

2 나라에서 킨테츠 카시하라선을 타고 아스카를 향해 남쪽으로 가다가 카시하라진구마에역 바로 전 우네비고료마에역에서 내려 300미터쯤 떨어져 있다. 자료 전시와 풍부한 시청각 자료에 빠져 몇 시간을 즐기던 곳인데 아마 열 번 넘게 간 것으로 기억된다.

카시하라고고학연구소(좌측)와
코베시매장문화재센터(우측)의 원방각 투창 하니와

형 하니와의 유사점을 다시 주목하게 만들었다. 우하량 총묘단에는 명확하게 원형과 방형의 구조물이 상징성을 노출하며 후대 사람의 해석을 기다리고 있었다. 두 유적 유물의 공통점은 호기심과 상상력을 자극했다. 우하량 홍산문화와 일본 고분문화는 모종의 연결고리가 있는 것이 아닐까 하는 궁금증이 더해졌다.[3]

혼자만의 엉뚱한 생각이 아닌가 싶어 대학원 박사과정 학생 여섯 명을 관서지역 답사 취지로 초청하여 집단 토론에 부쳐 보았다. 2013년 봄 일주일간 연수 프로그램을 준비하여 일본 박물관의 보존처리시설을 견학하기도 하고 고대 유적지 생활 체험도 병행했다. 세 번에 걸친 밀도있는 토론회는 홍산 유적의 상징체계와 일본 고분 유적과 유물의 계승성에 대한 것이었다. 하지만 당시 고고학을 전공하는 대학원생들의 반응은 신통치 않았다. 무엇보다도 두 문화체계의 시간적 갭이 너무 크다는 반론이었다. 홍산문화는 기원전 3500년 이전의 것이고 일본 고분문화는 서기 3~7세기의 것이라 최대 4천 년의 차이가 난다. 원방각 상징성과 바닥이 뚫려 있다는 공통점을 너무 확대 해석하려는 것 아니냐고 원생들은 반문하는 듯했다. 그럼에도 시공을 초월한 양 문화체계 간의 유사성이 우연이 아닐 수 있다는 생각이 멈추질 않았다.

오사카 시내에서 발견한 부여 왕자 의라

하나의 퍼즐에 집중하면 하늘이 돕는다고나 할까, 역사의 여신이 손짓을 했다. 이듬해 2014년 가을 관서지방 일대에서 역사 답사를 하던 중, 동료들이 우연히 오사카시 남쪽에 의라신사를 발견했다는 소식

---

3 코베대학 체류 시 유적을 다닐 때 일본 고분에 대한 개설서는 白石太一郎, 『古墳とその時代』(東京: 山川出版社, 2001); 土生田純之, 『古墳』(東京: 吉川弘文館, 2011)을 참고하였다.

을 듣게 되었다. 의라(依羅)라는 이름을 듣고 눈이 번쩍 뜨일 만한 사연이 있다. 의라는 의려왕의 아들이라 해서 중국 사서의 부여 관련 기록에 등장하는 인물이다. 3세기 말 선비족 모용씨 세력이 남하하면서 패퇴하여 부여가 고전을 면치 못했다는 기록이 여러 중국 사서에 나온다. 서기 285년 모용 선비족의 모용외가 부여(서부여?)를 공격하여 패배한 뒤 의려왕은 자결하고 도성은 파괴되었다. 부여 사람 만 명이 끌려가고 의려왕의 후손은 옥저로 도망갔는데 그 아들 의라가 왕위를 이었다는 것이 이야기의 끝이다.[4] 중국 『진서(晉書)』[5]에는 의려왕의 아들 의라 왕자에 대한 조금 더 자세한 이야기가 나온다. 『진서』 「동이열전」 부여국을 보면 서진의 무제(武帝) 때 의려왕이 자주 조공을 바쳤는데, 태강 6년(AD 285)에 선비족 모용외의 습격을 받아 패배하여 의려는 자결하고, 그의 아들들은 옥저로 도망하여 목숨을 보전하였다고 한다.

武帝時, 來朝貢, 至太康六年(285), 爲慕容廆所襲破, 其王依慮自殺, 子弟走保沃沮.

『진서』의 다음 기록을 보면 이듬해에 부여의 다음 왕 의라(依羅)가 사

----

4 『後漢書』 「동이열전」 읍루
… 東夷夫餘飮食類(此)皆用俎豆, 【集解】劉攽曰, 東夷夫餘, 飮食類此, 皆有俎豆, 案文多一此字. 沈欽韓曰, 夫餘, 晋時尙有其國. 晋書, 太康六年, 爲慕容廆所襲破, 其王依慮自殺, 子弟走保沃沮. 明年, 夫餘後王依羅, 遣詣東夷校尉何龕, 求率見人, 還復舊國. 至晋末, 始有百濟. 魏書云, 百濟, 其先出自夫餘. 南(史)・北史, 並言馬韓之一種, 然北史云, 東明至夫餘而王, 至仇台篤, 始立國於帶方. 遼東, 公孫度以女妻之, 遂爲東夷强國. [魏志, 乃夫餘事.] 初以百家濟, 因號百濟. 隋書云, 百濟, 出自高麗. 然二史所叙, 先系悉夫餘國也. 魏志, 尉仇台死, 傳簡位・居麻余・依慮三世. 依慮, 國破自殺, 皆無百濟之號. 沈約, 姚察書則云, 東晋世, 高麗略遼東, 百濟亦據有遼西. 推考百濟立國之由, 當在依慮自殺, 子弟走保沃沮.
5 당태종의 지시로 방현령이 644년 편찬한 것으로 알려진 중국 남조 진나라의 정사(正史).

자를 파견하여, 남은 무리를 이끌고 돌아가서 자기 나라의 회복을 위해 원조를 요청하였다고 한다.

明年, 夫餘後王依羅遣 求率見人還復舊國, 仍請援. 龕上列, 遣督郵 賈沈以兵送之. 廆又要之於路, 沈與戰, 大敗之, 廆衆退, 羅得復國.

당시 상황에 대해 신채호는 의라 왕자의 최후 항전을 조금 더 실감나게 묘사하였다.

모용외가 쳐들어오자 의려왕은 수비가 허약하여 방어하지 못할 줄 알고 칼을 빼어 자살하면서 나라 망하게 한 죄를 나라 사람들에게 사죄하고, 유서로써 태자 依羅에게 왕위를 전하면서 나라 회복에 힘쓰라고 권하였다. … 의려왕이 이미 자살하자 의

오사카 스미요시구 이와이쵸 소재 의라신사

라가 서갈사나(西曷思那)의 삼림 속으로 달아나 결사대를 모집하여 선비 군사들을 쳐서 물리치고 지형이 험한 곳을 지켜서 새 나라를 세웠다.[6]

국내 사학계의 부여 연구는 사료 부족을 핑계로 초보 단계에 머물러 의려-의라 왕의 전체상을 복원하는 데 만족한 답을 주지 못하고 있다. 의라 왕자 이야기가 이처럼 오리무중이었는데 난데없이 한자가 똑같은 의라라는 사람을 신으로 모시는 신사를 오사카시 스미요시구(住吉區) 야마토 강변에서 찾은 것이다.

현재 사단법인 대한사랑의 이사를 맡고 있는 분들과 부리나케 달려가 경내와 신사 외곽을 차근차근 살펴보았다. 원래는 인근의 학교 부지도 차지했던 대형 신사라는 것을 확인했다. 일본에서 원래는 큰 신사인데 초라하게 규모가 축소된 신사들은 한일 관계의 비극과 종종 관련이 있다. 오사카에서 쿄토로 가는 쪽의 히라카타시에는 쿠다라오 신사라는 백제 왕 신사가 지금도 있다. 이 신사의 내력을 설명한 자료를 보면 토요토미 히데요시가 임진왜란 때 이 신사에 모셔진 백제 왕의 후손을 박대한 대목이 나온다. 토요토미가 쌓은 오사카 성은 원래 신라계 주민들을 쫓아내고 축조했다는 이야기도 있다. 일본 전국에는 白木이라는 이름의 신사가 여기저기 있다. 뜻을 기준으로 해서 훈독하면 '시라기'가 되는데 이것은 고대 일본이 신라를 부르던 이름이다. 원래 신라신사였다는 뜻이다. 이처럼 일본에서는 임진왜란과 명치유신을 전후로 전국의 신사에 한국풍의 이름을 바꾸는 바람이 불었다. 의라신사 역시 원래 규모에서 축소된 점을 볼 때 한국과 모종의 연관성이 있을 수 있다

6 신채호 저, 박기봉 옮김, 『조선상고사』 (서울: 비봉출판사, 2006), p. 277.

는 직감에 궁사(절의 주지 스님 같은 신사의 책임자)를 찾아 인터뷰를 했다. 그의 입에서 귀가 번쩍 띄는 이야기가 흘러나왔다. 바로 핸드폰의 녹음 기능을 켜서 한마디도 놓치지 않으려고 같이 간 동료들을 목격자로 삼아 옆에 불러 세워 두었다.

그 궁사에 의하면 대의라(大依羅) 신사는 의라라는 인물을 모신 유서 깊은 신사로서 1,700년의 역사를 자랑한다고 했다. 의라는 3세기 말 한반도에서 넘어온 사람이며 일본에서 왕족이 되었다는 놀라운 증언을 했다. 그의 말을 듣는 순간 여기에 모셔진 의라가 비운의 부여(서부여?) 왕자 의라일 가능성이 있다는 생각이 번쩍 들었다. 의라신사의 궁사가 증언한 중요한 포인트는 세 가지이다. 첫째 의라가 현지인이 아니라 한반도에서 넘어온 도래인이라는 것, 둘째 그가 오사카 바닷가에 들어온 때가 3세기 말이라는 점, 셋째 그가 일본의 왕족이 되었다는 점이다. 반도의 왕족이 일본에서 왕족이 되었다는 이야기는 미국의 은사 란데 교수의 추론과 일치하는 대목이었다. 의라신사를 현지인들은 '요사미 진자'라 발음한다. 한자 의라(依羅)는 아무래도 요사미로 읽어지지 않는다. 일본에서 한자 지명이 음독, 훈독 어느 쪽으로도 실제 지명과 일치하지 않는 경우는 대부분 특별한 역사적 사연이 있다. 요사미는 일본어로 강 하구가 바다와 만나는 지역을 뜻한다. 그날 신사에서 여러 가지 정황 증거를 모은 뒤 귀국하는 비행기 안에서 곰곰이 생각에 잠겼다. 한일 고대사의 비밀에는 어쩌면 요서지역에서 출발한 이주 집단이 만들어 낸 드라마틱한 역사적 사건에 단서가 있을지도 모른다는 생각이 들었다.

발표와 답사의 반복

2017년 여름 다시 의라신사를 답사하고 나서 주위 연구자들과 본격적으로 가설을 세우는 입론 과정을 시작하였다. 우하량 제의문화가 일본 고분으로 전승된 가능성에 대한 가설을 세우고 그 내용을 하나씩 채우며 퍼즐을 맞추어 보기 시작했다. 2019년 1월 융합고고학과 답사단을 이끌고 심양과 적봉, 오한기 등 요서지역 홍산문화 전체를 훑어보는 중에도 이 문제를 놓고 동료들과 비판적 토론을 이어갔다. 요서지역 답사는 이것이 세 번째였다. 새로운 가설을 세울 때는 최대한 대척점의 입장에 있는 반대 토론자의 역할이 중요하다. 가설과 대항 가설을 비교하면서 논점을 좁혀가는 접근법은 설문조사법 중 하나인 델파이 기법과도 공통점이 있다. 델파이 기법은 1차 설문조사를 한 뒤 2차, 3차에서는 평균값의 의견을 다시 제시하고 의견을 구함으로써 전문가들의 지배적 인식을 수렴해 보는 방법이다. 그러한 경합 가설을 비교하는 과정에서 해외의 전문가와 비전문가의 관점과도 비교하면 유익하다. 전문가들은 나름대로 선입견과 통념에 사로잡혀 있는 경우가 있다. 비전문가들은 통설에 사로잡히지 않아 새로운 가설에 대한 두려움이 없기에 선입견 없는 판단을 제공하는 경우가 있다.

2013년 봄에 버클리대학 한국학연구소 주최로 홍산문화와 한국 문화에 대해 강연한 적이 있다. 홍산문화와 일본 고분문화와의 상관성에 대한 가설도 더해졌다. 홍산문화와 한국문화의 친연성 문제가 나오자 발표장은 갑자기 후끈 달아올랐다. 발표 내용 중에 동북공정에 대한 비판을 섞어서 소개했는데 이것이 중국 여성 학자들을 자극한 것 같았다. 두 사람이 얼굴이 빨개지면서 내 주장에 반박하는 데 열을 올렸다. 덕분에 동북공정에 대한 중국인의 관점을 깊이 파악할 수 있었다. 열띤 토론 덕분인지 강연은 그날의 임팩트 있는 행사로 선정되었다. 사회자인 정치학과 디트머 교수는 홍산문화와 한일 고대문화에 대한 생소한 이야기를 끝까지 경청했다. 디트머 교수의 총평은 단연 압권이었다. 그는 중국 학자들의 반론을 들어보면 마치 2차대전 당시 무솔리니의 역사 팽창주의를 연상케 한다고 일침을 놓은 것이다. 그날 홍산문화와 한일 고대문화의 상관관계에 대한 가설에 미국인 청중은 긍정적으로 반응했다. 만일 그날 터무니없는 주장이라는 반응이 나왔다면 필자의 탐구는 그때 멈추었을 것이다.

　같은 해 봄 코베대학에서 고고학에는 문외한인 국제정치 전공 일본 교수 30여 명을 앞에 두고 같은 내용을 발표했는데 그들의 반응도 매우 흥미롭다는 것이었다. 뒷풀이 저녁 자리에서 한 일본인 교수가 나에게 다가와 자신의 조상은 고구려계라고 일러주기도 했다. 황화문명보다 천 년이 앞선 고대 선진문명의 흐름이 일본 열도까지 미쳤다는 새로운 가설에 일본 지식인들은 그럴 수 있다고 보는 듯했다. 그날 이후로 고대 야마토 세력이 홍산문화의 계승 세력과 관련이 있을 수 있다는 가설은 탐구해 볼 만한 테마라고 마음을 굳히게 되었다. 비전문가 그룹에 대한 세 차례 공개 강연을 오사카에서 했는데 역사 매니아들도 참석했다. 홍산문화와 일본 문화가 전혀 무관하지 않다는 점에 동조하는 일본인 참가자들이 많았다. 한국 총영사관 산하 한국문화원에서는 홍산문화가 동북아 한중일 문화체계와 상호작용했을 가능성에 대한 공감대가 형성되었다. 7년에 걸친 일본 시민사회와의 교류는 돌이켜보면 양국간 고대사를 통한 화해의 가능성을 시사해 준 값진 기회였다. 한국 연수에 참가한 동경대, 케이오대, 와세다대, 쿄토대 학생들에게 홍산문화와 한일 고대 문화 교류에 대해 설명하자 매우 놀랍고 재미있다며 긍정적인 반응을 보였다.

　인하대에서 이와 관련된 학생 교류와 일본 문화계와의 교류 활동도 이어졌다. 여러 지역 언론도 한일 우호 협력의 사례로 보도했다. 2018년 평창 겨울올림픽이 끝나고 일본의 나고야 스기야마여학원대학교 학생들을 상대로 인하대에서 특강이 있었다.[7] 일본의 청년 학생들은 한국과 일본의 고대 뿌리 문화에 공통점이 많다는 사실에 새로운 것을 알게 되었다고 입을 모았다. 한국학 전공의 일본인 인솔 교수도 이러한 교류 프로그램을 긍정적으로 평가했다. 한 달 후 또 일본 전통문화의 대표격인 가면극 '노(能)'에서 북을 치는 저명한 전통문화 계승자 오쿠라 쇼노스케 선생이 제자들과 인하대를 방문했다.[8] 2018년 3월 봄 학기가 막 시작했을 때였다. 그는 자신이 일본 헤이안 시대 하타씨의 후손이며 황실 재정을 담당해서 오쿠라(大藏)라는 성을 받게 되었다고 했다. 인류 최고의 선진문화 중 하나인 홍산문화와 전방후원분의 형태에 공통점이 있다는 가설에 일본 문화인들은 매우 흥미롭다는 반응을 보였다. 이런 시민사회의 문화교류를 통해 느낀 점이 있다. 한일 양국의 우호증진과 화해를 위해서는 양국의 공통점이 많은 고대사를 제재(題材)로 하면 좋겠다는 것이다. 두 나라의 차이보다는 공통점을 말하는 사람이 많아지면 양국 인터넷 공간에서 극단 세력이 설 자리가 줄지 않을까 생각된다.

　다음은 전문가 그룹과 의견을 교환하기 시작했다. 2018년 4월 대만대학교의 국제학술회의에서 일본 역사학자들과 의견을 교환해 보았지만 일본에서 홍산문화에 대한 깊이 있는 연구가 부족함을 알고 실망했다. 같은 해 고려대에서 개최된 아시아학회(AAS)의 역사 패널에 참석

---

7 박은영, "인하대, 한일 역사문화 공통점 찾기 특강 프로그램, 호평," 『아시아투데이』 (2018년 2월 19일자), http://www.asiatoday.co.kr/view.php?key=20180219010010407 (검색일자: 2019년 12월 28일).

8 정창교, "인하대 융합고고학과, 중국 내몽골 홍산문화 연구 국제적 위상 높아져," 『국민일보』 (2018년 3월 5일자), http://news.kmib.co.kr/article/view.asp?arcid=0012 177197&code=61121111&cp=nv (검색일자: 2019년 7월 25일).

해 일본 역사학자들과 교류를 시도했으나 홍산문화 연구자를 찾기 어려웠다. 결국 중국 고대사 전공자를 직접 찾아가기로 했다. 이 분야의 권위자인 큐슈대 고고학과 미야모토 카즈오 교수를 2018년 봄에 그의 연구실에서 만나 의견을 교환했다. 미야모토 교수는 일본 고분문화에 홍산문화 요소가 보인다는 가설에 반박도 동의도 하지 않았다. 신중한 성격의 일본인다운 반응이었다. 하지만 인하대 고고학과와의 학술교류에 동의한 것을 볼 때 이 가설을 터무니없는 낭설로 보지는 않는 듯했다. 미야모토 교수는 몽골에서 직접 발굴한 적석총에 대한 보고서를 선물로 건네주었다. 일본 고분문화가 카자흐스탄과 몽골과 만주를 거쳐 일본 열도로 전해지는 적석총 문화 벨트의 일부일 수 있다고 생각하는 것은 아닌가 하는 느낌을 받았다. 사실 새로 옮긴 큐슈대 도서관 앞마당에는 전형적인 탁자식 고인돌이 버젓이 자리잡고 있다. 도서관장이기도 한 미야모토 교수는 일반인들이 보지 못한 한국계 유물을 큐슈에서 많이 접했을 것이다. 새로 옮긴 큐슈대 이토 캠퍼스는 고대 이도국이 있었던 곳이고 캠퍼스 바로 뒷산의 이름이 재미있게도 가야산이다.

이러한 단계적인 입론 과정에서 2018년 오사카 한국문화원 강연 때 인연이 된, 나라의 홍산문화 유물 수집가 나카가와 쥬로 선생의 자택을 두 번 방문하는 기회가 있었다. 1980년대 초 홍산 지역 옹우특기에서 수집한 다양한 홍산 옥기를 보여주었다. 중국 박물관에서는 보지 못한 진귀하고 놀라운 형태의 유물들을 촬영하고 만져 볼 수 있었다. 과연 그 유물들이 진품인지 확인할 수는 없었지만 나카가와 선생은 홍산문화가 3천 년의 시간을 뛰어넘어 일본 고분문화에 전승되었을 가능성을 확신했다. 특히 원방 도형이 통형 토기에서 발견되는 양상도 같은 맥락에서 충분히 가능하다는 말도 했다. 그는 아쉽게도 일본 고고학계는 홍

산문화에 대한 관심이 적지만, 필자의 새로운 가설이 아마도 고대사의
비밀을 여는 빗장이 될 것이라는 격려를 아끼지 않았다.

의라 왕자 일본 진출의 스토리텔링 기법 분석

미야모토 교수에게 설명하고 일본 한국영사관 발표에서 소개한 가설
의 개요는 다음과 같다. 현재는 스토리텔링 수준에 불과하지만 주위의
반응은 '그럴듯하다' 혹은 '검증되면 놀라운 발견'이라는 것이었다. 이
하 내용은 여러 가지 가정 사항과 미검증 사료를 종합한 것임을 먼저 밝
혀두고 이야기를 시작하고자 한다. 전체 흐름을 알기 쉽고 생동감 있게
이해할 수 있도록 당시 국제관계 흐름에 지장이 없는 범위에서 상상력
을 발휘한 행위를 추가하고 대화체의 이미지 요소를 섞었음도 밝힌다.

정보학의 연구 방법 중에 확인된 사실을 연결한 스토리텔링 이미지
기법이 있다. 최대한 생생하게 이미지를 재현한 다음 사실 추적에 필요
한 추가 정보 소요를 식별하고 또 새로 확인된 사실에 근거 이야기를
점진적으로 교정하는 식의 정보 분석법이다. 처음 구축한 스토리텔링
은 가설적 상황이고 반대토론의 입장에 서는 제3자가 이와 상반된 정
보를 수집하고 상호토론을 통해 오착을 줄여 가는 방법론이다. 이러한
스토리텔링 기법을 원용하여 대화 형식을 빌려 구성해 보면 아래와 같
다. 의도적으로 사실에서 확인되지 않은 행위자와 행위를 스토리텔링
에 삽입하였지만 이것들은 전체 상황이 사실적으로 재현되면 모두 삭
제될 엑스트라에 불과한 요소임을 미리 밝혀둔다.

중국 사료에서 보면 의려왕 기록의 무대인 부여계 왕국이 나온다. 의
려왕의 부여가 원래 부여인지, 북부여의 일부인지, 동부여와는 어떤 관
계인지 명확하지 않다. 요동반도 서쪽(요서지역)에 자리잡아 서부여라

불렸다는 주장도 있다. 동명왕 고두막한의 압력에 밀려 북부여에서 동쪽으로 세력권을 옮긴 동부여가 있었다. 고구려를 세운 고주몽이 협보, 오이, 마리 등 세 신하와 탈출한 나라가 동부여다. 금와왕의 아들 대소왕 때 동부여가 고구려에게 망하자 동부여에서 서쪽으로 갈려나가서 자리 잡은 서부여가 있다는 이야기이다. 이 서부여는 연나부 부여로 불리었다고도 한다. 서부여라는 이름은 아직 확증되지 않은 이름이다. 백제 성왕이 사비성으로 천도한 후에 남부여라 한 것을 보면 서부여라는 이름도 존재했을 수 있다. 아무튼 지금 조양 지역 주변에 부여계 왕국이 있었던 것은 사실이다. 3세기 말 북방의 모용선비족이 세력을 확장하여 요녕성 조양시까지 밀고 내려왔다. 중원 왕조와 교섭을 통해 위기를 극복하려 했지만 모용씨의 공세는 집요했다. 전쟁에서 패배한 서부여 왕족은 남쪽으로 피신하여 숨어 지냈다. 중국 『양서』, 『남제서』 등에는 옥저로 피신했다는 기록도 나온다. 옥저는 여러 군데로 그 위치를 추정하는데 요동반도라는 주장도 있다.

　절망에 빠진 의려왕은 자결하고 그 아들 의라 왕자는 막막한 마음에 절망에 빠졌다. 절체절명의 위기에 외부에서 구원의 손길을 내미는 세력이 있었다. 3세기부터 백제의 정복 군주 고이왕과 책계왕은 요서지역 진출을 노렸다.[9] 한반도 남부의 목지국을 정복하고 세력권을 넓힌 고이왕은 수군을 동원해 원래의 백제 영토를 회복하려 했다. 일설에 의하면 온조와 비류가 고주몽의 고구려로부터 분조를 허락받고 개척한 곳이 발해만에 접한 요서지역이었다. 당시 백제 고이왕은 남쪽 바다 건너 큐슈 도서 지역으로 세력권을 넓히기 시작하였는데 남북 양쪽으로 전

---

9 문정창, 『백제사』, (서울: 인간사, 1988), pp 138~143; 의라왕자와 의라신사 관련 최근 주장은 정경희(2018) 참고.

쟁을 치르기엔 힘이 부쳤다. 고이왕의 척후병은 요서 혹은 요동반도 남쪽 산중에 은거하고 있던 의라왕 군대를 발견하고 즉시 보고했다. 의라왕 세력에게 구원의 손길이 열리는 순간이었다. 고이왕의 신하들은 의라왕도 우리와 같은 부여계 일족인데 포섭해 보라고 제안했다. 이들을 앞세워 왜 열도를 정복하는 임무를 주면 군사력을 아낄 수 있다는 진언도 나왔다. 고이왕은 무릎을 치며 그 자리에서 윤허했다. 고이왕의 특사는 부지런히 요서 산중으로 달려갔다. 의라 왕자를 만나 신천지와 같은 왜 열도에서 새로운 왕조로 출발할 것을 제안했다. 육로에는 호동왕자의 계략으로 낙랑국을 멸망시킨 고구려가 버티고 있으니 백제의 함대를 빌려주겠다는 제안이었다. 만여 명의 호위 정예 기마부대의 장수와 부하들은 애타는 눈으로 의라 왕자의 입만 바라보았다. 한동안 침묵을 지키던 의라 왕자는 벌떡 일어서며 큰 소리로 말했다.

"우리가 나라 땅을 빼앗기고 이대로 죽을 수는 없다."

목소리는 비장하고 손은 떨렸다.

"형제의 나라 백제국에서 도와준다고 하니 먼 따뜻한 남쪽 나라에서 권토중래의 결의로 국력을 키워 새롭게 출발해 보자."

그러고는 의라 왕자가 어젯밤 자신의 꿈에서 본 일에 대해 입을 열었다.

"어제 내 꿈에 삼신상제님이 나타나서 남쪽으로 가서 새 나라를 세우라고 하셨다."

　주먹을 불끈 쥐어 높이 흔들며 '우리에게는 천지신명의 가호가 있을 것'이라고 크게 외쳤다. 삼신의 기운이 왕에게 응기했다는 말을 들은 부하들의 얼굴에는 희망의 빛이 감돌았다. 누군가 '와' 하고 큰 소리로 호응하자 깊은 산 속이 만 명 무사들의 함성으로 뒤덮였다.

　한 달 후 바닷가에 수백 척의 백제 선단이 모습을 드러냈다. 난생 처음 배에 오른 의라 왕자의 기마군단은 뒤를 돌아보며 연신 눈물을 훔쳤다. 백제 미추홀을 거쳐 연안을 따라 이동한 의라 세력은 대한해협을 건너 대마도와 잇키섬을 통해 하카타에 상륙했다.

　과거에 하카타로 불린 후쿠오카에는 응신 천황을 모신 하코자키 신궁이 북쪽 바닷가에 있다. 하코자키 신궁에서 북쪽으로 신사 토리이(입구문)를 따라 걸어가면 해변에 바로 닿는다. 고대에 바다를 통해 들어온 세력을 맞이하는 듯한 모습이다. 또 하코자키에는 응신 천황의 전설

강화도의 탁자식 고인돌군과 큐슈 카고시마의 고인돌(이종성 박사 제공)

이 깃들어 있다. 험한 바닷길을 건너 도착한 낯선 새로운 땅에는 이미 500~600년 전부터 바다를 건너 이주해 온 고조선 사람들이 작은 나라들을 세우고 터전을 잡고 있었다. 백제 함대는 위용이 있었지만 먼저 터전을 잡은 각지의 유력 수장 세력의 군사력도 만만치 않았다. 큐슈 사가현의 요시노가리 유적에는 주거지 주변의 깊은 환호가 남아 있다. 높은 전망대는 과거에 잦은 전쟁을 했음을 보여 준다. 유적지 내의 박물관에 화살촉이 박힌 채 매장된 유골이 있는 것으로 미루어 볼 때 상당히 군사화된 공동체임을 보여준다.

백제 조정에서 파견된 안내자는, 큐슈의 북쪽에 말로국, 이토국, 노국이 강력하게 버티고 있고 아소산 남쪽에도 강력한 지방 세력이 버티고 있으니 큐슈의 동남쪽 빈 땅을 우선 차지하라고 조언했다. 온조와 비류 세력이 배를 타고 지금의 인천인 미추홀과 한강 유역 땅이 마한 사람이 살지 않아 슬쩍 차지한 것과 비슷한 방식이었다. 선단은 다시 바닷길에 나섰다. 큐슈와 혼슈 사이 시모노세키 해협을 지나 다시 상륙한 땅에서

큐슈대 이토캠퍼스 인근의 한국계 고인돌군과 뒤에 보이는 가야산

하늘에 제사를 지냈다. 서부여 땅에서는 천지신명에게 제사 지내는 제천행사를 국가에서 주관했다. 큐슈의 동북단에 있는 우사신궁에는 응신 천황이 나타났다는 전설이 깃들어 있다. 의라 왕자가 상륙한 흔적이 아닐까? 이처럼 상상의 나래를 펴고 의라왕자의 행적을 찾아본다면 흥미로운 큐슈 역사 답사의 무궁무진한 스토리텔링이 펼쳐진다. 큐슈 동쪽 해안을 타고 선단은 항해를 계속 했다. 현재 미야자키현 사이토바루라 불리는 넓은 평야에 자리 잡은 의라 왕자 부대는 일단 한숨을 돌리고 오랜 여독을 풀었다.

큐슈의 남쪽에는 털이 많고 눈이 큰 남방계 선주민들이 살고 있었다. 하지만 번쩍번쩍 빛나는 금동 마구를 단 기마부대의 위용은 선주민 세력으로 하여금 감히 저항할 생각을 하지 못하게 했다. 오랜 전쟁에서 단련된 의라 정예부대를 사이토바루 평야에서 상대할 세력은 없었다. 미야자키의 깊은 산맥을 아래로 돌아 왼쪽으로 가면 지금도 화산재를 뿜어내는 카고시마의 사쿠라지마가 있다. 그 가는 길에 키리시마 신궁이 있는데 가야 김수로왕의 구지봉 신화를 연상시키는 천손강림 전설이 깃든 곳이다. 키리시마 신궁 북쪽에는 카라쿠니다케라는 산이 있는데 한국악(韓國岳)이라는 뜻이다. 카고시마 시내에는 지금도 시내 중심부에 고려교(高麗橋)라는 다리가 있는데 옛날에는 고려 마을이 있었다고 한다. 카고시마 지역은 고대에 하야토(隼人)라는 세력이 버티고 있어 야마토 조정의 힘이 미치지 않았다. 카고시마에서 쿠마모토로 올라가는 고속도로 변에는 묘겐궁, 갓파라 상륙지 등 가야 7왕자의 일본 도래설을 연상하는 유적이 산재해 있다. 한국 탁자식 고인돌, 바둑판식과 개석식 고인돌이 큐슈 전역에서 발견된다. 큐슈는 이처럼 기원전 3-5세기부터 고조선 사람들이 이주했고 이후 가야계, 고구려계 이주민들이 빈 공간을 채워 나갔던 것이다. 후발 진출자인 의라 세력에게는 큐슈 동남부의 빈 땅 사이토바루가 겨우 남아 있었다.

이 시기 일본의 선사시대 역사를 한번 정리해 볼 필요가 있다. 일본은 1만여 년 전부터 일본 열도에 거주한 조몬인이라는 선주민이 있었다. 화염 모양의 특이한 조몬 토기를 만든 그들은 오키나와 열도를 타고 올라온 남방계와 연관된 사람들이었다. 홋카이도를 포함한 일본의 동북 지역에는 또 다른 선주민이 있었다. 일본인과 외양이 현저하게 다른 아이누족이다. 명치유신 전만 해도 이 아이누인들이 살던 동북 지역 땅에 일본 정부는 별 관심이 없었다. 조몬인과 아이누족은 계통을 달리한다. 전국적으로 비슷한 토기문화를 보여주는 조몬인은 수렵과 채집을 했다. 기원전 3~5세기부터는 고조선 사람들이 청동기 선진문화를 가지고 들어 왔다. 세형 동검문화를 이식한 이들은 첨단 농업기술도 같이 가지고 왔다. 이 시기를 야요이 시대라 하는데 동경의 야요이 정에서

카고시마 시내의 고려교. 전에는 옆에 고려촌이 있었다고 한다.

발견된 토기의 출토지 이름을 붙인 것이다. 사가현의 대형 야요이 유적지인 요시노가리 유적이 대표적이다.

일본의 저명한 역사학자인 동경대 쿠메 쿠니타케 교수는 생전에 큐슈지역의 고대 야요이 시대 문화 유적과 사료를 검토한 끝에 놀라운 주장을 했다. 일본 신도의 뿌리가 한국의 제천문화라는 것이다.[10] 일본 우익에게 위협을 당하고 동경대 교수직에서 쫓겨나기도 했지만 총리대신을 두 번 역임한 죽마고우 오쿠마 시게노부 덕분인지 와세다대 교수로 옮겨 연구를 계속했다. 사실 일본 신사 입구에 있는 토리이(鳥居)의 원형은 한국의 솟대이다. 현재는 그 흔적이 사라졌지만 사가현 요시노가리 유적 입구에는 원시 토리이가 있는데 나무로 만든 문 위에 나무새를 올린 모습을 하고 있다. 토리이의 의미는 '새 집'이므로 솟대와 관련성이 있음을 보여준다.

----
10 久米邦竹, "神道は祭天の古俗," 『史學會雜紙』第23-25號 (1891).

| 대마도 북서부 좌호만의 천신다구두혼신사. 돌로 쌓은 신사 경계벽이 발견된다. |

신사 입구 양쪽에 버티고 있는 해태처럼 보이는 석조물을 코마이누(高麗犬)라 부른다. 박견(拍犬)이라고도 쓰는데 그 이름을 물어보면 여지없이 코마이누라 한다. 지금도 사이타마현에는 고구려 왕족 약광(若光)의 후손이 궁사를 하고 있는 코마신사(高麗神社)가 있다. 고려는 코라이라고도 하고 코마라고도 읽는다. 몇 년 전 문화교류 활동으로 코마신사에서 고구려 국제학술회의를 할 때 신사 내부 행사에 참여한 적이 있다. 우리 무당의 의식과 비슷한 점을 발견했는데 삼족오 문양이 눈에 들어 왔던 기억이 난다.

　이처럼 신성한 구역을 지키는 새와 개가 모두 한국과 모종의 관계가 있음을 보여준다. 신사에는 대부분 뜰에 거대한 고목이 있다. 신성한 나무 즉 신목(神木)으로 허리 부분에 금줄을 달고 위풍당당하게 서 있다. 우리 옛 마을 중심의 서낭당 나무를 연상케 한다. 신사에는 절을 하는 배전(拜殿)과 본전(本殿)이 있는데 대부분 신사에 둥근 거울을 신이

시마네현 이즈모신사의 코마이누

깃든 히모로기(神籬) 즉 신체라고 해서 중앙에 모시고 있다. 이 히모로
기의 원형은 신라 왕자 아메노히보코(天日槍)가 가져온 곰 신단이라는
신물과 관련된다. 단군사화의 곰이 결부된다는 점은 쿠메 쿠니다케 교
수의 주장을 연상하게 한다. 고조선계 야요이 문화와 3세기 전후 일본
각지의 전승설화와 유적이 한반도와 깊은 관련성을 보여주는 것이다.
이처럼 한반도 세력이 이미 넓게 자리잡은 상황에서 3세기 말에 의라
왕자 세력이 일본 열도에 들어간 것이다.

다시 의라 왕자 군단의 이야기를 상상력을 발휘해서 섞어 재구성해
보자. 큐슈 동남부 사이토바루에 정착한 의라 세력은 백제 조정과의 약
속을 실행할 계획을 짜기 시작했다. 일본 열도와 무역을 통해 오사카
지역까지 지리에 밝은 백제가 파견한 고문도 자리를 함께했다. 의라 왕
자가 입을 열었다.

> "이 땅에 들어와 보니 전국 곳곳에 토착 수장 세력이 버티고
> 있는데 어떻게 하면 나라를 하나로 만들 수 있을지 의견을 내어
> 보시오."

백제 조정에서 보낸, 백제 왕의 조카인 고문이 침묵을 깨고 대답했다.

> "전하께서는 위대한 부여대왕 해모수님의 혈통을 이어받은
> 천제의 후손이십니다. 현지의 수장들은 오랫동안 전쟁을 하여
> 지쳐 있습니다. 힘으로 굴복시킬 것이 아니라 태양의 적자인 백
> 제 대왕의 권위를 빌어 설복하심이 좋을 것이라 사료되옵니다."

의라 왕자는 일본에 들어오는 길에 한성 백제 왕궁에 들러 백제 왕과 군신의 맹약을 치렀다. 백제는 의라 세력에게 해군력을 제공하고 의라 세력은 일본 열도를 통일하고 제후의 예를 다하겠다는 것이었다. 백제 왕은 의라에게 우리는 서로 피를 나눈 형제라는 말도 덧붙였다. 온조 대왕의 아버지 고주몽의 조상이 해모수이고 서부여 의라 왕자의 조상 도 같은 해모수라는 혈연의식이 있었다. 같은 태양의 후손끼리 힘을 합 하여 돕고 살자는 후견-피후견의 상하 유착의 서약이었다.

의라 왕자의 심복이 조심스럽게 말문을 열었다.

> "전하께서 천지신명의 뜻을 올바르게 받아 내리는 천손임을
> 보여준다면 현지 수장들도 그 밑에 자청해서 들어올 것입니다.
> 우리 옛 고향에는 태곳적부터 행하던 제천 행사의 흔적이 남아
> 있습니다. 원형 제단과 방형 무덤 그리고 사당이 모여 있는 소
> 도를 기억해 보십시오."

의라 왕자가 반색을 하며 되물었다.

> "그렇지 않아도 내가 모용씨 놈들에게 쫓겨 첩첩산중에 숨어
> 지낼 때 삼신상제님께서 꿈에 나타나셔서 남쪽 바다를 건너가
> 라는 말씀을 들었는데 지금 그 말을 들어보니 좋은 생각이 떠올
> 랐소"

의라 왕자가 각 사출도 수장에게 제안한 내용은 이렇다. 일종의 포섭 전략이다. 형님 나라 백제가 바닷길을 지배하고 있고 구야한국(가야)의

철정(덩이쇠)을 현지 수장들은 엄청나게 귀한 물건으로 높이 값을 쳐주고 있으니 그들을 포섭하는 수단으로 삼는다. 의라 자신이 부여 황실의 적통을 앞세워 지역 수장들을 만나 군신의 계약을 맺는다면 철정의 우선 공급을 약속한다. 군신 맹약의 증거로 청동경을 충성도에 따라 숫자를 달리하여 배분한다. 일단 몇 수장을 포섭하면 세력이 불어나므로 눈사람 효과가 발생할 것이다. 오랜 전쟁에 지친 그들도 평화로운 세상을 반기지 않을 이유가 없다. 그리고 의라 왕실이 대대로 천왕의 지위를 과시하기 위해서도 요서 고향 땅의 오래된 소도의 제사터를 본 따 제천문화를 보급하면서 문화적 동질성을 확보해야 한다. 원형과 방형을 합한 전방후원형의 무덤을 조상에게 제사지내는 가문 연대의식의 공간으로 만들자. 그리고 이 제사 문화를 전국에 보급함으로써 열도에 통일된 문화권을 만드는 것이다. 우선 이 사이토바루 평야에서 제천문화 소도의 시범을 만들어 보자. 의라 왕자의 제안에 반대하는 사람은 없었고

큐슈 미야자키현 사이토바루고고박물관에서 바라 본 고분군

그 제안은 바로 실행에 옮겨졌다.

　실제로 일본 고고학계에는 사이토바루 고분군이 가장 오래된 전방후원분의 발상지라는 학설이 있다. 진무(神武) 천황이 동정(東征)을 시작한 곳이 미야자키 부근이라는 이야기도 있다. 세토나이해를 따라 하나씩 토착 호족을 굴복시키면서 열도를 통일했다는 스토리이다. 이세신궁이 있는 미에현으로 진무 천황의 동정이 마무리 단계에서 길을 잃자 삼족오(야타가라스)가 길을 안내했다는 설화도 있다. 나라현 미와산의 신사는 배전과 본전이 없이 산 자체가 신체로서 원시 신도 신사의 모습을 전해 준다고 한다. 초기 신사의 원형은 대마도의 천신다구두혼(天神多久頭魂) 신사에서도 발견되는데 이곳도 산을 신체로 모시고 있다. 전방후원분의 원형이 사이토바루에서 시작되어 세토나이해를 건너 뛰어 나라 분지에 3세기 말에 초기 전방후원분이 조영되었다는 고고학적 연구 성과와 부합되는 스토리텔링이다. 의라 왕자 관련 정보들의 퍼즐 조각을 상상력을 더해서 하나의 스토리로 구성해 보면 대략 이와 같이 만들어 볼 수 있다.

　의라 왕자 기마군단은 하버드 대학의 일본사 전문가 존 홀의 지적대로 별다른 저항 없이 토착세력을 융화, 흡수하여 야마토 왕조를 세웠다. 3세기부터 야마토 왕조가 전국으로 세력권을 확장하는 과정에서 대규모 전쟁이 있었다는 고고학적 증거와 문헌자료가 없는 것을 근거로 삼았다. 실제로 3세기 후반부터 킨키 지방을 중심으로 하여 단계적으로 전방후원분 문화가 전국으로 전파되었다. 일본 고고학계에서는 야요시 시대 말기 동해(일본해) 쪽에 있던 호족세력이 낮은 언덕의 사각형 무덤(분구형) 겉에 돌(즙석)을 붙이는 문화가 전방후원으로 발전되었다고 주장한다. 하지만 네모와 동그라미의 천원지방의 상징체계를 담은 전방후원분은 기존 토착문화에는 없던 것이다. 전방후원분이 종래 토착 매장문화에서 발전된 것인지 외부세력이 창안한 것인지 아직 확증은 없다.

여하튼 위에서 가상 스토리텔링으로 정리한 대로 의라 왕자 부여계 기마군단이 백제의 후원을 받아 일본에 전방후원분 문화를 이식하는 과정은 앞으로 다양한 방법으로 검증해 볼 가치가 있다. 이와 유사한 주장을 한 사람이 동경대학의 고 에가미 나미오 교수이다. 그는 일본의 야마토 왕권은 북방 기마민족이 일본 열도를 정복하고 세운 것이라는 대담한 주장을 했다. 물론 일본 학계에서는 여전히 비주류 학설이다.

하지만 에가미 교수의 기마민족정복설에 대하여 전혀 근거가 없다고 반박하지 못하는 이유가 있다. 바로 전방후원분 조영 시기와 함께 유입된 기마문화이다. 3세기 이전에 고고학적으로 일본에 야생마가 있었는지 모르지만 인간에 의해 사육된 기마의 문화는 없는 것이 확인되었다. 일본 열도에 갑자기 출현한 기마문화의 주인들은 고도로 군사화된 무사집단이었다. 전방후원분에 세워진 인물 하니와에 그들의 모습이 또렷이 남아 있다. 부장품 중에 화려한 마구와 갑주들이 동반되는 등 야요이 시대 내부에서는 존재하지 않은 북방계 문화 요소가 다수 발견된다. 이러한 점을 종합해 에가미 교수는 그 기마민족이 한민족이라는 이야기는 명확히 하지 않고 기마민족설을 주장했다.

필자는 의라 왕자의 가상 스토리텔링을 통하여 우하량 제의 문화체계와 일본 고분문화와의 유사성에 대하여 추적해 보았다. 2008년 우하량 유적 전시관에서 바닥이 없는 통형 토기를 발견하면서 시작된 퍼즐 맞추기였다. 더 멀리는 1990년 란데 교수의 소논문을 보고 시작된 의문의 매듭을 짓는 오랜 마라톤의 반환점이기도 했다.

가설: '홍산문화와 일본 고분의 통형 토기는 연속된 문화벨트의 산물이다'

태평양과 대한해협을 넘나드는 입론 과정의 결과, 홍산문화와 일본 고분문화의 상징체계상의 공통점에 대한 연구 가설이 추출되었다. 우선 둘 다 제의문화 혹은 제천문화와 연관된 유적이다. 홍산문화에는 무덤(총), 사당(묘), 제단(단)이 같은 장소에 몰려 있는 주목할 만한 특징이 있다. 총·묘·단이 의도적으로 몰려 있고 주위에 한동안 주거한 흔적이 없다면 특수한 종교적 신앙구역이었을 가능성이 있다. 일종의 성역 즉 소도(蘇塗)와 같은 공간으로도 해석할 수 있다. 일본의 고분은 보통 원형부 안에 한 개 혹은 복수의 매장시설이 있는데 그것은 무덤인 동시에 넓은 방형 공간으로서 조상에게 제사를 지낼 목적으로 조성되었다는 해석이 있다. 홍산문화 우하량 유적의 묘실 안에서 여러 여신상이 발견되었고 특히 주변에 다른 동물 뼈는 없는데 유독 곰 뼈가 발견되었다. 여신들은 마치 수행을 하는 것처럼 가부좌를 튼 자세를 취하고 있다. 머리에는 모자 같은 관의 형태가 발견된다. 눈에 옥이 박혀 있는 것을 보면 수행을 하는 제사장이 당시 높은 신분이었음을 짐작하게 한다. 『삼국유사』 고조선조에 기록된, 곰을 토템으로 하는 부족이 굴 속에서 수행하여 인간다운 인간이 되었다는 이야기를 연상케 한다. 몇 가지 공통점에 근거하여 홍산문화를 한국 고대 문화의 뿌리라고 단정하는 것은 논리적 비약이 될 수 있다. 하지만 신성한 구역, 곰 토템, 수행 행위, 어두운 공간 그리고 여성의 신격화 같은 공통된 요소들을 단군의 스토리와 비교하는 것은 충분히 가능한 일이다.

일본 신도(神道)의 뿌리를 추적하면 신라 출신 아메노히보코(千日槍) 왕자가 가지고 온 신성한 물건 즉 신물에도 곰이 등장한다. 일본의 곰

신단(히모로기)에서도 우하량 유적의 곰뼈와 공통된 요소가 있다는 사실은 정치인류학자의 호기심을 자극한다. 초기 일본 고분문화에는 무당이 쓰는 청동 방울이 부장품으로 많이 매장되었다. 무덤방에는 여자 제사장이 매장되어 있고 주술적 성격이 강한 빨간색 주사(朱砂)가 내벽에 칠해져 있다. 야요이 시대 요시노가리 유적의 안쪽 가장 큰 2층 건물지에는 여성 무당이 제의를 주관하는 모습을 재현해 두었다. 일본 신도 문화의 뿌리가 홍산 제의 문화와 연결될 수 있다는 가설의 단초이기도 하다. 일본 미야자키현의 사이토바루 고고박물관에는 일본 신화의 천손강림 스토리와 가장 흡사한 세계 각국의 건국신화는 한국『삼국유사』의 단군 이야기라는 전시물이 있다. 전시관의 조명이 대체로 어두우므로 전시물을 잘 찾아봐야 한다. 담담하게 단군 이야기와의 공통점을 소개하는 설명문을 보고 '바로 이것이다'라는 탄성이 나왔다. 동경이나 오사카의 대도시 박물관에서는 발견하기 어려운 솔직한 내용이다. 큐슈 각 지역의 유적과 전승 설화를 찾아다닌 쿠메 쿠니다케 교수도 일본의 신도의 뿌리는 삼한(한국)의 제천문화라고 했다.

둘째, 홍산문화의 원형 제단은 삼단으로 구성되어 있다. 유적이 무너져서 자세히 관찰해야 하지만 분명히 3단 구조로 되어 있음을 확인했다. 일본의 전방후원분도 네모난 부분과 원형 부분 공히 그 분구가 대부분 삼단으로 구성되어 있다. 3이라는 숫자에 특별한 상징성을 부여했을 것이라는 점에서 눈길이 가는 공통점이다. 일본 신사에는 곳곳에 삼수문화의 흔적이 남아 있다. 삼태극과 유사한 문양이 기와 등에서 발견된다. 일본 신화의 삼종신기(三種神器)가 곡옥, 거울, 창으로 세 가지인 것은 단군사화에서 환인이 환웅에게 전수한 천부인 세 개의 3수 사상을 연상하게 한다.

한국의 전통철학 연구자들 사이에는 아직 그 해석이 분분한 천부경(天符經)이라는 글이 있다. 천부경 이야기가 나왔으니 간단히 설명하고 넘어가기로 한다. 최치원이 처음 한문으로 정리했다거나 목은 이색이 전했다거나 정조대왕의 관련 기록이 있다는 말이 회자되지만 학계에서 공인하는 문헌 근거는 전병훈 선생의 『정신철학통편』이다. 전병훈은 구한말 의금부 도사와 중추원 의관을 역임하다가 중국으로 망명한 학자이다. 1920년 북경에서 출판된 『정신철학통편』은 유럽에도 소개되어 하이데거가 동양사상을 연구할 때 참고했다는 후문도 전한다. 이 책의 첫머리에 천부경 전문이 등장한다. 천부경의 첫 대목에 우주가 카오스 무극에서 태극을 통해 처음 그 모습을 현상계에 드러낼 때는 천지인 셋으로 나뉘어 드러난다는 흥미로운 존재론이 있다. 무한히 팽창하는 양기운이 가득한 하늘과 딱딱하게 굳어 응축된 음기운의 지구, 그리고 하늘의 마음과 땅의 육체를 혼합한 인간으로 우주는 구성된다는 우주론이다. 이 천부경의 인간론은 우주의 중심은 태극 일심인데 천지의 공간에서 이 일심의 경계를 재생산하는 인간이 역사의 주인공이라고 인간을 정의한다. 갑자기 매우 철학적인 담론으로 기울었지만 홍산문화와 고분문화에서 공통적으로 발견되는 삼수에 대한 특별한 의미 부여가 이러한 천지인 우주론 문화체계와 관련이 있지 않은지 상상의 나래를 펴보게 된다.[11]

셋째, 홍산문화 우하량 유적과 고분문화는 동그라미와 네모의 기초 도형으로 하늘과 땅의 정신을 표현한 구조물이라는 해석이 있다. 우하량에는 원형 제단과 사각형 제단 혹은 무덤이 있다. 일본 전방후원분도

---

11 이와 관련된 최근의 풍부한 연구 성과는 전문 학술단체인 세계환단학회 홈페이지 (www.hwandan.org)에 게시되어 있다.

원형 분구와 그보다 낮은 혹은 같은 높이의 사각형 언덕을 결합한 행태이다. 사각형이지만 실제 가보면 마름모이다. 원형 분구에서 올라가 마름모 사각형 방향으로 보면 원근 효과로 마름모가 아니라 사각형으로 보인다는 사람도 있다. 아무튼 둘 다 그 안에 사람의 무덤을 쓰면 앞서 말한 우주의 삼대 구성요소 천지인이 합일되는 것을 표현한 듯이 보인다.

원형부와 방형부 사이 위치에서 바라보면 방형부가 마름모가 아니라 직사각형으로 보인다.

뜬금없는 이야기지만 세종대왕의 훈민정음 해례본을 보면 집현전 학사들이 천지인 합일의 원리로 훈민정음 모음을 만들었다는 문구가 있다. 천지인 셋으로 나뉘어도 원 태극 본체 1의 본성은 하나도 줄어듦이 없다는 천부경 첫 대목도 다시금 음미하게 된다. 천부경에는 하늘, 땅, 인간을 각각 숫자 1, 2, 3으로 배합했는데 이 셋을 합한 숫자 6에 생명성의 의미를 부여했다.[12] 홍산문화와 일본 고분문화의 주인공들은 천지인을 하나의 동일한 공간에 결합함으로써 인생의 목적을 달성하려 한 것을 표현하고자 하지 않았을까 생각된다. 홍산문화와 일본 고분의 상징체계를 천부경의 본문 내용과 대비해서 해석하는 내용은 다소 전문적이고 복잡한 것이라 이 책의 범위를 벗어난다. 관심있는 독자는 유튜브에 '홍산문화 천부경'을 검색하여 필자의 공개강의 동영상을 참고할 수 있다.

넷째, 우하량의 묘제와 고분의 묘제가 완벽히 동일하다. 적석총은 두 가지가 있다. 땅에 구덩이를 파고 가장자리에 돌을 쌓고 위에 한 개 혹은 여러 개 덮개돌을 덮는 것은 수혈식(타테아나식)이다. 다른 하나는 후에 백제 고분에서 흔히 발견되는 것인데 굴처럼 들어갈 수 있는 횡혈

┃ 좌측의 수혈식(구덩식) 무덤(토쿠시마박물관 자료)과 횡혈식석실(굴식돌방) 무덤 ┃

12 大三合六 生七八九

식(혹은 횡구식) 석실분이다. 무덤방을 굴처럼 만들면 문을 열고 추가로 매장이 가능하다. 여기서 간단한 고고학 용어를 설명한다면 사람이 쏙 들어갈 정도의 공간을 돌로 만든 것을 석관묘라 부른다. 관을 넣고도 옆에 덧널처럼 공간이 있으면 석곽묘로 분류한다. 천정이 있고 부장품을 많이 넣을 수 있는 방 같은 공간이 있으면 석실묘라 한다.

가장 작은 석관묘의 경우 석판을 옆으로 세워서 관처럼 만들 수 있고 작은 석판을 옆으로 쌓아 올려서 만들 수도 있다. 구덩이를 파고 만든 석관묘의 형태가 우하량 무덤과 일본 고분문화에서 거의 같은 형태로 발견된다. 돌이나 석판을 쌓거나 조합해서 무덤을 만드는 매장문화는 중국 문화권에서는 매우 드물다. 카자흐스탄, 몽골, 만주와 한반도를 거쳐 일본으로 이어지는 적석총 문화 벨트와 관련이 있다는 주장도 있다. 일본에는 고분문화 이전에도 고인돌과 석관묘가 있었고 홍산문화와 한반도 청동기 문화에도 공통점들이 발견된다. 우하량에서 만주

| 대마도 북쪽 히타카츠항 마을의 토노쿠비유적의 석관묘

와 한반도를 경유한 일본 열도까지 적석 매장문화가 전파된 과정은 앞으로 매우 흥미로운 고고학 주제가 될 것이다.

다섯째, 우하량 무덤과 일본 고분 무덤의 부장품이 각각 한국 고대 무덤의 부장품과 공통되는 요소가 발견되는 점이다. 홍산문화에는 옥을 신성시한 당시 사람들의 의식과 문화가 잘 표현되어 있다. 고도로 예술적이며 세밀하게 가공된 옥기들이 중국 고고학계를 놀라게 하였다. 옥으로 만든 옥고(상투를 고정하는 것), 구름 모양의 옥패, 옥저룡과 다양한 새 모양의 옥기 들이 발견되었다. 놀라운 사실이지만 강원도 고성 문암리에서 발견된 옥결(귀거리 모양 옥장식)과 요서지역 옥결이 형태가 서로 유사하다. 고인돌 무덤 부장품에는 신라 왕관에서 보이는 굽은 옥이 많이 발견된다.

여기서 모두 소개할 수는 없지만 홍산 옥기들의 상징성은 한민족의 민속 문화와 연계되는 것이 많다. 대표적인 홍산문화 발굴 성과 중 하나인 싱루쿠의 도소남신상[13]은 노래하며 수행하는 남자 모습의 진흙 인물상인데, 속은 텅 비어있다. 오한기박물관 3층에 실물이 전시된 이 인

---

13 도소남신상은 2019년 2월 인하대 융합고고학과 발전기금(이민화 교수와 신민식 송파 자생한방병원장 기증)으로 방문한 오한기박물관에서 실물을 소장하고 있다.

| 중국 내몽골 오한기박물관 남신상의 편발개수형 헤어스타일

물상의 헤어스타일이 주목을 끌었다. 머리카락을 땋아서 정수리를 덮은 형태인데 조선왕조실록의 정조실록에 등장하는 편발개수(編髮蓋首) 형태를 하고 있다. 정조실록에는 단군이 머리카락를 땋아 정수리 위에 덮는 편발개수를 제정하였다고 기록되어 있다.[14] 매우 충격적인 사실이다. 편발개수는 다른 문화권에서는 보고된 적이 없는 특이한 헤어스타일이다. 단군이 제정한 편발개수의 실제 형태가 홍산문화권에서 발견되어 한국 고대문화와의 친연성에 대한 관심이 고조되고 있다.

한편 일본 고분의 부장품에는 한국의 고인돌에서 발견된 것과 동일한 것들이 발견된다. 곡옥과 관옥 그리고 옥 목걸이 등 옥기와 청동종, 다뉴세문경 같은 청동경이 한반도의 것과 같은 것이 일본 초기 고분에서 많이 발견된다. 일본 고분에만 있는 석제품이 있는 것을 보면 외부 유입세력과 현지 세력의 문화가 혼합된 것을 보여준다. 두 세력의 통합이 비폭력적인 것이었을 가능성도 시사한다. 일본 토착적인 유물과 외래종이 동반되는 경우 가능한 해석이다. 란데 교수의 정치인류학적 추론과 맥을 같이하는 고고학적인 발굴 결과들이다. 여기서 말하고 싶은 점은 홍산문화와 일본 고분문화는 한국 고대 매장문화를 교집합으로 하고 있다는 것이다. 둘 다 한국이라는 문화적 연결고리를 갖는다는 공통점이 있다. 한국을 징검다리로 해서 홍산문화의 후예들이 일본 열도로 유입되었을 가능성은 앞으로 고고학의 블루오션이다.

여섯째, 이 대목이 이 장에서 강조하고 싶은 부분이다. 서두에서 말했듯이 우하량 원형제단에서는 밑이 열려 있는 통형 토기가 발견되었다. 일본 전방후원분에서도 같은 형태의 토기가 수도 없이 발견된다. 오사

14『정조실록』22권 정조 10년 8월 9일 기유, 첫째 기사. "승지 서형수(徐瀅修)가 아뢰기를, "단군은 우리 동방의 맨 먼저 나온 성인으로서 역사에 편발개수(編髮蓋首)의 제도를 제정하였다고 일컫고 있습니다." 인하대 지양미(2019)의 선행 연구를 참고.

카의 인덕천황릉이라는 다이센릉에는 수만 개의 통형토기가 배치되었다고 추정된다. 일본에서는 원통형 하니와(엔토가타 하니와) 혹은 통형(츠츠가타) 토기라 부른다. 그런데 이 통형 토기에 중대한 공통점이 이 이야기의 하이라이트이다.

우선 둘 다 밑에 바닥이 없는 점이 동일하다. 토기인데 밑이 뚫려 있다면 물이나 곡식을 저장하는 데 쓸모가 없다. 실용성이 없는 특수한 용도의 토기라는 것이다. 실제로 이것들은 주거지보다는 제단이나 무덤에서만 주로 발견되는 의례용 토기이다. 위아래가 열려 있고 하늘 공간과 땅을 연결하여 세워진 점에서 하늘과 땅이 소통하는 통천의 상징을 갖는다고 중국 요녕성 박물관에서는 설명한다. 중국 고고학계는 홍산문화인들이 유별나게 하늘과 소통하는 통천의 관념이 발달했다는 이야기를 곧잘 한다. 이 설명을 보면서 하늘을 경배하는 민족이라면 한국인을 말하는 것이 아닌가 하고 혼잣말을 한 적이 있다.

둘째, 이 통형 토기는 보통 원형이나 방형 구조물의 가장자리에 배치되어 있다. 가운데 세워 놓은 경우는 거의 없다. 큐슈 쿠마모토 장식고분박물관 바로 옆에 있는 전방후원분 위에 올라가 본 적이 있다. 원형부의 가장자리를 찾아가 지표면을 손으로 조금 파보니 여지없이 통형토기 하단부가 모습을 드러냈다. 예측한 위치에 땅속에 박혀 있는 하니와를 확인하고 쾌재를 불렀다.

셋째, 이것들을 가장자리에 세울 때 듬성듬성 세우지 않고 다닥다닥 붙였다. 한 치의 틈도 없이 통천의 정신을 구현하고 싶다는 마음을 표현하듯이 꽉 채워서 배열했다. 홍산문화 우하량 유적의 통형 토기들도 나란히 붙여서 배열한 점을 확인한 바 있다.

2018년 가을 일본 궁내청의 특별 허가로 오사카 사카이시의 초대형 전방후원분인 다이센릉의 외곽부 지표 조사가 시행되었다. 전에는 인덕천황릉이라고 했는데 그 근거가 불충분하다고 해서 그런지 해당 지명을 따서 다이센(大仙)릉으로 바꾸었다. 지표면을 조금 들어내자 원통 하니와가 자갈밭에 나란히 세워져 있는 것이 발견되었다. 거대한 고분의 외곽부에 전부 세웠다면 수만 개의 하니와가 특별히 제작되었으리라는 보도를 보며 도대체 왜 이것에 집착했을까 의문을 곱씹었다.

넷째 공통점은 이 원통 토기를 마치 나무를 땅에 심듯이 고정한 점이다. 홍산문화 우하량의 경우 흙이 퇴적되어 땅에 심은 듯이 보이는지 몰라도 일본 고분의 경우 종종 자갈밭에 심듯이 고정한 것은 확실하다.

이처럼 우하량 유적과 일본 전방후원분은 여섯 가지 면에서 공통점이 있다. 그중 여섯째 통형 토기는 또 네 가지의 세부 공통점을 갖고 있다. 이 정도의 공통점이라면 하나의 가설을 세우고 탐구해 볼 만한 테마가 아닌가 생각한다. 얼마나 장대한 고대 역사의 로망이며 재밌는 문화컨텐츠인가? 영화의 대서사시의 주제로 모자람이 없는 한일 양국의 비밀

중국 요녕성 우하량 홍산 통형 토기(작은 사진, 요녕성 박물관)와
일본 코베시 코시키즈카 고분의 원통형 토기

스러운 같은 뿌리를 밝히는 듯한 묘한 흥분도 느끼게 된다.

그렇다면 이 두 문화체계의 많은 공통점은 우연일까, 아니면 누군가에 의해 전승된 것일까? 필자는 앞서 제시한 가상 스토리텔링의 의라 왕자 세력을 그 전파의 에이전트로서 말했다. 고고학자들과 일반인들에게 이 스토리텔링을 말해 주면서 그 타당성을 테스트해 보았는데 주목할 것은 역시 일본 고고학자들의 반응이었다. 쿠마모토 장식고분박물관의 학예사인 일본인 지인은 긍정적으로 평가했다. 매장문화는 고대인들이 삶과 죽음의 경계에서 남기는 것으로 시대를 뛰어넘어 전승될 가능성이 높다고 동의했다. 물론 그 중매자가 의라 왕자이고 한국인이 피매장자일 가능성 이야기는 빼놓고 전달한 이야기에 대한 반응이다. 일본에서 드물게 홍산문화를 연구한 중국고대사 전공자인 앞서 언급된 큐슈대학의 미야모토 카즈오 교수와도 의견을 교환했다. 앞에서 소개한 의라 왕자 스토리텔링을 요약해서 이메일을 통해 소개하고 답변을 기다렸다. 미야모토 교수는 구체적으로 반응하지 않고 그러한 의견이 전혀 근거가 없다는 반박도 하지 않았다.

지난 30년의 오랜 탐구의 여정은 여기까지 왔다. 전체 마라톤의 70%를 뛴 느낌이다. 지루하거나 힘들다는 생각은 들지 않는다. 여전히 안개 속에 갇힌 한일 고대사의 미스테리에 대한 사실 규명의 욕망이 더욱 강해졌을 뿐이다.

한국 민간 비전 사서의 기록

홍산문화와 일본 야마토 조정과의 친연성에 대한 가설적 스토리텔링을 입증하는 또 다른 방법이 있다. 하지만 그 방법은 한국 사학계와의 치열한 마찰을 감수해야 한다. 고려대 최재석 교수에 의하면 경합 학설을 백안시하는 일부 사학계 풍토와 이전투구해야 하는 고난의 과정이다. 그래도 골치 아프다는 이 언급을 군이 피하고 싶지는 않다.

시중에 수많은 역주서[15]가 나와 있는 조선왕조의 비전 사서 『태백일사(太白逸史)』라는 책이 있다. 구한말 호남의 삼대 문장가이며 독립운동가인 해학 이기 선생 가문에서 비밀리에 보전하다가 세상에 나왔다는 문헌이다. '태백'은 한국을 말하고 '일사'는 숨겨진 역사라는 뜻이니 '우리나라의 숨겨진 진짜 역사'라는 제목이다. 독자에게는 궁금증을 유발하는 이 특이한 제목의 사료에 대한 국내 사학계의 평가는 매우 냉혹하다. 서지학적 근거가 없기 때문에 그 저자로 소개된 중종 때 이맥(李陌, 1455~1528)이라는 인물이 쓴 것을 확인할 수 없다고 한다.

이맥은 조선 중종 때 실록을 편찬하는 찬수관의 벼슬을 했다고 전해지는 인물이다. 중종실록에 '이맥을 탄핵하라'는 유림의 상소가 그치질 않은 점을 보면 그가 주류 유림의 세계관과 충돌하는 사상을 가졌을 가능성이 있다. 이맥의 부친은 고성이씨 사암공(思庵公) 이지(李墀)인데 세종 때 좌의정을 지낸 이원(李原)의 아들이다. 이맥의 고성이씨 가문이 자주적인 훈민정음 창제 과정에 참여했을 가능성에 대한 국내 연구도 최근에 나왔다. 주류 사대모화 유림과 다른 길을 고성이씨 가문이 갔을 가능성을 암시한다고 볼 수 있다. 여하튼 국내 사학계의 반응은 단순히 회의적인 정도가 아니라 매우 적대적이다. 『태백일사』가 인용하고 있는 사서들은 세종이 승하하고 세조가 단종을 밀어내는 정변 직후 모두 금서로 지정되어 불온시된 것들이다. 400년 전 불온시된 책들을 요약한 『태백일사』가 현재에도 불온시되는 점에서 묘한 사연이 있다는 냄

---

15 수많은 역주서 중에 가장 상세하고 원문의 본의에 충실하게 정리된 역주본은 안경전 역주, 『환단고기』 (대전: 상생출판사, 2012).

새를 맡게 된다. 검사가 두 가지 사건의 연결고리를 찾을 때 내뱉는 감탄사가 나올 만한 대목이다.

『태백일사』가 필자의 관심을 끌게 된 이유는 80년대 중반 이 책이 세상에 공개되었을 때 매우 밀집된 정보량과, 새로운 철학체계와 역사를 연결한 서술방식 때문이었다. 반신반의의 눈으로 가끔 읽어 보던 그 책에 우연히 미국 지도교수 란데 교수의 소논문 주장과 일치하는 대목을 발견하였다. 『태백일사』의 「고구려국본기」와 「대진국본기」 등 군데군데 흩어져 있는 일본 관련 기록을 모아 정리하면 놀라운 고대 한일 관계의 전체상이 드러난다. 일본에는 고조선 이전부터 한국인들이 이주했고 고조선 말기 큐슈 지역은 고조선 문화권의 일부였으며 왜는 한국과 동족 같은 나라였다는 것이다. 특히 눈을 끈 것은 의라 왕자가 삼신 (三神)의 명을 받아 일본에 가서 왜인을 평정하고 왕이 되었다는 대목이다.

이 『태백일사』라는 사료에만 고유한 기록이 수백 건이 넘는다. 『삼국사기』, 『삼국유사』에 없는 내용들이 많다. 이 리스트를 만들고 하나씩 검증하면서 이 사료의 신뢰도를 검증하는 것이 의라 왕자 이야기의 사실 여부를 판정하는 간접적인 방법이 될 수 있다. 또 다른 방법은 『태백일사』가 인용하고 있는, 현재는 원본이 멸실된 『조대기』, 『삼성밀기』, 『대변설』 같은 사료를 찾아내어 『태백일사』 기록과 비교하여 그 신뢰도를 평가하는 것이다.

2015년 여름 일본 외무성의 도움을 받아 동경 황거의 황실 도서관 서릉부를 열람한 적이 있다. 목적은 상기 멸실 사료의 흔적을 찾아보기 위해서였다. 서릉부와 동경대 도서관 귀중본 열람실에 보존되어 있거나 그 전거를 확인할 수 있는 2차 자료가 있다는 주장을 들은 적도 있다. 일제 강점기 당시 황실에 근무했던 박창화 선생이 남긴 이야기이다. 서릉부 도서관 출입을 위해서 수많은 편지와 공문 처리를 동행했던 제자가 처리해야 했다. 엄격한 궁내청 통제를 지나 지하 1층 열람실에서 도서 목록을 확인하면서 한국 규장각 출처의 고서를 찾아보았다. 애초에 도서 목록은 의미가 없을 것으로 생각했고 전문사서와 인터뷰 형식의 대화를 통해 실마리를 찾으려는 것이 주목적이었다. 사무적이면서도 친절했던 서릉부 도서관 사서와 한 시간 넘게 대화를 했지만 소득은 없었다. 하지만 언젠가 한일 양국 관계가 개선되어 비밀서고의 빗장이 열리면 한일 고대사의 진실의 문이 열릴 것이라 기대해 본다.

한국 고대 사서들을 보존하고 있다고 전해지는 동경 황거의 도서관 서릉부

2. 임나일본부 vs. 임나가라 정벌

재판정까지 간 임나일본부 논쟁

2017년 문재인 대통령이 가야사 연구를 국정기획자문위원회의 국정 과제로 포함시키라고 지시하면서 미묘한 파장이 일었다. 평소 역사에 관심이 많다고 하는 문재인 대통령의 뜻은 가야사를 연구하고 복원하는 것은 영호남의 벽을 허물 수 있는 좋은 사업이라는 의미였다고 한다. 하지만 역사학계에서는 즉각 우려하는 목소리가 터져 나왔다. 한국고대사학회장 H교수는 학회 홈페이지와 조선일보를 통해 비판적인 논조의 글을 실었다. 사학계의 도그마티즘을 비판해 온 도종환 의원이 문화관광체육부 장관으로 지명된 데 대한 불편한 심기라는 또 다른 후문도 들려왔다. 일부 사학계가 민감하게 반응한 덕분인지 가야사에 대한 세간의 관심이 고조되었다. 더불어 가야와 임나의 관계에 대한 매우 치열한 논쟁도 다시 입방아에 올랐다. 비주류사학자 이덕일 교수의 학술 활동에 대한 희대의 재판 사건이 바로 그것이었다.

발단은 일본 와세다대학에서 고대 한일 관계사를 전공한 김현구 교수의 논점에 대한 이덕일 교수의 비판이었다. 이 교수에 의하면 김현구 교수는 임나일본부 학설을 비판하는 듯했지만 결국은 백제가 일본의 제후국이었다고 은연 중 인정했다는 것이다. 『일본서기』에서 백제가 왜왕에게 굴종적인 행태를 하는 것에 대하여 적극적으로 반박하지 않은 것을 김현구 교수의 한계라고 지적한 것이다. 김 교수는 평생 임나일본부의 허구성을 폭로한 자신을 식민사학자로 매도했다며 명예훼

손 소송을 제기했다. 세인의 관심을 집중시킨 이 사건은 결국 2심에서 기각되면서 매우 드문 해프닝으로 종료되었다. 사학 전공이 아닌 필자도 도대체 왜 학자의 논점을 캠퍼스에서 논쟁으로 해소하지 않고 법정으로 끌고 갔는지 궁금하여 서부지방법원에 방청을 간 적이 있다. 좁은 법정 안 눈앞에 진귀한 풍경이 벌어졌다. 판사들 앞에서 두 가지 학설을 놓고 양측이 PPT 자료를 시현하며 열띤 논쟁을 벌인 것이다. 순간 학술회의장에 온 듯한 착각이 들 정도였다. 그 쟁점은 결국 백제와 왜의 국제관계의 실체에 대한 해석의 차이였다. 이덕일 교수는 백제가 왜보다 기술선진국이고 강대국인데 왜왕에게 비굴한 외교를 했을 리 없다는 입장이었다.

백제가 왜왕에게 비굴하게 복종하는 무력한 존재로 묘사된 것은 신공황후 기사뿐만 아니다. 『일본서기』에는 일관되게 야마토 조정으로 인질을 보내고 조공하는 충직한 번국으로 백제를 규정한다. 그런데 임나일본부가 설치되었다는 369년 시점은 백제 전성기 근초고대왕 치세 시기이다. 강성한 백제가 한반도에서, 병참지원도 불리한 왜 원정군에게 복속을 약속했다는 이야기 자체가 국제관계학과 군사학의 상식을 벗어난다. 『일본서기』는 이때만 아니라 백제 멸망까지 일관되게 왜왕에게 종속된 무력한 존재로 백제 왕을 묘사하고 있다. 모든 국가의 국운은 성쇠를 거듭하기 마련이다. 동남아에서도 크메르, 시암, 베트남 등이 돌아가며 주변국을 호령한 역사가 있다. 유럽에서도 로마제국, 나폴레옹, 네덜란드와 스페인 함대, 대영제국이 돌아가며 강대국의 지위를 누렸다. 늘 강성한 나라도 없고 늘 약한 나라도 없는 것이 세계사의 상식이다. 그런데 수백 년간 변함없이 바다 건너 세력에게 굴종하는 나라가 있을 수 있을까?

사회과학으로 들여다 본 백제의 국제적 지위

이러한 의문에 대한 해답을 얻기 위해 사회과학의 지혜를 빌려 보자. 정치학 연구방법론에는 내용분석(content analysis)이라는 것이 있다. 북한 노동신문 신년사의 주요 단어 빈도수를 분석해서 행간의 의미를 읽어내는 방식이다. 방대한 기록물이 디지털 데이터로 변환되어 있으면 특정 단어 검색으로 다양한 계량적 분석이 가능하다. 『일본서기』의 숭신 천황부터 지통 천황까지 텍스트 데이터에서 백제, 신라, 고구려, 임나, 가야의 국명이 언급된 빈도수를 조사해 보니 〈도표 1〉과 같았다.

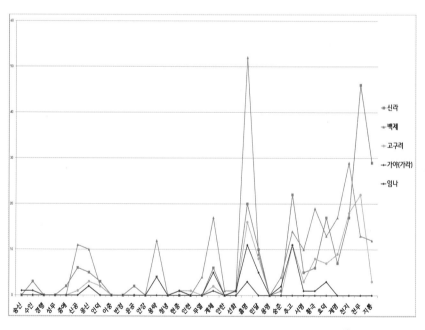

<도표 1> 『일본서기』의 외교 상대국 언급 빈도수 추이[16]

---

16 2019년 니가타대에 교환학생으로 간 정유경이 필자의 분류 기준과 지도에 따라 검토하면서 『일본서기』 전체 본문 텍스트를 놓고 빈도수를 조사한 것임. 본문 텍스트는 전용신 역, 『일본서기』(서울: 일지사, 1989)을 기준으로 조사하였다.

사관의 취사 선택, 사료의 제한 등 때문에 나라 이름이 언급된 것이 반드시 당대 그 나라와의 관계의 밀도를 비례하여 정확하게 묘사한 것으로 볼 수는 없다. 하지만 해당 시점에 어느 정도는 왜 조정 입장에서 해당 나라들과 관계에 대한 관심을 반영한다고 볼 수 있다. 눈에 띄는 점은 특정 천황기에 한반도와 북방 이웃 국가의 이름이 몰려서 집중적으로 언급된 점이다. 여러 가지 해석이 가능하지만 이러한 양상은 백제, 신라, 고구려 세력의 상호 국제관계에 일본이 민감하게 반응하고 연루되었음을 유추하게 한다.

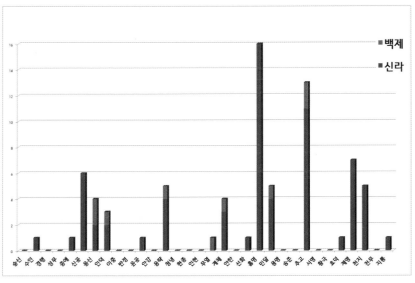

<도표 2> 야마토 왜의 신라, 백제와의 양국관계 중 적대적 사건의 빈도수 추이[17]

---

17 『일본서기』에서 백제와 신라에 대한 적대적 사건은 무력을 사용해 공격한 경우, 위협, 비난, 책망 등을 적대적인 사건으로 분류하여 빈도수를 계산하였고 같은 날 동일한 사건은 한 번으로 계산하였다. 본문에서 "신라를 친 해에"처럼 시기를 특정하기 위해 묘사된 적대적 표현은 빈도수에서 제외하였다. 신라인을 가두고 추궁했지만 사실이 아닌 것으로 밝혀진 것도 적대적인 것으로 간주하였고 등장 인물의 신라 등에 대한 적대적인 표현도 적대적인 사건으로 분류하였다.

둘째는 백제가 가장 많이 언급된 점이 주목된다. 야마토 왜에게 가장 중요하고 관심이 많았던 나라는 백제라 평가할 수 있다. 일본이 대륙과 교류하는 해상 항로로 보면 가야와 신라가 바로 국경을 마주한 나라임에도 한 다리 건너에 있는 백제와 밀접한 관계를 가진 점은 주목할 대목이다.

백제, 신라가 야마토 왜의 대외 교섭에 가장 중요한 파트너였다고 보고 일본과 일대일 관계 이벤트 중에서 적대적인 내용의 사건만 추려서 빈도수를 조사해 보았다. 〈도표 2〉에 보이듯이 더욱 흥미로운 패턴이 발견되었다. 사회과학자들은 인간과 국가의 반복되는 행동을 패턴(pattern)이라 부르고, 행위자들의 행동 데이터 간의 상호관계에 관심을 갖는다. 두 가지 행동집합이 같이 변화하는 공변(co-variation)은 매력적인 관찰 대상이다. 참고로 종속변수와 두 개 이상의 독립변수 사이의 인과관계를 통계학적으로 검증하는 기법은 현대 정치학에서 지배적인 방법론이다. 가장 기초적인 상관계수(correlation coefficient) 추출부터 다중회귀분석(multivariate regression)까지 계량적 분석 기법이 인간의 정치적 행동을 설명하고 예측하는 데 많은 공헌을 했다.

야마토 왜가 보인 신라와의 적대적인 행위 이벤트의 빈도수는 백제에 비교하여 압도적으로 많았다. 더욱이 왜의 백제에 대한 적대적 행위는 꾸짖었다는 정도의 비난 수준을 넘지 않은 반면 신라에 대해서는 공격과 전쟁 준비 등 훨씬 공격적이었다. 실제 야마토 왜가 백제에 대하여 군사적인 위협이나 공격과 같은 적대적 행동을 한 사례는 전무했다. 국제관계에서 야마토 왜, 신라, 백제 간의 국제관계 이벤트에서 왜와 백제 간에는 적대적인 관계 기록이 사실상 없었다는 것은 매우 이례적이다. 텍스트상에는 백제가 야마토 왜에 늘 굴종적이고 종속적인 국가로 묘사되지만 실제로 신라와 비교해 데이터 전체를 보면 새로운 양태가 노출된다. 『일본서기』에 의하면 백제가 야마토 조정과 비대칭적인 관계였다고 하지만 신라와 비교하면 백제와 야마토 왜의 양국관계는 매우 우호적인 것이었음을 보여준다. 독립된 인접 두 나라가 수백 년간 전쟁을 한 사례가 없었다는 것은 특수한 관계였음을 시사한다. 국제정치학자로서 이러한 독특한 사례는 흥미롭기 그지없다.

인류의 국제관계사를 더듬어볼 때 이러한 특수한 예는 아마도 세 가지 관계 유형에서 가능하다고 생각된다. 정서적 유대가 매우 강한 후견-피후견(patron-client) 관계, 하나의 군주가 양국을 통치하는 연방국 같은 동군연합(同君聯合), 그리고 압도적으로 우월한 군사력으로 유지되는 제국-식민지 관계이다. 그렇다면 백제와 야마토 왜 어느 쪽이 후견국이고 피후견국인지, 혹은 어느 쪽이 제국이고 식민지였는지 규명하면 실마리가 풀릴 것이다. 이 퍼즐을 풀면 자동적으로 임나일본부설의 실체도 드러날 것이다.

임나일본부설을 논리적으로 검증하기 전에 백제와 왜의 국제관계에 대한 『일본서기』의 기술 태도와 반대되는 역사적 사실들을 몇 가지만 정리해 보고자 한다. 일본이 소중히 여긴 칠지도(七支刀)에는 매우 중요한 명문이 새겨져 있다. 이 명문이 고대 백제와 왜의 관계 해명에 중요한 이유는 백제, 왜, 제후라는 세 가지 개념이 명확하게 등장하기 때문이다. 백제와 왜의 관계를 둘 중의 하나는 제후국이라 할 수밖에 없는 빼도 박도 못하는 증거물이다. 과거에 일본 학자들은 백제 왕이 왜왕에게 제후로서 헌상한 물건이라 주장했다. 하지만 교토대학의 우에다 마사아키 교수는 터무니없는 억지라고 일축했다. 칼을 만든 쪽이 백제이고 칼에 새겨진 명문이 백제 왕이 왜왕을 향해 아랫사람에게 쓰는 하행

문으로 되어 있는 것은 틀림없는 사실이라 했다. 제후국 신분의 왕은 백제 왕이 아니라 왜왕이라고 용기있게 반론을 편 것이다.[18] 칠지도 명문의 해석에 대한 온갖 주장이 백가쟁명으로 난립하고 있지만 양식있는 일본 학자의 결론만 소개한다.

일본이 자랑하는 인물화상경(人物畵像鏡)에는 계체왕이라는 설이 있는 왜왕으로 남제왕이 등장하고 무녕왕의 이름 사마가 나온다. 사마와 남제왕은 가까운 형제와 같은 관계처럼 등장한다. 그런데 같은 문장에

----

18 필자는 백제 고대사 관련, 국내에서 가장 현장 답사에 철저한 연구자로서 홍윤기 교수를 높이 평가한다. 2016년 관서지역 답사를 같이 한 적도 있는데 백제와 신라인의 흔적이 많이 남은 주요 신사의 궁사들과도 교분이 두터움을 확인할 수 있었다. 홍 교수는 특히 쿄토대학 명예교수인 우에다 마사아키 교수의 생전에 다수의 교류를 통해 인터뷰한 내용을 자신의 저서에 남겨 두었다. 홍윤기『일본속의 백제』(서울: 한누리미디어, 2008); 일본 속의 한국문화에 대해서는 작가인 김달수 선생의 소개도 있지만 데이터 베이스 형태로 지역별로 잘 정리된 것은 박천수,『일본 속의 고대 한국문화』(과천: 진인진, 2011)가 유익하다.

| 2013년 코베대학 방문교수 당시 복기대 교수와 이소노카미 신궁 답사 모습 |

대왕(大王)이라는 표현이 있는 것을 보면 분명 남제왕은 대왕이 아니다. 그렇다면 남제왕 시기에 별도로 대왕이라는 존재가 있었음을 알 수 있다. 무녕왕이 왕족으로 일본에 파견 나가 있던 시기에 백제의 왕을 대왕으로 인식했을 가능성을 보여주는 대목이다. 『일본서기』에는 왜국에 신라의 좌현왕 같은 천황의 부왕이 있었다는 기록이 없으므로 남제왕이 부왕(副王)일 가능성은 낮다. 확증할 수 없지만 인물화상경에도 백제인 사마와 일본 왕 남제왕이 동시에 등장하는 명문에 황제와 같은 지위를 가진 대왕이 존재함을 주목할 필요가 있다.

셋째 단서는 국제정치학 이론을 백제와 신라의 동맹 외교에 적용하는 연구 과정에서 파생된 우연한 발견이다.[19] 월트[20]와 달리 스웰러에 의하면 국가들은 이익을 노리고 균형동맹보다는 편승을 선택하는 경향이 있다고 했다.[21] 점증하는 강대국 위협에 대응해서 균형동맹을 형성하려 해도 너무 힘이 약해 힘의 균형이 보장되지 못할 뿐 아니라 비용이 많이 들기 때문이다. 반면 위협하는 강대국에 잘 보여서 같은 편이 되면 다른 약소국을 공격하여 전리품의 떡고물을 개평으로 얻을 수 있다.

하지만 월트의 생각은 달랐다. 약소국 B가 편승동맹을 선택한 뒤에 강대국 A가 주변국 C, D를 다 정복하고 나면 같은 편이었던 B도 노릴 수 있다고 한다. 토사구팽의 신세를 경계한 것이다. 백제와 신라의 전 시기 동맹 케이스를 『삼국사기』에서 수집하여 패턴을 분석하였더니 백제는 한 번도 강대국에 편승한 적이 없고 신라는 반 정도가 편승동맹,

---

19 남창희, 판보싱, "월트의 균형동맹 다수론은 동북아 외교사에도 타당한가?- 백제와 신라의 동맹 정책 비교 연구," 『국제문제연구』11권, 4호 (2011 겨울), pp. 125-158.
20 Stephen Walt, *The Origins of Alliances* (Ithaca, NY: Cornell Univeristy Press, 1987).
21 Randall Schweller, *Deadly Imbalances- tripolarity and Hitler's strategy of world conquest* (New York: Columbia University Press, 1998).

나머지가 균형동맹을 선택했다. 국가들은 편승보다는 균형을 많이 선택한다는 월트의 가설을 백제와 신라의 고대 동맹 외교에 놓고 검증한 결과, 주어진 범위에서 입증된 것이다. 2013년 샌프란시스코 국제정치학회(ISA)에서 월트 교수가 사회를 보는 패널에서 이 연구 결과를 전해주면서 당신의 이론이 동아시아 고대에서도 입증되었다고 알려준 적이 있다. 원래 중국인 박사과정생이 학위논문으로 발표한 이 연구 결과를 영어로 번역하여 미국 국제정치학회에서 정식으로 소개한 것이다. 원 학위논문은 당해 년의 한국정치학회 우수논문상을 수상하고 여러 언론에 소개되기도 했다.

그런데 여기서 연구팀은 한 가지 흥미로운 사실을 발견했다. 통상 알려진 백제의 영토는 신라와 큰 차이가 없다. 그런데 왜 신라와 달리 백제는 강대국 외교 패턴을 일관되게 했을까 하는 의문이다. 한두 번이 아니고 일관되게 고구려나 당 같은 강대국에 맞서는 균형동맹을 선택했다. 백제가 고구려와 같은 영토 혹은 해외 영향권을 가진 강대국이 아니라면 설명하기 어려운 조사 결과였다. 국제관계 이론을 적용한 결과, 백제의 국력을 재평가할 필요가 있다고 당시 연구팀은 제안하였다. 이러한 우연한 발견은 『일본서기』가 말하는 조공국 백제의 약소국 지위와는 모순되는 사실이다. 역으로 사회과학의 과학적인 잣대로 분석하면 백제는 우리가 알고 있던 약소국이 아니라 왜와 대등하거나 혹은 압도하는 강대국일 수 있다는 결론으로 이어진다. 신공황후의 신라 정벌 후 백제 왕이 번국을 자처했다는 기록 자체가 신빙성이 떨어진다는 이야기다. 이 문제에 대한 확실한 해답을 얻기 위해서는 고고학자를 포함한 역사학자들과 국제정치학자들의 학제적 융합 연구가 필요하다. 동시에 한일 고대사 학자들은 자신들에게는 비전공분야인 국제관계학

영역에 드나들지 말고 본인들의 전공분야인 역사적 사실(史實)의 발굴에 집중할 필요가 있다.

셋째, 고찰한 국제정치학을 원용한 백제의 국제적 위상에 대한 재평가는 백제와 왜 둘 중 누가 제후국이었는가를 가늠하는 데 유용한 접근법이 될 것이다. 사실 백제의 외교 활동 범위는 왜국보다 넓었다. 중국 남조에 연대하여 북위에 맞서기도 하고 산동성 일대에 백제 출신들에 대한 인사권도 행사했다. 모두 중국 사료에서 직간접적으로 그 기록이 발견된다. 하지만 같은 시기 왜국의 중원 왕조에 대한 영향력은 미미했다. 그보다 앞선 왜 5왕 관련 기록 외에 백제에 필적하는 중국 남조와의 교섭에 대한 문헌 기록은 제한적이다. 이처럼 백제의 동북아 외교 범위가 왜국보다 넓고 긴밀했다면 논리적으로 백제는 왜국의 제후국이 될 수 없다.

최소한 전방후원분이 백제식 횡혈식석실분으로 대체되던 고분 말기부터 백제 멸망까지 백제가 왜국보다 국제적 지위가 높았다는 것은 고고학적으로도 설득력이 있다. 무녕왕릉이 중국 남조와 왜국의 수입품을 고루 사용하여 축조된 반면 같은 시기 왜국에는 백제식 고분 양식과 부장품이 주로 발견되기 때문이다. 백제 의자왕이 왜왕에게 전한 바둑판에는 동남아까지 아우르는 광대한 교역 네트워크의 흔적이 보인다. 같은 시기 일본의 문화 중심 아스카에는 백제풍의 문화가 압도적으로 풍미했다. 필자는 아스카 지역을 열 번도 넘게 답사를 하여 신라 경주보다도 지리에 훤할 정도이다. 아스카에서 북쪽으로 나라를 거쳐 쿄토까지 가는 24번 국도는 환상적인 역사 탐방 루트이다. 아스카에서 북으로 나라평야를 달리다 보면 듬성듬성 작은 동산 같은 고분이 손짓을 한다. 담징의 금당벽화가 있던 호류지이며 백제풍의 절들이 곳곳에서 탐방객을 기다린다. 나라에 가기 전 백제천이라는 강 옆에 백제의 국제적 위상을 담담히 전해주는 유적이 있다. 6세기 초중반 조메이 천황 등은 백제풍의 문화에 심취했다. 백제대궁(百濟大宮)과 백제사(百濟寺)를 짓고 백제 의례를 치루는 등 백제의 문화적 영향력을 방증하는 내용들이 『일본서기』에 남아 있다. 지금도 나라 키타카츠라기군의 코료초(広陵町)의 백제사 안내판에 관련 내용을 전하고 있다. 택시를 타고 찾아간 저녁 무렵의 석양에 겹친 아름다운 백제탑의 모습이 생생하다.

6~7세기 상당 시간 동안 백제가 왜국의 제후국이었다는 논리는 성립되지 않는다. 3세기부터 5세기까지 백제의 왜국에 대한 상대적 위상 역시 크게 다르지 않다. 왜국은 가야 지역에서 철제품을 수입했다. 야요이식 토기를 이은 하지키토기와 경질토기인 스에키토기 역시 가야와 백제의 영향을 강하게 받은 것으로 보인다. 당시 토기 제작 기술과 제철 기술은 고대인들에게 첨단 기술이다. 키타큐슈박물관의 전시물을 보던 일본인이 "고대에는 한국이 우리보다 선진국이었네요"라며 모자가 대화를 나눈 것을 우연히 엿들은 적이 있다. 키타큐슈시는 일본이 자랑하는 야하타제철소 공장 유적이 있는 도시이다. 전 세계적으로 제국주의 광풍이 몰아치던 19세기 말 일본은 제철 등 선진기술을 앞세워 일본 중심의 동아시아 질서를 만들어 나갔다. 2천 년 전 과거에도 기술이 앞선 세력이 국제관계에서 영향력을 행사한 것은 당연하다. 『일본서기』에서 기술 수준이 떨어진 야마토 왜가 백제와 가야를 제후국으로 거느렸다는 기록에 양심적인 일본학자들이 고개를 설레설레 흔드는 이유이다. 데이빗 레이크(David Lake)[22]는 길핀의 패권안정이론을 발전시키

---

22 Jeffry Frieden and David Lake, *International Poltical Economy- Perspectives on Global Power and Wealth*, (New York: St. Martin's Press, 1987), pp. 145-165.

면서 상대적 생산성(relative productivity)의 요소로서 기술 수준을 중요한 요소로 주목했다. 예나 지금이나 기술 선진국이 국제관계를 주도한다는 것은 일종의 공리(公理)에 가깝다.

왜가 백제를 제후국처럼 거느렸다는 가공의 이야기는 어쩌면 백제 멸망 후 대륙과의 인연을 지워나가면서 일본이라는 새로운 국가를 형성할 때부터 만들어진 것이 아닐까 추론해 본다. 그 과정에서 백제계와 신라계의 정체성 통합이 어떻게 구성되었는지 뒤에서 소개할 것이다.

임나일본부설의 텍스트 해부

세간에 화제가 된 희대의 역사학 논쟁 재판 사건은 결국 싱겁게 끝났다. 법원은 이 문제는 학자들이 논쟁할 사안이지 법정으로 끌고 올 사안이 아니라고 일축했다고 한다. 세미나에서 논쟁을 통해 해결할 문제를 법정에 끌고 간 것 자체가 결국 자신이 학자가 아님을 자인한 것이 아니냐는 비아냥이 시민단체에서 터져 나왔다.

이 사건을 계기로 임나일본부 문제에 대한 대중의 관심이 촉발된 것은 의도하지 않은 결과였다. 더욱이 일본 우익단체 일본회의 핵심 회원인 출판사 후소샤의 움직임도 심상치 않은 터였다. 후소샤 출판 교과서에 임나일본부설이 재등장했다는 뉴스는 일본 아베 정권의 한국 때리기와 겹쳐 한국 여론을 더욱 자극했다. 시청자들은 도대체 임나일본부설이 무엇인지 궁금하지 않을 수 없었다. 임나일본부설의 출발은 아래와 같은 신공황후 이야기에서 시작되는데 우선 원문을 번역문과 함께 살펴보자.

※ 日本書紀 권9 氣長足姬尊 神功皇后 9년 겨울 10월 新羅征伐

冬十月己亥朔辛丑 從和珥津發之 時飛廉起風 陽侯擧浪 海中大
魚 悉浮扶船 則大風順吹 帆舶隨波 不勞櫓楫 便到新羅 時隨船潮
浪 遠逮國中 卽知 天神地祇悉助歟 新羅王 於是 戰戰慄慄措身無
所 則集諸人曰 新羅之建國以來 未嘗聞海水凌國 若天運盡之 國爲
海乎 是言未訖之間 船師滿海 旌旗耀日 鼓吹起聲 山川悉振 新羅王
遙望以爲 非常之兵 將滅己國 讋焉失志 乃今醒之曰 吾聞 東有神國
謂日本 亦有聖王 謂天皇 必其國之神兵也 豈可擧兵以距乎 卽素旆
而自服 素組以面縛 封圖籍 降於王船之前 因以 叩頭之曰 從今以後
長與乾坤 伏爲飼部 其不乾船柂 而春秋獻馬梳及馬鞭 復不煩海遠
以每年貢男女之調 則重誓之曰 非東日更出西 且除阿利那禮河返以
之逆流 及河石昇爲星辰 而殊闕春秋之朝 怠廢梳鞭之貢 天神地祇
共討焉 時或曰 欲誅新羅王 於是 皇后曰 初承神敎 將授金銀之國
又號令三軍曰 勿殺自服 今旣獲財國 亦人自降服 殺之不祥 乃解其
縛爲飼部 遂入其國中 封重寶府庫 收圖籍文書 卽以皇后所杖矛 樹
於新羅王門 爲後葉之印 故其矛今猶樹于新羅王之門也 爰新羅王波
沙寐錦 卽以微叱己知波珍干岐爲質 仍齎金銀彩色及綾·羅·縑絹 載
于八十艘船 令從官軍 是以 新羅王 常以八十船之調貢于日本國 其
是之緣也 於是 高麗·百濟二國王 聞新羅收圖籍 降於日本國 密令伺
其軍勢 則知不可勝 自來于營外 叩頭而款曰 從今以後 永稱西蕃 不
絶朝貢 故因以 定內官家屯倉 是所謂之三韓也 皇后從新羅還之

겨울 10월 기해 초하루 신축, 화이진(和珥津)에서 출발했다. 이
때 바람의 신은 바람을 일으키고 파도의 신은 파도를 일으켰으
며 바다 속의 큰 고기가 모두 떠올라 배를 도왔다. 곧 큰 바람

이 순조롭게 불고 배는 물결을 따라 갔으므로 노 젓는 데 힘들이지 않고 바로 신라에 도착하였다. 이때 배를 실은 물결이 멀리 나라 가운데까지 미쳤으니 곧 하늘과 땅의 신들이 모두 도왔음을 알겠다. 신라 왕은 이에 두려워 떨며 몸 둘 바를 모른 채 여러 사람을 모아놓고 "신라의 건국 이래 일찍이 바닷물이 나라에 넘친 일을 듣지 못했다. 만약 천운(天運)이 다했다면 나라가 바다가 될 것이다."라고 하였다. 이 말이 끝나기도 전에 배가 바다에 가득차고 깃발들이 햇빛에 빛났다. 북과 나팔소리가 나니 산천이 모두 떨었다. 신라 왕이 멀리서 바라보고 심상치 않은 군대가 장차 자기 나라를 멸망시킬 것으로 여겨 두려워하며 싸울 뜻을 잃었다. 잠시 후 정신을 차리고 "내가 들으니 동쪽에 신국(神國)이 있는데 일본이라 하며 성스러운 왕이 있어 천황(天皇)이라 한다. 반드시 그 나라의 신병(神兵)일 것이니 어찌 병사를 일으켜 막을 수 있겠는가?"라고 하고 곧 흰 기를 들고 스스로 항복하여 왔다. 흰 끈을 목에 걸고 도적(圖籍)을 봉인하여 왕의 배 앞에 와서 항복하였다. 인하여 머리를 조아리고 "지금 이후로는 하늘과 땅과 같이 길이 엎드려 사부(飼部)가 되겠습니다. 배의 키가 마를 틈 없이 봄가을로 말의 털을 씻는 빗과 말채찍을 바치겠습니다. 또 바다가 먼 것을 번거롭게 여기지 않고 해마다 남녀의 조(調)를 바치겠습니다."라고 하였다. 거듭 맹세하여 "동쪽의 해가 다시 서쪽에서 떠오르지 않는다면, 또 아리나례하(阿利那禮河)가 오히려 거꾸로 흐르고, 냇돌이 올라가 별이 되는 일이 없는 한, 봄가을의 조공을 거르고 빗과 채찍을 바치지 않거나 게을리 하면 하늘과 땅의 신이 함께 토벌할 것입니다."라고 하였다.

이때 어떤 사람들은 "신라 왕을 죽여야 한다."라고 말하였는데 황후는 "처음에 금은의 나라를 주겠다고 한 신의 가르침을 받들고 3군에 호령하여 '스스로 항복하는 자는 죽이지 말라'고 하였다. 지금 이미 재국(財國)을 얻었고 또 사람들이 스스로 항복했으니 죽이는 것은 좋지 않다."라고 하였다. 이에 항복의 결박을 풀고 사부(飼部)로 삼았다. 드디어 그 나라 안에 들어가 보물 창고를 봉하고 도적(圖籍) 문서를 거두었다. 그리고 황후가 가지고 있던 창을 신라 왕의 문에 세워 후세의 증거로 삼았다. 그래서 그 창은 지금도 신라왕의 문에 서 있다. 이에 신라 왕 파사매금(波沙寐錦)은 미질기지파진간기(微叱己知波珍干岐)를 볼모로 하여 금(金), 은(銀), 채색(彩色), 능(綾), 라(羅), 겸견(縑絹)을 배 80척에 싣고 관군을 따르게 했다. 이리하여 신라 왕은 항상 80척의 조(調)를 일본국에 바쳤는데 이러한 연유 때문이다. 이때 고려와 백제의 두 나라 국왕이 신라가 도적(圖籍)을 거두어 일본국에 항복하였다는 것을 듣고 몰래 그 군세를 살피도록 하였다. 이길 수 없음을 알고 스스로 군영 밖에 와서 머리를 조아리고 서약하여 "지금 이후로는 길이 서쪽 번국(蕃國)이 되어 조공을 그치지 않겠습니다."라고 하였다. 그리하여 내관가둔창(內官家屯倉)으로 정하였다. 이것이 이른바 삼한(三韓)이다. 황후가 신라에서 돌아왔다.

이 텍스트를 유심히 읽어 보면 눈에 뜨이는 대목이 있다. "동쪽에 신국(神國)이 있는데 일본(日本)이라 하며 성스러운 왕이 있어 천황(天皇)이라 한다."라는 부분이다. 17세기부터 성행한 일본의 국학자들은 이 대목에 매료되었다. 일본은 아마테라스 오미카미의 천손이 다스리는 신의 나라이고, 천황은 성스럽고 절대적인 권위의 근원이라는 사상을 명치유신 세력이 정립했다. 이러한 국가관은 바로 천황제 국가와 황도 사관으로 직결되었다. 일본이 '특별한 신의 나라'라는 인식은 바로 주변국이 그 권위를 존중하고 복속되어야 한다는 우월주의 세계관으로 이어졌다. 종국에는 대동아공영권으로까지 이어진 무모한 팽창주의의 씨앗이 이 대목에서도 발견되는 것이다.

　같은 신공황후 기사에는 일본과 주변국의 관계를 그러한 관점에서 규정한 내용이 나온다. "고려와 백제 두 나라 국왕이 신라가 도적(圖籍)을 거두어 일본국에 항복하였다는 것을 듣고 몰래 그 군세를 살피고는 이길 수 없음을 알고 스스로 군영 밖에 와서 머리를 조아리고 지금 이후로는 길이 서쪽 번국(蕃國)이 되어 조공을 그치지 않겠다고 서약했다."는 이야기이다. 일본은 천조국이고 신라와 백제는 물론이고 고구려까지 신하국이 되었다는 스토리텔링이다. 이 신공황후 신라 정벌 이야기를 탐독하고 실제로 믿는 사무라이라면 한국에 대해 자연스럽게 우월의식을 갖는 것이 당연하다. 19세기 말 일본이 정한론의 기치를 들고 조선을 무력으로 병합하는 과정에서도 그 정당화의 구실로 충실히 이용되었다.

임나일본부 논쟁에서 비켜간 핵심

　신공황후의 신라 친정(親征)이 임나일본부설의 도입부라면 본격적인 근거로는 신공 49년(369년?)의 가라 7국 정벌 기사를 거론한다. 신공황후 49년, 장군들을 보내 탁순국에 이르러 신라를 치려 했는데 군대가 모자라 장수 목라근자 등이 합세해서 신라를 격파하고 가라 7국을 정벌했다는 기사가 있다. 이어서 비리 등 4읍도 스스로 항복했다고 한다. 정벌 후 백제의 근초고왕이 기뻐하며 왜왕에게 앞으로 천년만년 끊이지 않고 항상 서번(西蕃)이라 칭하고 봄가을로 조공하겠다고 서약했다는 기사도 나온다.

이 이야기도 명치 지도부에게는 매력적인 정한론의 구실로 이용되었다. 369년부터 562년 가야가 멸망할 때까지 남한 가야 지역에 일본의 식민통치기관이 있었다는 것이 임나일본부설이다. 이 임나일본부에 신라와 백제가 번국을 자칭하며 조공을 바쳤으므로 사실상 일본이 남한의 대부분을 지배했다는 주장으로도 이어졌다. 조선총독부는 남선경영설(南鮮經營說)이라는 식민통치 합리화 논리를 전파하고 일선동조론(日鮮同祖論)이라는 황국신민화의 근거로도 활용하였다. 임나일본부라는 것은 항일 심리를 마비시키는 일제 파시즘 이데올로기의 핵심 요소였던 셈이다.

김현구 교수가 이 임나일본부설의 근거가 된 신공 49년 기록이 일부

| 경상남도 함안의 가야 고분군 모습

정황상 이치에 맞지 않는다고 비판한 것은 사실이다. 왜군의 진격로가 바다를 건너 온 원정군이기에는 불합리하다는 점을 지적했다. 내륙에서 바닷가로 진군한 기록을 볼 때 이것은 『일본서기』 편찬자의 위작이라 추정하였다.[23] 그럼에도 가라 7국이라고 나온 지명에 남가라와 가라 등을 모두 경상남북도의 가야 소국으로 비정하였다. 김현구 교수는 남가라는 김해로, 안라는 함안으로, 다라는 합천의 가야소국으로, 탁순은 창원의 가야 소국으로 설명했다.[24] 이 비정에 대한 치열한 논쟁이 지금도 이어지고 있다.

전후 일본에서도 대부분 역사학자들은 200년 동안이나 한반도 남부에 왜의 식민통치기구가 있었다는 임나일본부설은 실증적 근거가 없다고 보았다. 다른 사람들은 식민통치기관이 아니라 교역기관이라 하거나 외교사절로 축소·해석하기도 했다.[25] 반면 스에마츠 야스카즈는 오히려 자신의 저서 『임나흥망사』에서 임나의 범위를 전라도까지 확대하고 임나가 가야였다는 주장을 굽히지 않았다.[26]

하지만 임나일본부설을 비판하는 국내 학자들은 임나의 범위와 역할을 확대하건 축소하건 근본적인 문제는 다른 데 있다고 말한다. 이덕일과 황순종 등은 가야가 임나라는 등식 자체가 일본 군부의 공작의 본질이자 실체라 주장한다.[27] 명치정부의 일본군 참모본부에서 『임나고고』 등을 출판하고 같은 시기 1896년에 나카 미치요가 '임나=가야'라는 주장을 퍼트렸지만[28] 임나와 가야는 전혀 별개라는 것이다. 임나는 가야

---

23 김현구 외, 『일본서기 한국 관계 기사 연구(I)』 (서울: 일지사, 2002), p. 103.
24 위의 책, pp. 99-100.
25 황순종, 『임나일본부는 없었다』 (서울: 만권당, 2016), p. 71.
26 末松保和, 『任那興亡史』 (東京: 吉川弘文館, 1949).
27 황순종 (2016), 앞의 책.
28 위의 책, p. 16.

가 아니고 위치도 한반도가 아닌 대마도나 일본 큐슈에 존재하는 별개의 왕국이었다는 것이다. '임나=가야설'을 퍼트린 진원지가 대륙 침략을 주도한 일본군 참모본부였다는 점을 주목해야 한다. 이 주장이 학설의 외피를 쓴 정보전 공작이자 심리전이었음을 강력히 시사하는 대목이다. 어쩌면 임나일본부설을 비판한다고 하면서도 여전히 임나를 가야라는 전제 위에 논리를 전개하는 일부 국내 사학자들은 일본군 참모본부와 조선총독부의 장단에 춤을 추는 것이 아닐까? 황순종과 이덕일의 신랄한 비판에 귀를 기울여야 할 때가 된 것 같다.

임나일본부설에 대해 의욕적으로 비판을 시도한 김현구 교수 역시 임나는 가야라는 전제를 벗어나지 않는다. 호태왕비의 임나가라를 거론하며 "임나가라는 가야제국 가운데 특정 일국을 가리키고 있다고 이해해도 별 문제가 없을 듯하며 ... 늦어도 4세기 단계에는 이미 한반도 내에 임나라는 지명이 존재하고 있음을 알 수 있다."고 했다.[29] 호태왕비의 임나가라 기록 다음에 안라(安羅)와 신라성(新羅城)이라는 표현이 같이 나오므로 임나가라가 한반도 남부 어딘가에 있었다고 본 것이다.

하지만 안라가 한반도 남부에 있었다는 명확한 사료적 근거는 없다. 안라 다음에 바로 나오는 신라성이 한반도 경상남도 어디라고 보는 것도 친(親)신라 세력이 대마도나 큐슈에 있을 가능성을 원천 배제한 특정 전제(premise)의 결과에 불과하다. 큐슈를 포함한 일본 열도에 신라인 혹은 친(親)신라계 세력의 집단 거주 흔적은 흘러넘친다. 큐슈에도 신라성이 있었다는 가능성을 열면 안라의 위치 비정의 새로운 탐구도 가능해진다.

----

29 김현구 외 (2002), 앞의 책, p. 21.

'가야=임나'는 신뢰할 수 있는 주장인가?

중국과 일본의 역사 사료는 가야와 임나는 별개의 정치체임을 보여주는 증거들을 남기고 있다. 우선 중국 남조『송서(宋書)』이만전(夷蠻傳)에 왜 임금 제가 허세를 떨며 벼슬자리인 안동대장군을 받아 6개국을 대표했다는 기록이 있다. 여기에는 6개 나라 중 임나와 가라를 별개 나라로 계산하고 있다.[30] 같은 기록에 왜 임금 무는 여기에 백제를 더해 7개 나라를 대표하는 안동대장군 벼슬을 받았다고 되어 있다.[31] 일관성 없이 백제를 포함하면 7개국을 대표하는 안동대장군이고 백제를 빼면 6개국 안동대장군이라 자칭하고 있다. 어느 경우이든지 임나와 가라는 다른 나라여야만 나라 숫자가 6개나 7개가 된다. 당시 중국 기록은 일관되게 임나와 가라(가야)를 별개의 나라로 인식했음을 확인해 준다.[32] 김현구 교수도 중국『송서』에 임나와 가라가 다른 나라로 취급되고 있음을 지적하면서도, 임나가 한반도의 여러 가야 중 하나임에 의심의 여지가 없다고 단정한다.[33] 앞뒤가 안 맞는 모순된 주장이다.

『일본서기』자체에서도 동일한 임나 기록에 가라(가야)가 여러 번 등장한다. 28대 센카(宣化) 천황 2년 기록에 임나와 가라를 다른 나라로 분류하고 있다. 둘이 같은 나라라면 불가능한 일이다. 국내 임나 연구자인 김현구, 김태식 교수가 이 의문점을 파고들지 않은 점이 이상하다. 임나가 제후 번국(蕃國) 혹은 일본의 식민지나 직할령과 같은 존재라면 임나 왕이 왜국에 사신을 보냈다는 기록도 상식에 맞지 않다.

황순종은『삼국사기』와『일본서기』의 가야와 임나 기록을 추출하

30『宋書』권 97「열전」57 夷蠻: 二十八年(451)... 都督倭新羅任那加羅秦韓慕韓六國諸軍事
31 ...自稱使持節都督倭百濟新羅任那加羅秦韓慕韓七國諸軍事安東大將軍倭王...
32 김현구 (2002), 앞의 책, p. 21.
33 위의 책, p. 22.

여 비교하였다. 24건에 달하는 기록에서 562년 한 번 빼고 모두 가야와 임나는 시기도 다르게, 엇갈리게 나온다. 가야가 임나라면 불가능한 일이다.[34] 더욱 결정적인 증거는 임나 왕과 가야 왕의 이름이 두 기록에 전혀 다르게 나온다. 『일본서기』에는 아리사등이라는 임나 왕이 등장하는데 같은 시기 『삼국사기』에는 김구해라 했다.[35] 『일본서기』 주장대로 임나일본부가 가야를 석권하고 있었다면 대표자는 한 명일 텐데 양쪽 사서에 전혀 다른 이름이 나오는 것은 말이 되지 않는다. 더욱이 『삼국사기』와 『삼국유사』에서 말한 가야는 6가야 연맹이고 그것들은 금관가야, 대가야, 소가야, 아라가야, 고령가야, 성산가야이다. 임나가야가 한반도 가야 연맹체에 끼어들 자리가 없다.[36] 김현구, 김태식 등 국내 관련 연구자들은 신공황후 49년에 원정군이 점령한 비자발, 남가라, 탁국, 안라, 다라, 탁순, 가라를 모두 한반도 남부 여기저기에 비정했다. 하지만 백가쟁명식으로 옹색한 근거로 주장할 뿐 설득력이 떨어진다. 남가라와 가라 등 가야와 연관된 지역이 등장하는데 현혹되어 나머지 생경한 지명들을 무리하게 한반도 내 비슷한 지명과 연결하려 했다. 더욱 놀라운 것은 스에마츠 야스카즈의 임나 비정을 이병도 교수를 매개로 국내 가야=임나론자들이 대체로 수용한다는 점이다.[37]

더욱이 황순종을 포함 여러 연구자들이 지적한 대로 임나와 가야는 다른 나라라는 것을 반박할 수 없는 사료가 있다. 『삼국사기』에는 가야가 562년에 멸망했다고 했는데 『일본서기』에는 임나가 그 이후에도 멀쩡하게 등장한다.[38] 상식이 있는 사람이라면 이 정도 사료 비판을 들

---

34 황순종 (2016), 앞의 책, pp. 220-224.
35 위의 책, p. 224.
36 위의 책, p. 224.
37 위의 책, pp. 84-88.
38 위의 책, pp. 40-43.

고 억지 주장을 접었을 것이다. 가야가 멸망한 562년 이후에도 임나가 계속 『일본서기』에 등장하는 것을 두고 김현구 교수는 넌센스라고 그냥 넘겼다.[39] 하지만 국제정치학자로서 『일본서기』의 기록을 유심히 읽어 보면 단순히 편찬자의 실수라고 보기 어렵게 하는 임나의 외교활동이 계속 나온다. 600년(추정) 임나가 버젓이 살아서 신라와 싸우자 츠이코 천황이 급히 구원병을 보내라고 했다.[40] 왜군이 출병하자 임나와 신라가 나란히 전쟁을 그만두겠다고 화해했지만 왜군이 후퇴하자 다시 신라가 임나를 공격했다고 한다. 츠이코 천황 18년(610년 추정) 임나와 신라 사신이 나란히 왜국에 외교사절을 보낸다. 이듬해에도 구체적인 사신 이름을 거명하며 임나가 외교활동을 한 기록이 나온다. 623년에는 신라 사신과 함께 백제식 관직명 달솔을 쓰는 임나의 나미지(奈末智)라는 사신이 왜국을 방문한다. 코토쿠 천황 2년 646년까지 임나 왕이 왜국에 사신을 보낸 기록이 나온다. 그해가 돼서야 임나가 왜에 세금 바치는 것을 중지했다고 한다. 7세기 중엽은 신라가 적대적인 세력 가야를 병합하고도 한참 지난 시점이다. 가야가 임나라면 일어날 수 없는 일이다. 멸망시킨 가야의 외교권을 인정하면서 야마토와 교섭을 한다는 것은 국제관계의 상식에 어긋난다. 힘들게 멸망시킨 가야가 100년 가까이 적대국 왜에 세금을 바치는 것을 방관하는 어리석은 신라 왕이 존재할 수 있을까? 이런 무리한 해석의 이면에는 마치 무력하고 어리숙하게 한일병합을 수용한 을사오적을 바라보는 일본 정한론자들의 조소가 배어있는 듯해서 씁쓸하다.

만일 이 임나가 가야 혹은 가야의 일부가 아니라 대마도의 세력을 뜻

---

39 김현구 외, 『일본서기 한국관계기사 연구 (III)』 (서울; 일지사, 2004), p. 50.
40 八年 春二月,新羅與任那相攻

한다면 모든 의문은 해소된다. 대가야가 562년 신라에 병합되면서 신라가 대마도(임나)와 한반도 사이의 뱃길을 장악하였을 가능성이 있다. 왜는 백제로 가는 항로가 차단되었으므로 후쿠오카에 왜군을 주둔시켜 탈환을 노렸을 것이다. 신라는 왜와 백제의 협공 위협을 줄이기 위해 왜국에 사신을 보내어 타협을 시도한다. 신라는 자국의 영향권에 들어간 대마도(임나)의 사신을 대동하여 야마토를 달래는 외교를 전개했을 가능성을 생각해 볼 수 있다. 이 시기에 눈길을 끄는 흥미로운 정보가 있다. 601년 신라의 간첩이 대마도에 침투하려다 체포되어 아스카로 압송되었다는 내용이다.[41] 『일본서기』에 대마(對馬)라는 표현이 가끔 등장하여 '임나가 대마'라는 대항가설을 혼란스럽게 하는 경우도 있다. 하지만 신라와 임나가 치열하게 싸울 때 신라 간첩이 대마도에 출몰한 것은 임나가 대마도일 가능성을 높여주는 기록이다.

또 한 가지 흥미로운 기록이 츠이코 천황 기록에 다시 등장한다. 츠이코 천황 2년 600년 신라와 임나가 싸우자 천황이 장군들과 함께 지원군을 보내 후쿠오카에서 바다를 건너 공격했다. 신라 왕은 5개 성을 빼앗기자 백기를 들고 항복하며 임나 사신과 함께 사죄의 글을 바쳤다고 했다. "하늘에는 신이 있고 땅에는 천황이 있으니 이 두 신을 제외하고 무엇을 두려워하겠습니까? 또 배의 노가 마르지 않게 해마다 반드시 조공하겠습니다."라고 애걸하였다고 한다. 전투 초기에 세력을 시위하자 곧 겁먹고 항복했다는 것과 천황이 관용을 베푼다는 내용이 200년 전 신공황후의 신라 정벌 상황과 흡사하다. 신공황후의 신라 정벌 기록의 일부를 사실의 묘사라 가정하면 가장 타당한 공격 지역은 대마도의 서북 평야지대인 친신라계 좌호만 지역이다. 츠이코 2년의 비슷한 기

---

41 新羅之間諜者迦摩多至對馬,則捕以貢之

록도 대마도의 신라계 세력과 백제-왜 추종 세력 간의 갈등에 왜군이 개입한 상황이라 보면 여러 모순점이 해소된다.

국내의 임나일본부 비판론자들이 일정 부분 임나일본부가 가야에 있었다는 주장에 대한 다양한 사료 비판을 한 것은 사실이다. 하지만 위와 같은 이덕일, 황순종의 지적대로 임나=가야라는 전제를 의심하지 않고 그 틀 속에 무비판적으로 안주한 것은 엄밀한 연구자의 태도와는 영 거리가 있다. 임나가 대마도의 일부 혹은 전체를 뜻할 수 있고 동시에 『일본서기』 편찬자가 한반도의 가야를 임나인 것처럼 각색했을 가능성도 열어 두어야 했다.

여기서 국제정치학자로서 한 가지 짚고 넘어가야 할 점이 있다. 김현구 교수 등 임나=가야설 추종자들은 4세기부터 6세기까지 중국, 한반도, 일본이 복잡하게 뒤엉킨 국제관계를 연구하면서 국제관계 전문가들의 이론을 전혀 참고하지 않았다. 종종 가야사 학자들은 다양한 국가들의 행동원리 중 편의적으로 하나의 국제관계 모델을 적용하면서 왜 그런 이론 선택이 정당한지 설명도 하지 않는다. 예를 들어 김현구 교수는 다이카(大化) 개신 와중의 코토쿠(孝德) 천황과 나카노오에(中大兄) 황자 간의 친신라와 친백제 대외전략을 비교하면서 일종의 월트의 토사구팽 편승 위험론을 제기하였다.[42] 그러면서도 균형동맹과 편승동맹의 전략 논리에 대한 국제정치학자 월트와 스웰러의 이론적 논쟁을 소화하지 않고 무의식적이고 편의적으로 월트의 입장에서 설명했다. 동일한 무의식적 월트 학설 지지는 일본의 친백제 노선을 설명하면서 반복된다.[43] 연관된 맥락에서 야마토 정권이 두려워한 나당연합군이 일본

---

42 김현구 (2004), 앞의 책, pp. 155-156.
43 위의 책, p. 169.

열도 상륙을 중지한 이유를 설명하면서도 국제정치학과의 융합 검토는 이루어지지 않았다. 미어샤이머 입장대로 국력 극대화(power maximization)에 의한 절대안보를 추구하려면 나당연합군은 몽골제국처럼 대한해협을 건넜어야 했다. 그러나 그러지 않고 월츠 주장대로 안보극대화(security maximization)를 위해 일본 원정을 포기한 것처럼 보인다. 김현구 교수는 왜 월츠의 설명대로 역사가 진행되었는지 이론 검토를 했어야 마땅하다. 그래야 한일 관계를 입체적인 국제관계의 맥락에서 설명할 수 있다. 나당연합 세력에 대한 야마토 일각의 순응(accommodation), 신라의 배신, 당나라 국내 정치 요인, 당나라 배후 토번 등의 위협 같은 다양한 변수를 검토하지 않고 단정적으로 기술하였다.

현실 세계에서 하위 국제체제(international subsystem)의 행위자들은 자국의 국내외의 다양한 정치 다이나믹스 속에서 타 행위자의 행동을 입체적으로 관찰하면서 생존 전략을 모색한다. 약육강식의 치열한 국제관계에서 생존을 위해 고군분투하는 국가들의 행동은 변수 한두 개만 놓고 단선적으로 설명하기 어렵다. 마치 대학 수학의 미적분 문제를 2차방정식만 배운 중학생이 풀겠다고 함부로 재단하는 듯한 위화감을 느끼는 부분이었다. 『일본서기』의 국제관계 부분에 대한 엄밀한 사료 비판에는 해당 분야 전문가의 자문을 받아야 한다. 공동연구를 통한 융합적인 접근이 아니면 환원론(reductionism)의 오류를 범하기 쉽다.

정인보의 호태왕 수군 도해설(渡海說)

임나일본부설을 정면에서 비판한 사람 중 대표적인 인물은 위당 정인보이다. 대일항전기 점령지 조선의 연희전문 교수를 지낸 그는 상해 임시정부 요인 박은식, 신채호와 항일운동에도 투신한 바 있다. 해방 후에는 초대 정부 감사원장을 지냈다. 연세대학교에서는 문과대학 건물을 그의 호를 따서 위당관이라 명명하였다. 정인보의 반박 주장은 만주 집안의 광개토호태왕비에 새겨진 일본과의 전쟁 기록에 근거한다.

정인보 교수의 주장은 명확하다. 광개토호태왕비는 광개토대왕의 전공을 선양하기 위해 기록한 것이므로 문장의 주어는 고구려라는 점이다. 호태왕비에는 그 유명한 신묘년 기사가 있다. '신묘년에 왜가 바다를 건너와 (누군가가) 백제 등을 공격해 굴복시키고 신민(臣民)으로 삼았다'고 일각에서 해석하는 대목이다. 414년 당시의 금석문에 속민(屬民), 신민이라는 개념이 명확히 나오기 때문에 고구려와 백제, 신라 그리고 왜와의 국제관계의 법적 지위를 추론할 수 있는 소중한 사료이다. 일본군 참모본부와 관학자들은 괄호 안의 나라를 왜라 주장하고 임나일본부설의 근거로 삼으려 했다. 반면 정인보는 백제와 신라는 원래 고구려의 제후국(속민)이었는데 신묘년에 왜가 바다를 건너 고구려의 속국 신라를 공격하자 고구려가 출병하여 왜와 연합해 저항하는 백제군

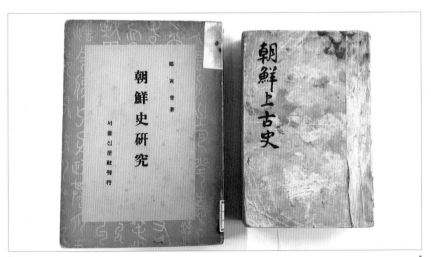

해방 후 출판된 정인보의 조선사 연구(1946)와 신채호의 조선상고사(1948)

등을 깨트렸다고 해석했다. 문장의 주어를 고구려로 본 것이다. 이 신묘년 기사는 건널 도(渡)와 바다 해(海) 글자의 물 수(水) 변이 변조되었다는 등 온갖 주장이 뒤섞여 그 실체를 알기 어렵다. 아무튼 정인보는 고구려 수군이 대한해협을 건넜을 가능성을 시사했다.[44]

하지만 아직 고구려 수군이 대한해협을 건넜다는 확증 자료는 부족하다. 대신 이 논점을 규명하기 위해 무대를 동북아 전체로 넓혀서 보자. 호태왕비 기록에 의하면 고구려 수군이 발해 안팎의 백제와 왜 연합 수군의 해상 근거지를 공격했다고 보는 것은 가능하다. 내몽골 깊숙한 내륙까지 누비던 기마부대가 주력인 고구려가 수군을 동원했다면 전략적으로 매우 중요한 적의 요충지를 제압할 필요가 있었기 때문일 것이다. 요동반도의 접근에 용이한 소규모 섬의 군사 거점을 공격했을 가능성도 있다고 생각된다. 요동반도 남단 동측의 섬들과 등주(산동성

---

44 정인보 저, 문성재 역주, 『조선사 연구 하』 (서울: 우리역사재단, 2013), pp. 878-882.

| 대마도 북서쪽 좌호만 해안에서 부산의 마천루들이 손에 잡힐 듯이 보인다.

북단 수군기지)를 연결하는 섬들은 수군이 아니면 공략할 수 없다. 『삼국사기』의 기록에 나오는 천혜의 요새 관미성과 비슷한 각미성[45] 이름이 호태왕비에 등장하는 것도 주목할 만하다. 백제의 전설적인 해상의 요새 관미성이 발해만 어딘가에 있었다고 보면 고구려에게는 매우 위협적인 존재다. 관미성 탈취를 포함한 18개 성 공략은 '왕궁솔수군(王躬率水軍: 호태왕이 친히 수군을 거느리다)'이라는 기록을 볼 때 매우 중요한 작전이었음을 시사한다.

아무튼 고구려 수군이 400년 신라 구원 원정에 앞서 상륙작전의 노하우를 축적한 것을 기억할 필요가 있다. 정인보는 주체적인 해석을 통해 고구려 수군이 도해작전을 수행했다고 보았다. 그렇게 함으로써 정인보는 고구려가 바다 건너 대마도 혹은 일본 열도 섬멸을 전쟁 목표로 두었을 가능성을 후학들에게 열어 주었다. 과연 그런지 호태왕비문을 읽어 보며 차근차근 살펴보기로 한다.

광개토호태왕비문 2면과 3면 중 일본과의 전쟁 기사

(第二面)

「利城彌鄒城也利城太山韓城掃加城敦拔城☒☒☒城婁賣城散那城那旦城細城牟婁城于婁城蘇灰」「城燕婁城析支利城巖門☒城林城☒☒☒☒☒☒利城就鄒城☒拔城古牟婁城閏奴城貫奴城彡穰」「城曾☒城☒☒盧城仇天城☒☒☒☒☒其國城殘不服義敢出百戰王威赫怒渡阿利水遣刺迫城☒☒」「歸穴☒便圍城而殘主困逼獻出男女生口一千人細布千匹跪王自誓從今以後永爲奴客太王恩赦☒」「迷之愆錄

---

45 관미성이 각미성이라는 해석이 많다. 강화도의 교동도라거나 한강 하구라거나 여러 가지 설이 있지만 모두 호태왕 수군의 작전범위를 한반도 내로 한정해서 본다는 문제점이 있다.

其後順之誠於是得五十八城村七百將殘主弟幷大臣十人旋師還都八年戊戌教遣偏師觀「愼土谷因便抄得莫▨羅城加太羅谷男女三百餘人自此以來朝貢論事九年己亥百殘違誓與倭和」「通王巡下平穰而新羅遣使白王云倭人滿其國境潰破城池以奴客爲民歸王請命太王恩慈矜其忠誠」「遣使還告以▨計十年庚子教遣步騎五萬往救新羅從男居城至新羅城倭滿其中官軍方至倭賊退」「▨▨▨▨▨▨▨▨▨背急追至任那加羅從拔城城卽歸服安羅人戌兵▨新羅城▨城倭寇大潰城▨」「▨▨盡▨▨▨安羅人戌兵新▨▨▨▨▨其▨▨▨▨▨▨▨言」

(第三面)

「▨▨▨▨▨▨▨▨▨▨▨▨▨▨▨▨▨▨▨▨▨▨▨辭▨▨▨▨▨▨▨▨▨▨▨▨▨▨▨潰」「▨▨▨▨▨安羅人戌兵昔新羅寐錦未有身來論事▨國上廣開土境好太王▨▨▨▨寐錦▨▨僕勾」「▨▨▨▨朝貢十四年甲辰而倭不軌侵入帶方界▨▨▨▨▨▨石城▨連船▨▨▨王躬率▨▨從平穰」「▨▨▨鋒相遇王幢要截盪刺倭寇潰敗斬煞無數十七年丁未教遣步騎五萬▨▨▨▨▨▨▨▨▨師」「▨▨合戰斬煞蕩盡所獲鎧鉀一萬餘領軍資器械不可稱數還破沙溝城婁城▨住城▨城▨▨▨▨▨」「▨城廿年庚戌東夫餘舊是鄒牟王屬民中叛不貢王躬率往討軍到餘城而餘▨國駭▨▨▨▨▨▨▨」「▨▨王恩普覆於是旋還又其慕化隨官來者味仇婁鴨盧卑斯麻鴨盧椯社婁鴨盧肅斯舍鴨盧▨▨▨」「鴨盧凡所攻破城六十四村一千四百守墓人烟戶賣句余民國烟二看烟三東海賈國烟三看烟五敦城」

위 원문을 살펴보면 밑줄 친 부분에 보기(步騎) 5만 명을 급파해서 위기에 빠진 신라를 구원하는 대목이 보인다. 그리고 다음 줄에 배급추지

(背急追至)라는 말이 나온다. 왜국이 후퇴하자 급하게 이를 추격하여 어딘가에 다다르게 되었는데 그곳이 임나가라라 되어 있다. 정인보의 호태왕비 해석 관점을 따르면 고구려 수군이 당시 대한해협을 건넜을 수 있다. 호태왕이 직접 수군을 거느리고 친히 원정에 나선 기록은 396년부터이다. 400년에는 보병과 기마병 5만의 정예부대를 파견했는데 수군을 동원했다는 기록은 없다. 하지만 4년 전 수군을 동원해서 왜국의 과구(소굴)를 소탕해 보았다면 대마도까지 상륙하지 못했을 까닭은 없다. 400년 신라 구원 파병 때에도 필요시 대마도 추격을 대비해 신라의 함대를 준비시켰을 개연성이 있다. 그러면 이 대목에서 임나가라를 한반도 남부가 아니라 대마도 혹은 큐슈의 가야 분국일 가능성도 배제할 수 없다. 최재석, 황순종 주장대로 임나가 대마도라면 이 대목에서 임나가라는 한반도 남부가 아니라 바다 건너 대마도를 가리킨다. 물론 이러한 해석을 가능케 한 정인보는 대마도 상륙을 언급하지는 않았다.

2017년 세 번째 대마도 답사 때 '이국(異國: 한국을 말함)이 보이는 언덕'이라는 곳에서 부산 마천루가 선명하게 보인 적이 있다. 여름에는 부산에서 불꽃놀이하는 것을 대마도 사람이 구경하고, 다음날 화답으로 대마도에서 불꽃놀이를 하기도 했다. 그 정도로 대마도는 한반도에 가깝다. 위기에 몰린 왜군이 가까운 대마도로 도주했을 가능성을 배제하는 것이 오히려 이상하다. 가공할 고구려 기마부대를 따돌리기 위해서는 육지로 도망가기보다 바다를 건너 올 때 타고 온 배로 퇴각하는 것이 가장 합리적이다.

군사학과 역사 해석의 만남

임나가라가 과연 대마도인지 검증해 보는 연구 기법이 하나 있다. 군사학을 고대 사료 해석에 적용해 보는 방법이다. 잠시 이러한 연구 방법을 소개해 보고자 한다. 필자는 2014년에 한나라 무제의 위만조선 공격에 대한 군사학적 검토를 『국방연구』에 게재한 적이 있다.[46] 국방대학교 안보문제연구소에서 발행한 군사전문 등재학술지이다. 해군사 전문가인 전북대 박성용 교수와 융합고고학과 대학원 박사과정의 역사지리 전공자와 함께 세 명이 다각도로 사마천 『사기』의 전쟁 기록을 분석했다. 검토 결과, 한나라의 해군과 육군의 원정 작전이 한반도 평양 점령을 목표로 한 것으로 보기에는 논리적 결함이 너무 많다고 결론지었다.

대표적인 문제점만 몇 가지 지적하면 다음과 같다. 우선 『사기』의 기록에 발해로 항해했다는 기록이 결정적이다. 고대나 현대나 발해와 서해(황해)는 전혀 다른 바다이다. 두 바다의 색이 다르게 보일 정도로 확

---

46 박성용, 남창희, 이인숙, "漢나라 군사작전으로 본 위만조선 왕험성 위치 고찰: 북한 급변사태 시 중국의 연고권 개입 명분에 대한 함의," 『국방연구』 58권, 2호 (2014).

| 고대 수군 기지가 있었던 중국 산동성 봉래시 등주의 전체 모습

연히 구분된다. 상륙을 염두에 둔 수군의 발진기지가 산동반도의 북서측 등주(봉래)라는 기록도 중요하다. 소정방의 백제 상륙 함대도 등주에서 출발했지만 산동성 동단의 석도를 거쳐 동쪽으로 길게 늘어서서 항해했다고 기록되어 있다. 중간에 기착지가 없다면 한반도를 향했다는 주장은 의심스럽다. 가변적인 바다 환경에서 대규모 상륙 함대는 최단 이동 거리를 항해하고 중간 보급을 받아야 되는데 한반도에 상륙할 때까지 여러 중간 기착지 기록이 있어야 한다.

발해만 해안과 달리 한반도 서해안의 대동강 하구는 조수간만의 차이가 커서 원정 함대의 상륙이 제한된다. 뻘 때문에 상륙 돌격 자체가 어렵다. 대동강을 거슬러 항해했을 가능성은 더욱 낮다. 대동강은 수심이 낮은 곳이 많고 퇴적된 모래톱이 많아 수십 척의 함대가 거슬러 올라가기 어렵다. 오죽하면 신미양요 때 미 상선 제너럴 셔먼호가 강바닥에 걸려 오도 가도 못하는 신세가 되었겠는가. 해병작전에 '상륙 적합성'이라는 군사 전문용어가 있다. 함안돌격을 할 때 해안이 리아스식 절벽이거나 광활한 뻘이 있으면 방어세력의 저항을 돌파해야 하는 상륙에 부적합하다. 함포 지원과 항공지원이 있어도 미 합참은 맥아더 사령관의 인천상륙작전 성공 가능성이 1000분의 1이라 하여 극구 반대했을 정도로 한반도 서해안은 상륙전에 부적합하다. 역사 속 예를 들어보면 이해하기 쉬울 것이다. 백제의 충신 흥수가 간언한 대로 기벌포에서 막았다면 나당연합군은 상륙에 실패했을지 모른다.

당시 한무제 공격군의 수군 사령관은 양복이었다. 『사기』의 기록을 유심히 보면 수군사령관은 육군이 왕검성에 도착하기를 기다려 함께 공격하라는 명확한 작전명령이 있다. 육군과 수군의 합동작전을 기획했다는 뜻이다. 합동작전에서 중요한 것은 동시성이다. 그런데 작전의 동시성이 보장되기 위해서 한반도 평양은 육군에게 너무 먼 이동거리이다. 육군의 기동 출발지가 한반도 압록강 건너편이나 요동반도 남쪽이 아님은 분명하다. 그 지역이 한나라 영토라면 수군이 일부러 먼 후방 등주에서 발진할 필요가 없다. 압록강 하구 단동이나 대련에서 발진하는 것이 해병작전의 원칙상 상식이다. 중국 사료에는 육군은 분명히 북경 인근 지역에서 모병하여 행군을 시작한 것으로 나온다. 한무제는

천진시 아래 무제대 위치(지도 제공: 임찬경 박사)와 2017년 현장 사진

기원전 109년, 위만조선과의 전쟁을 치밀하게 준비했다. 한무제가 국경선 해안까지 순행을 왔다는 흔적을 천진시의 아래에 있는 무제대(武帝臺)라는 유적이 증명하고 있다. 2018년 여름, 모기떼가 득실거리는 수풀더미에서 무제대 비석을 발견하고 감회에 젖던 기억이 새롭다. 당시 한나라와 위만조선의 국경이 요동반도나 한반도라면 한무제가 엉뚱하게 후방인 천진 이남 바닷가에 들린 것에 특별한 의미를 부여하고 기념하지 않았을 것이다.

또 5만 명의 보병 병력이 발해만을 돌아 요동반도를 지나 한반도까지 먼 길을 가면서 수군이 같은 시점에 상륙하기는 매우 어렵다. 더욱이 고대에는 서로 통신도 제한된다. 좌장군 순체가 거느린 육군도 적대적인 지역을 통과하면서 한반도 평양까지 여러 번의 위험한 도강작전에 성공해야 한다. 한반도 평양을 목표로 수군과 합동작전을 기도하기에는 불확실성이 너무 크다. 실제로 순체는 번조선 군대를 처음 마주한 패수에서 상류로 우회했지만 험준한 산을 이용한 매복에 걸려 진공이 지체되었다.

1,500km가 넘는 이동 중의 보급도 문제지만 병력 수가 터무니없이 적은 것도 기존 '왕험성(왕검성) 평양설'을 의심하게 하는 부분이다. 수나라 문제와 양제는 백만 이상의 원정군을 편성했다. 하지만 점령의 목표가 바다 건너 한반도가 아니라 발해만 서측의 당산, 진황도나 후루다호시라면 그 정도 규모로도 가능하다. 양복이 거느린 수군과의 합동작전의 동시성도 여기라면 가능하다. 당산이나 후루다호시라면 조수 간만의 차이가 없어 상륙도 용이하다. 발해로 항해했다는 1차 사료『사기』기록과도 딱 부합된다.

전쟁은 당대의 최고 병법 전문가끼리의 목숨을 건 한판 승부다. 프로와 프로가 만나는 유럽 축구 리그에서 말도 안 되는 작전을 연달아 짜는 감독은 하나도 없다. 사소한 패스 잘못이 패배로 연결되듯이 실제 전쟁에서는 정보 실패와 미세한 인식착오가 승패를 가른다. 기존의 전쟁 이야기에서 전쟁의 원칙과 작전술의 기본적 이치에 부합되지 않는 요소들이 너무 많이 발견된다면 그 이야기는 허위일 가능성이 있다. 『국방연구』 논문에서 한나라 군대가 한반도까지 원정한 것이 아니라 북경에서 가까운 발해만 서측 지역에 공격 목표인 왕검성이 있었다고 추론한 근거다.

사대모화 사상에 빠진 일부 조선의 유학자, 조선총독부 그리고 현대 중국 동북공정 학자들은 한반도 평양이 한무제가 점령하고 한사군 중 낙랑군을 설치한 곳이라 주장했다. 하지만 조선시대 전통사학, 상해 임시정부의 역사관을 계승한 신채호와 정인보, 윤내현 등 내로라하는 역사학자들은 한반도 평양설을 터무니없는 낭설이라 일축했다.

연구과정에서 한국국방연구원 해병작전 전문가, 해병대 사령부 지휘부와 실무 작전기획관과 3년간 여러 번 깊이 있는 의견을 수렴했다. 육군 작전 분석을 위해 육사 학술회의를 포함 여러 명과 토론을 거쳤다. 고대 해양사와 연관된 해군본부 토론과 평택함대사령관과의 연구 교류에도 도움을 받았다. 출판 후 2015년 동북아역사재단 세미나실에서 이 연구 성과를 공개하고 반대 토론을 주문한 적이 있다. 같은 해 서울 프레스센터에서 공동 저자 박성용 교수가 많은 청중 앞에서 우리 팀의 대항가설을 소개하기도 했다. 교수신문에 한 페이지 반 분량으로 대서특필되고 여러 언론 매체에도 소개되었다. 그럼에도 5년이 지난 지금까지 이 논문에 대한 반박 논문을 본 적이 없다. 군사학을 응용한 논증법을 이해하지 못했든지 반박의 여지가 없든지 둘 중 하나인 듯하다. 국방대학교 안보문제연구소 홈페이지에 업로드된 이 논문이 한때 최다 다운로 드를 기록한 것을 보면 기존 사학계에서도 주의 깊게 읽어 본 것 같다.

이 논문이 기존 낙랑군=평양이라는 통설에도 적지 않은 임팩트를 주 었다고 자평한다. 국내 왕검성 연구의 권위자인 영남대 고고학과 정인 성 교수가 최소한 고고학적으로 낙랑군 평양설은 성립되지 않는다고 학회에서 선언했다. 그는 동경대 박사 출신으로 낙랑군 관련 유물을 국 내에서 가장 많이 관찰한 사람이라 그 무게는 남달랐다고 한다. 성인성 교수가 프레스센터에서 우리 논문과 같은 패널에서 발표했으니 최소한 군사학적 검토에 노출된 것은 사실이다.

아무튼 다소 장황하게 왕검성 평양설 비판 논문을 소개한 이유는 비 슷한 군사학적 사료 비평을 임나가라 기사에도 적용할 수 있기 때문이 다. 국내에서 군사고고학은 생소한 접근법이다. 필자가 1993년 군사편 찬연구소에 근무할 당시 국내 최고 전문기관에서도 고고학과 군사학 을 융합한 논문은 별로 보지 못했다. 2018년 2월 후쿠오카 백제 오노 산성-잇키섬-대마도를 배로 이동하는 답사 길에 큐슈대학에서 군사고 고연구회 창립 모임을 가졌다. 자격은 부족하지만 딱히 첫 회장을 맡을 사람이 없어 초대 회장을 맡게 되었다. 이후 2018년 12월 북경대 션팅 창 교수, 큐슈대 이종성 박사를 초청한 국제회의를 부경대에서 했고, 지금도 육해군 장성과 서인한 전 군사편찬연구소장 대행을 포함, 동료 들과 활발한 전사 사적 답사를 하고 있다.

군사학의 대가 클라우제비츠는 오랜 전쟁의 경험에서 보편적인 전 쟁의 원칙이 도출된다고 하였다. 현대전에서도 나라마다 그리고 각 군 별로 전쟁의 원칙(principle of war)은 다소 다르지만 기본 골격은 비슷 하다. 전투력의 집중(mass), 지휘 통일, 목표의 원칙, 자원 절용, 공세의 원칙, 기동, 정보(보안), 간명, 사기(morale), 기습 등이 있다. 광개토태왕은 기마부대를 동원한 기동성을 강조했고 성공적인 정복 군주답게 집중, 목표의 원칙, 절용과 공세의 원칙에 충실했을 것이다. 제후국 신라의 구원 요청을 받고 396년에 주력 부대를 편성할 때 군이 수군을 동원한 이유는 무엇이었을까? 육로로 충분히 빠른 속도로 기동할 수 있는데도 수군을 동원한 것은 육군이 가지 못하는 전투지역이 있었기 때문일 것이다. 바다 건너 백제의 후방지원 세력의 섬멸이 필요했던 것을 상정해 볼 필요가 있다. 그렇지 않으면 불필요한 전투력을 낭비해서 절용의 원칙에 위배된다. 백제군은 후방의 왜군이 바다를 건너오게 해서 전투력을 집중하여 수적 우위를 달성하려 했고 따라서 호태왕 입장에서는 후방 지역 섬멸이 전쟁 목표의 원칙에 부합된다. 호태왕비에 씌여 있는 '백잔(百殘)'을 토멸 대상인 백제를 지칭한 것으로 본다면 그 동맹국인 왜의 후방 근거지를 방관하는 것은 전쟁 목표로서 비합리적이다. 왜군이 계속 후방에서 바다 건너 백제를 지원하는 것에 대하여 방어적으로 대응하기보다는 공세적으로 바다를 건너 섬멸하는 것이 전쟁의 원칙에 부합된다. 이런 점을 호태왕비 비문에 고구려 수군이 등장한 이유라 볼 수 있다.

군사 전문 연구소에서조차 광개토호태왕비의 기록을 보고도 고구려 수군의 대마도 추격 가능성을 심도있게 검토하지 않은 이유는 뭘까? 1993년 필자의 경험에 의하면 군사 전문가가 아닌 사람들이 만든 통설에 용기있게 군사학적 비평을 가하기보다는 기존 연구를 답습하는 소극적 풍토가 일차 원인이 아닌가 싶다. 당시를 돌이켜보면 창의적이고 비판적인 연구를 독려하는 분위기는 찾을 수 없었다. 특히 호태왕비 해석은 일련의 전역(campaign) 수준에서 분석해 봐야 그 전모를 알 수 있다. 대대장, 연대장 지휘 경험밖에 없던 군사편찬연구소 연구자들이 사료 비판에 엄두를 내기 어려워했을 만하다.

여기에 더해 전쟁은 외교의 연장이기 때문에 전쟁이 발생한 시기와 그 지역이 처한 지역 국제환경 속에서 보는 국가전략 차원의 분석도 필요하다. 고대 전쟁사 연구에서 국제정치 이론이 필요한 부분이다. 단순히 군사학뿐 아니라 국가의 본성과 대외 행동의 패턴에 대한 외교사적인 통찰과 이론에 대한 이해도 필요하다. 400년 당시 동북아의 국제환경을 보다 정밀하게 복기하려면 정치군사모의기법(PolMil game)이 효과적이다. 여러 역사 전문가, 군사 전문가, 국제정치 전문가, 각 군 작전 전문가들이 모여 나라별로 전쟁 지휘부 역할을 나누어 상황을 부여하고 서로 행위-반응을 반복하는 방식이다. 고대는 행동의 선택 복원에 필요한 데이터가 부족한 한계가 있지만 그나마 그렇게 해 보는 것이 고대 전쟁사의 복원에 도움이 된다.

400년 당시 고구려 육해군이 신라를 구원하려 급히 달려가던 시점

| 대마도의 하롱베이라고도 불리는 아소만 전경

에 고구려에게 북방의 위협은 감소되어 있었다. 고구려는 이미 395년에 거란을 공격해 내륙 깊숙이 염수까지 토벌하였다. 396년에는 백제의 요서지역 혹은 발해만 거점을 무력화한 것으로 추정된다. 398년에는 말갈을 제압하여 북방은 안정화되었다. 백제가 왜군을 끌어들여 다시 요서지역으로 공략하기 위해 고구려 동맹국인 신라를 침공하자 긴급 구원에 나선 것이다. 아신왕 때 한 번 굴복한 백제로 하여금 확실하게 무릎을 꿇게 하기 위해서는 반드시 후방의 화근인 왜국의 본거지를 섬멸하거나 중간 거점인 대마도를 점령할 필요가 있었다.

이런 점을 종합적으로 고려할 때, 고구려 호태왕 수군이 도주하는 왜군을 추격해서 최소한 대마도에 상륙했을 가능성이 크다. 앞에서 살펴본 바와 같이 바다 건너 도주하는 왜군을 멍하니 바라보았다면 오히려 그것이 이상하고 상식에 부합되지 않는다. 대마도 상륙 추격은 정황상 충분히 가능한데, 혹자는 심지어 일본 본토까지 파죽지세로 쳐들어가

잇키섬 고대 주거 유적지의 마을 입구에 있는 솟대 모습이 흥미롭다.

공세의 원칙에 충실했을 것이라는 주장도 한다.[47] 왜군이 생각하지 못한 열도 상륙 작전을 감행해서 기습의 이점을 살렸다고 보는 것은 매우 신선한 발상이 아닐 수 없다. 호태왕 전쟁의 목표가 신라 구원에 있지 않고 백제의 후방 지원세력 섬멸을 통해 고구려 남측을 완전히 평정하는데 있었을지 그 가능성을 평가해 보고자 한다. 눈이 번쩍 뜨일 흥미진진한 스토리를 지휘관의 입장이 되어 비판적으로 살펴보자.

호태왕 수군의 대마도 공략 가능성

만일 임나가 가야와 무관하고 대마도나 큐슈에 있었다면 이 두 경합 학설의 대결은 정말 볼 만한 싸움이다. 고대 동북아시아 국제관계 이해의 근간을 바꾸는 코페루니쿠스적인 역사 해석이다. 한일 고대사의 급반전이 고구마 줄기처럼 꼬리를 물고 이어질 수 있다. 문재인 대통령이 그저 영호남의 화해를 염두에 두고 지시한 가야사 연구가 시대의 바람을 타고 엉뚱하게 커다란 파장을 부르는 나비효과로 이어질 수도 있다. 진실이 드러나길 원치 않는 무덤 속의 조선총독부 관변학자들에게는 판도라의 상자를 여는 악몽이 될 수도 있다. 왜냐하면 임나가 가야가 아니라 대마도로 교정되는 순간, 고대 일본사의 많은 미스테리가 한꺼번에 같이 풀리는 극적인 반전이 펼쳐질지도 모르기 때문이다.

앞에서 고찰한 바와 같이 임나가 대마도일 가능성을 열어 두면 광개토호태왕의 수군은 바다를 건너 도주하는 왜군을 추격한 것이다. 고대에 대마도는 한반도와 일본 열도의 큐슈를 연결하는 다리와 같은 역할을 했다. 남북으로 길게 형성된 대마도의 지형 덕분이다. 일단 대한해

---

47 윤창열, "광개토태왕 비문과 환단고기의 整合性," 『세계환단학회지』 제5권, 1호 (2018).

협을 건너면 대마도의 천혜의 대형 항구 아소만 지역에서 평온한 휴식을 취할 수 있다. 세종대왕 때 이종무의 원정군도 아소만 입구 안쪽에서 장기간 함대를 정박시켰다. 대마도의 연안을 따라 이동한 뒤에는 남쪽의 이즈하라 같은 항구에서 또 다른 항해 길을 준비할 수 있다. 대마도와 후쿠오카 사이에는 잇키섬이 있다. 부산과 후쿠오카를 마치 징검다리처럼 대마도와 잇키섬이 연결하고 있는 것이다.

임진왜란 당시에도 토요토미의 원정군은 대마도주의 협력이 절실히 필요했다. 부산포를 향한 원정함대가 마지막으로 정박한 곳도 대마도이다. 열도에서 한반도로 침략하는 세력에게 대마도는 매우 중요한 전략적 요충지이다. 그렇다면 같은 논리로 왜군의 상륙 공격을 막아 신라를 지켜야 하는 고구려 수군 입장에서도 대마도는 중요한 관심 대상이다. 백제가 배신할 때마다 매번 후방에서 바다를 건너 신라 공격에 합세하는 왜군의 지원을 차단하려면 대마도 점령보다 효과적인 것이 없다. 정인보가

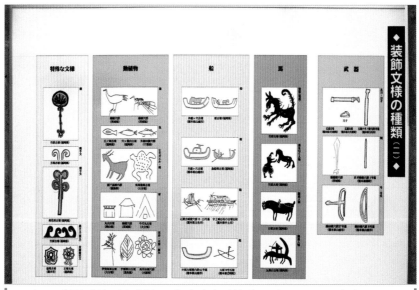

쿠마모토현립장식고분관 복도에 전시된 벽화에 보이는 고분 문양의 종류

말한 호태왕 수군 도해설이 작전적으로 타당한 근거이다.

대마도가 임나라면 이야기는 또 다른 논리적 연장으로 이어진다. 고구려 수군이 대마도를 점령하여 왜군의 백제 후방 지원 작전을 차단했다고 하더라도 거기서 계속 주둔한다면 여러 문제가 발생한다. 고구려 수군이 대마도에 계속 주둔하기는 애로점이 많다. 병참 보급도 문제이지만 고립된 섬에 상당한 군사력을 분산시켜 두면, 유사시 육상에서 신라를 공격하는 백제를 막는 데 기동성의 문제가 발생한다. 자급자족 여건이 어려운 대마도 점령에 그치지 않고 아예 주둔 여건이 좋은 큐슈의 후방 거점까지 상륙하는 것이 합리적일 수 있다. 현지 세력을 포섭하여 병력 규모를 늘리면 해외 배치 병력도 줄일 수 있다.

큐슈 쿠마모토 지역의 고구려계 문화

이러한 추론에 힘을 보태주는 고고학 발굴이 있었다. 큐슈의 중서부

| 쿠마모토현립장식고분관 옆에 있는 고분군 모습

쿠마모토에는 특이한 벽화 고분들이 산재해 있다. 일본에서는 장식고분이라 부른다. 빨간색과 하얀색의 원과 삼각형 도형을 벽에 가득 채운 벽화 고분들이다. 간혹 머리에 투구를 쓴 고구려 장군 모양의 그림과 삼족오 같은 새 그림도 발견된다. 대륙의 고구려 벽화 고분에서 보이는 두꺼비도 있다. 우리가 흔히 아는 세련되고 호방한 기풍이 넘치는 고구려 고분과는 다르지만 고구려풍이라는 느낌을 지울 수 없다고 한다. 특히 일부 쿠마모토 벽화 고분 천정에는 별자리 그림도 있어서 고구려계 문화를 암시한다. 모종의 관련성을 염두에 두고 있는지 쿠마모토 장식 고분 박물관 측도 광개토호태왕비 모사본을 벽에 크게 전시하고 있다. 일부 벽화에서는 배를 탄 그림이 있어 고구려군의 큐슈 상륙과 연관이 있는 것이 아닌가 하는 상상을 불러일으킨다.

그런데 이 고분이 조영된 시기가 현지 조사에 의하면 412년 전후 5세기 초엽이라 한다. 쿠마모토의 이 특이한 고분 양식은 100년 정도에 걸쳐 점점 확산되었다. 그러나 이 지역 수장 세력이 야마토 조정과의 전쟁으로 멸절되어 갑자기 벽화고분 문화가 사라진다. 이 정보들을 종합하면 명확하지 않지만 하나의 가설이 도출된다. 이 벽화 고분을 조영한 사람들은 현지인이지만 모종의 사건으로 고구려 세력과 조우하여 문화적으로 영향을 받았는데 그 시기는 광개토태왕과 일본이 치열한 전쟁을 벌인 직후이다.

400년 벽두에 큐슈에 고구려 세력이 유입되었다면 호태왕의 수군 원정군과 관련이 있지 않을까 하고 상정해 볼 만한 대목이다. 앞으로 이 문제 역시 동북아 고대 국제관계사의 흥미진진한 연구 테마가 될 가치가 있다. 큐슈에 고구려군이 상륙했다면 호태왕의 활동 범위는 그야말로 사해를 평정했다는 평가에 모자람이 없다.

미어샤이머의 공세적 현실주의와 호태왕비 재해석

여기서 추가로 놀라운 사료 하나를 소개해 보고 싶다. 치밀한 검증이 필요하지만 이미 학계 일각에서 활발히 논의되고 있다. 진위 논란이 계속되고 있는『태백일사』「고구려국본기」에는 호태왕 군대가 일본에 상륙하여 가는 곳마다 초토화시키고 항복을 받았다는 기사가 있다. 이유립의『대배달민족사』에 의하면 광개토태왕군이 큐슈까지만 정벌한 것이 아니라 내친 김에 야마토 본부인 오사카와 나라 분지까지 먼 원정을 갔다는 충격적인 기록마저 있다.

사실 호태왕비는 아시아에서 가장 큰 전공비이다. 당대 모든 사람이 볼 수 있게 아들 장수왕이 자랑스럽게 세운 것이다. 호태왕비 비문에 주목할 표현이 있다. '위무류피사해(威武柳被四海)'는 호태왕의 권위와 군사력이 사해 즉 천하를 덮었다는 말이다. 고구려가 당대의 패권국이었음을 선언한 것이다. 그런데 천하를 석권한 고구려에 지속적으로 도전

염수를 향한 호태왕의 원정군은 만주 벌판을 달려 먼저 의무려산을 통과해야 했다.

하면서 숙적으로 등장한 것이 백제다. 백제는 늘 왜국과 함께 행동한 것으로 기록되어 있다. 백제와 왜는 혈맹처럼 한 번도 배신하지 않고 군사대국 고구려에 맞섰다. 만일 이런 백제를 끝없이 지원하는 왜군의 본거지를 소탕하지 않았다면 호태왕의 캠페인은 완료된 것이 아니다. 먼 바다 건너 백제의 동맹군 주력을 남겨두고 천하 제패라는 승리의 나팔을 불기에는 뭔가 계면쩍지 않을 수 없다. 이런 의문에 비추어 보면 이유립 선생의 파격적인 주장도 심각하게 그 신빙성을 검토해 볼 필요가 있다.

이 점을 이론적으로 검토하기 위해 2011년 경 장충동 서울 클럽에서 들었던 카네하라 노부카츠 당시 총괄공사의 지적을 언급하고 싶다. 지금도 참 깊이있는 전략가라 생각되는 카네하라 씨는 2019년 당시 야치 쇼타로와 함께 아베 총리의 핵심 외교안보 참모였다. 그는 간담회 중 고구려가 강성한 군사력을 가지고도 다른 북방민족과는 달리 중원을 점령하고 지배하지 않은 것이 의문이라 했다. 20대의 젊은 태왕은 북으로 남으로 쉴 새 없이 정복전쟁에 나서 고구려를 일약 동북아의 패자 위치에 올려놓았다. 호태왕비에 나오는 소금 호수 염수(鹽水)에서 양과 말을 노획했다는 기사는 내몽골 초원 깊숙이 영토를 확장했다는 자랑이다. 하지만 5호 16국 시대에 분열되어 있던 중원 내륙까지 지배하지는 않았다.

대표적인 공세적 현실주의자인 미어샤이머는 무정부 상태의 국제사회 속에서 늘 안보 불안에 시달리는 국가들이 가장 확실하게 걱정을 더는 길은 최강대국이 되는 것뿐이라 단언한다.[48] 능력만 된다면 영토를 최대로 확장해서 지역의 패권국이 되면 확실히 발 뻗고 잘 수 있다는 말이다. 반면, 같은 신현실주의 이론의 아버지 월츠[49]는 다른 주장을 한

---

48 존 미어셰이머 [미어샤이머], 이춘근 역, 『강대국 국제정치의 비극』 (서울: 나남, 2004).

49 Kenneth Waltz, *Theory of International Politics* (Reading MA: Addison-Wesley,

다. 무한정 국력 팽창을 하다 보면 불필요한 적을 양산해서 오히려 안보를 위태롭게 할 수 있다는 반론이다. 국가들은 국력 최대를 목표로 하는 것이 아니고 안보 최대(security maximization)를 추구한다는 시각이다. 학계에서는 미어샤이머류의 주장을 공격적 현실주의(offensive realism)라 하고 후자를 방어적 현실주의(defensive realism)라 부른다.

대표적인 공격적 현실주의자 미어샤이머 이야기가 나왔으니 에피소드 한 토막을 전하고 싶다. 미어샤이머는 종종 중국과의 패권전쟁을 피할 수 없다는 비관적 전망을 해서 중국 학자들의 경계 대상 1호 인물이다. 그가 북경이나 대만을 방문하면 구름 같은 청중이 객석을 채운다. 날카로운 반박을 당하면서도 그는 단호한 어조로 비관적인 전망을 내려놓지 않는다.

2017년 2월 미국 볼티모어 ISA 학회 참석 때 힐튼 호텔 1층 카페에서 새벽에 우연히 그를 만났다. 카페가 문 열기를 같이 기다리면서 제법 오랜 시간 대화를 나눈 적이 있다. 이런저런 이야기 중에 한국 학계의 근친교배 문화가 화제로 올랐다. 미어샤이머의 박사학위 논문 지도위원 중에 자유주의 이론가가 있다는 것을 듣고 정말이냐고 물었다. 그는 살짝 웃으며 반대편 입장에 선 학자를 고루 심사위원에 넣는 것이 오히려 정상이 아니냐고 반문했다. 끼리끼리 문화가 고질병인 한국과는 다르다고 강조했다. 비판적이고 창의적인 이론화에 소극적인 일부 우리 학계의 풍토를 환히 알고 있다는 투였다. 그와의 대화를 통해 한국 출신 제자들의 동정을 정확히 알고 있는 것을 보면서 한국에 대한 관심이 각별하다는 점을 알 수 있었다. 어쩌면 미중 간의 패권 경쟁에

1979); 월츠와 월트, 미어샤이머의 육성 대담 유튜브 동영상을 버클리 대담 시리즈로 시청가능하고 그들의 핵심 논점과 개인사 차원의 이론화 과정을 엿볼 수 있다.

서 한국이 취할 외교적 입장(positioning)을 예의주시하기 때문이 아닐까 혼자 생각해 보았다.

여하튼 미어샤이머 교수의 확신에 찬 공격적 현실주의 담론은 그래함 앨리슨의 투키디데스 함정과 공명현상을 일으켜 작금의 미중 기싸움에 힘입어 세간의 관심을 더 많이 끌고 있다. 그런데 고구려가 다른 북방 정복 민족과 달리 군사력이 충분했음에도 중원을 정복하지 않은 역사적 사실을 물어보면 어떻게 답변할지 궁금하다. 반면, 광개토태왕 수군이 대마도에 머무르지 않고 일본 열도까지 진출해서 야마토까지 점령했다면 그의 공세적 현실주의와 부합된다. 나중에 또 만난다면 물어 보고 싶은 대목이다.

호태왕 수군 대한해협 도해설의 무게

광개토태왕은 이민족인 중원 왕조에 대해서는 불필요한 세력확장 대신 안보를 최적화하는 데서 멈춘 방어적 현실주의자였던 것 같다. 사실 선비, 거란, 여진족과 달리 고구려는 전국에 산성을 수없이 쌓았다. 산성의 형태와 분포를 보면 고구려는 방어적인 군사사상을 가지고 있었다. 다른 나라를 공격하려는 의도를 가진 세력은 힘들게 산꼭대기에 산성을 쌓지 않는 법이다. 고구려는 만주 내륙 곳곳에 산성을 쌓았으니 호시탐탐 중원을 노리는 나라였다면 엄청난 국력 낭비를 한 셈이다. 중국 요녕성 환인의 오녀산 산성을 두 차례 가본 적이 있다. 버스 창문을 통해서 멀리 보이는 오녀산성의 위용은 입을 다물지 못하게 했다. 적군이 힘들게 산을 넘어 이 산성을 보는 순간, 다리에 힘이 풀려 전의를 상실했을 듯 싶다. 실제 산성 정상부까지 오르는 길도 가파르고 중간의 성벽도 견고했다. 이처럼 고구려는 군사 태세로 보면 공격보다는 방어에 치중하는 군사사상을 가지고 있었다.

하지만 백제를 줄기차게 돕는 왜국에 대해서는 공세적 현실주의 이론대로 점령을 시도했을 가능성이 있다. 광개토태왕 입장에서 대마도까지만 상륙했다면 공격적이기보다는 방어적 목적의 차단작전을 수행한 것으로 볼 수 있다. 만일 열도 중심부까지 공략했다면 미어샤이머의 이론이 입증되는 셈이다. 집요하게 백제를 지원하는 왜 세력의 본거지를 소탕하지 않으면 화근(禍根)을 남겨두는 일이기 때문이다. 사실 호태왕비에는 백제 아신왕이 항복하고 나서도 왜가 다시 바다를 건너 백제와 함께 고구려를 공격했다는 기사가 나온다. 호태왕비의 왜군은 실 가는 데 바늘 가듯이 빠지지 않고 등장하는 충실한 동맹군이었다. 해군력이 우수했던 백제는 대륙 국가 고구려를 괴롭히는 데 대한해협 남쪽 후방 지원 세력을 최대한 이용했을 것이다. 백제의 전략적 이점을 상쇄

사방이 가파른 절벽으로 형성된 오녀산성의 웅장한 모습

하기 위해서는 최소한 대마도를 점령하여 후방 지원을 차단하거나 혹은 최대한 열도 본토의 전략적 중심(center of strategic gravity)을 점령해야 전쟁 목표가 달성되는 것이다. 그게 아니고 중간 수준의 전역목표(objectives of campaign)를 추구했다면 큐슈에서 멈추었을 것이다. 큐슈 북단의 왜군 발진기지 사용을 거부할 수 있도록 큐슈에 친 고구려 세력을 후원하고자 했을 것이다. 『일본서기』를 보면 스슌 천황, 츠이코 천황 때 후쿠오카에 원정 목적으로 일종의 신속대응군을 주둔시키거나 배치한 사례가 있다. 한반도나 대마도의 급변하는 정세에 대응해서 백제의 지시로 왜군이 동원되기 위해서는 후쿠오카 발진기지가 필요했을 것이다. 이러한 왜군의 동원을 방해하기 위해 고구려가 큐슈에 친 고구려 세력을 육성했을 가능성이 있는 것이다.

정리하자면, 광개토태왕이 수군을 동원했다면 육지로는 이동할 수 없는 대한해협을 건널 것을 염두에 두고 원정군을 편성했다고 보는 것이 타당하다. 광개토태왕 원정군의 전쟁 목표 수준이 1) 신라 구원, 2) 대마도 점령, 3) 큐슈 차단 4) 야마토 왜 전략중심 지배 중 어디까지였는지 문헌 사료와 유물·유적이 부족해 확증하기는 어렵다. 하지만 최소한 당시 국제정세를 비추어 볼 때 대마도까지 추격 작전을 감행했을 가능성은 높다. 나아가 미어샤이머의 이론을 빌리면 고구려가 지역 패권을 장악하여 절대 안보를 보장받기 위해서 일본 열도 중심의 제압도 그 개연성을 완전히 배제할 수는 없다.

만일 광개토태왕 원정군의 일본 열도 상륙 가능성을 열게 되면 일본 고대사의 두 가지 최대 미스테리가 풀리는 연쇄 효과가 발생한다. 첫째, 오사카 사카이시에는 세계 최대의 고분이라는 다이센릉이 있다. 과거에는 인덕천황릉이라 불렀다. 그 동남쪽 하비키노시에는 용적율로는 최대 고분이 응신천황릉이라는 이름으로 불린다. 그 인근에는 아스카 베신사라는 곤지왕신사가 있다. 초라한 말사처럼 방치된 곤지왕신사는 과거에는 매우 큰 신사였다. 곤지는 백제 5세기 개로왕의 아들 혹은 동생이라 하는데 한일 고대사의 비밀을 품고 있는 인물이다. 아무튼 오사카 대형 고분들의 노출된 일부 부장품과 양식 등을 종합하면 5세기 것으로 편년된다. 이 고분들은 규모가 엄청나서 오사카 상공 비행기에서도 식별이 가능할 정도이다. 보통 전방후원분에 비해 엄청나게 대형화된 오사카시의 고분의 주인공은 누구일까? 이들은 왜 나라 분지를 떠나 한동안 오사카에 고분을 만들었을까 하는 풀리지 않는 의문의 주인공들이다.

이 고분의 조영 시기가 5세기라는 사실을 광개토태왕군의 일본 열도 정벌설에 비추어 보면 흥미로운 가상 스토리가 도출된다. 물론 미어샤이머의 이론을 차용해서 고구려 대외전략의 최대 전략목표를 전제로

오사카 다이센릉의 정면사진과 항공사진(위)

한 것이다. 고구려 세력이 나라 분지를 점령하고 한동안 일본 야마토 조정에 영향력을 행사했다는 가정을 한번 세워 보자. 고구려는 토착 야마토 세력을 심리적으로 제압하기 위해 초거대 고분을 만들었을 수 있다. 고구려가 후원하는 야마토 왕조의 권위를 높이려는 목적의 토목 사업이다. 아니면 반대로 고구려의 위세를 극복하기 위해 백제계 세력이 초대형 고분을 만들었을 수도 있다. 야마토의 왜 왕조는 고구려에게 감시를 받으면서 절치부심 만회를 노렸을 것이다. 오사카에 백제인들의 선진 토목 기술을 총동원하여 거대한 고분을 조영함으로써 왜인으로 하여금 패배주의를 극복하고 야마토의 복권을 노렸다는 수도 있다. 혹은 큐슈에 있는 친고구려계 세력을 제압하기 위해 국력을 동원하는 과정에서 야마토 조정의 권위를 높이는 목적이었을 수도 있다. 물론 다른 시나리오도 있겠지만 고구려가 동북아 국제관계를 흔들던 광개토태왕과 장수태왕 때인 5세기에 오사카에 초대형 고분이 조성된 것은 우연

| 일본 아스카에 있는 고구려계 키토라 벽화 고분

이 아닐 수 있다. 동북아 세력판도의 변화와 연계해서 해석하면 흥미로운 가설들이 연거푸 도출된다.

　나라현 아스카에는 전형적인 고구려 고분이 두 개 있다. 다카마츠카 고분과 키토라 고분이다. 오사카 사카이시의 고분 조영 배경과 연계되는지 확인하기는 어렵다. 두 고분은 일본 고고학계에서 신비로운 미스테리의 주인공들이다. 내부 형태와 천문도, 벽화가 고구려와 밀접히 연관이 있어 그 주인공에 대한 의문이 끊이지 않았다. 그 피장자의 신분과 국적은 접어두고라도 최소한 상당한 영향력을 고구려가 한때 행사했다는 점은 부인할 수 없다. 6세기 이후 『일본서기』에 고구려 사신이 야마토 왜 조정을 방문한 기사가 종종 등장하는 것도 예사롭지 않다. 고구려 승려 담징의 기록 등에서 왜와 고구려의 문화 교류는 인정되어 왔다. 하지만 아스카 조정의 정치 중심권에 고구려 세력이 개입했을 연결고리는 기존 기록에서 찾기 어렵다. 이 두 개 고분의 미스테리도 동북아 국제관계의 맥락에서 조명할 필요가 있다.

열도 원정의 가능성과 동북아 고대사의 재조명

　임나는 가야가 아니라 대마도라고 가능성을 열어두면 이처럼 동북아 고대사 특히 한일 고대사는 완전히 상반된 국제관계의 양상이 펼쳐진다. 임나일본부를 인정하면 제국 일본에게 조공을 바치며 굽실굽실한 백제와 신라, 그리고 강대국 고구려와 맞선 제국 야마토가 동양 고대사를 주도한 것이 된다. 임나일본부설은 부정하지만 임나=가야는 인정하는 국내 일부 학설은 어정쩡한 회색지대이다. 임나일본부설 부활의 근거를 제공하기 때문이다.

　반대로 고구려 수군의 대마도(임나가라) 정벌설을 인정하면 이야기는 완전히 반대로 전개된다. 임나일본부설은 그 근거를 완전히 상실하게 된다. 그뿐 아니라 일본의 위상은 왜소하게 축소된다. 자그마한 대마도를 통해 고구려가 백제와 왜의 교통로를 차단하자 휘청거리는 백제에 의존하는 소국 왜로 일변한다. 나아가 광개토태왕군이 일본 열도를 토벌했다면 동양사는 고구려를 천하의 중심으로 한 패권 질서가 그려진다.

정한론을 실행해야 하는 일본 참모본부라면 어떻게 해서든지 호태왕의 임나가라(대마도) 정벌 스토리는 지워야 할 불편한 눈엣가시 같은 존재다. 군 정보부대가 종종 그러듯이 수단과 방법을 가리지 않고 그 자료를 제거해야 한다. 일본군 참모본부는 일찍부터 스스로 가야사에 관한 책을 펴낼 정도로 한일 고대사에 집착했다. 참모본부 사코 중위가 광개토호태왕비를 파괴하고 위조했다는 의혹은 오래 전부터 있었다. 윤내현 학파의 중심 인물인 B교수는 카고시마 숙소에서 한국 주류사학이 일본 명치정부 참모본부가 대놓고 한 공작 즉 양모(陽謨)에 넘어갔다고 한탄한 적이 있다. 정보학의 통념을 빌리면 조선총독부 조선사편수회 사업의 숨겨진 근원이 일본군 참모본부의 정보부대라는 무시무시한 추론에까지 이어진다.

두 개의 전혀 다른 5세기 동북아 고대사 중 어느 쪽이 진실일까? 아직까지는 양 학설 모두 실증적 근거가 부실하기 짝이 없다. 임나일본부가 가야에 있었다는 일본 관변학자의 주장은 35년이라는 긴 발굴의 시간이 주어져도 고고학적으로 입증하지 못했다. 영산강 유역의 왜계 전방후원분이 임나일본부의 증거라고 슬며시 내미는 사람들은 한일 양국의 문헌에 왜 그 기록이 전혀 없는가 하는 질문에는 입을 다문다. 임나일본부가 200년간 주둔한 흔적으로는 너무 수가 작고, 주변에 동반 왜계 군사 시설 유적이 없이 고분들만 덜렁 고립되어 있다. 왜계 하니와

등이 일부 나오지만 한반도계 유물과 섞여서 발굴되는 점도 의문이다. 백제 후방을 지원한 왜군 지휘관이 백제에 귀화한 후 매장된 것이라면 오히려 설득력이 있다. 백제 왕족이 야마토에 파견되었다가 귀국해서 왜풍 매장문화의 일부를 흉내냈을 가능성도 있다.

아무튼 임나가 가야 지역에 있었다는 주장이나 가야가 바로 임나라는 학설의 근거는 옹색하기 짝이 없다. 지명의 비정도 기준이 없이 상상의 나래를 마음껏 펴 본 것이라는 혹평이 자자할 뿐이다. 가야가 임나라는 일반적 학계 인식은 엄밀한 실증을 요구하는 역사학에서 끼어들 곳이 없다.

동시에 호태왕 수군 임나가라 정벌설도 문헌이나 고고학적 근거가 취약하기는 마찬가지이다. 심증적으로는 개연성이 있지만 필요충분한 증거가 제시되어야 한다. 전쟁의 원칙과 군사전략의 합리성 측면에서 추론한 논리성은 고고학적 발굴 성과로도 입증되어야 한다. 자연과학

전방후원분과 비슷한 광주광역시 시내의 장고형 고분

에서는 이론을 제시하고 같은 조건에서 물질의 변화나 자연현상을 예측하는 데 반복적으로 성공해야 가설의 딱지를 뗄 수 있다. 사회과학의 다중회귀분석과 같은 설명 모델도 일정한 오차 범위를 전제로 해서 도출된다. 현실 사회의 인간 행동 예측에 반복적으로 실패하면 그 이론은 바로 폐기된다. 사회과학자의 관점에서 볼 때 국내 사학계에서 당연한 전제로 삼은 가야=임나라는 주장은 매우 의심스럽다. 그러므로 가야=임나라는 전제에서 출발한 한일 고대사 기술도 신중해야 하는 법이다. 다국간 문헌들 간의 교차 검증, 고고학 발굴 성과와의 정합성 면에서 터무니없이 함량 미달인데도 난폭한 전제를 의심하지 않는 것은 괴이한 일이다.

더욱이 가야=임나설은 임나=대마도/큐슈 분국이라는 경합가설을 충분히 논파하지도 못했다. 논파는 커녕 제대로 된 상호 토론의 과정이 있었는지도 의문이다. 임나=대마도라는 새로운 현지 조사 결과가

고령 대가야 고분군- 왜계 유물은커녕 가야 왕국의 실체가 드러났을 뿐이다.

2017년 언론에 보도되었을 때 해당 사학계에서 연구팀과 조사 결과를 공유해 달라는 요청이 전혀 없었다. 새로운 발견에 이르게 된 방법론이나 사실에 대한 궁금증보다 불안감과 적대의식의 표출에 몰두하는 듯했다. 세미나 제안이나 자료 요청 대신 언론사 기사에 매우 적대적이고 연구팀의 인격권을 침해하는 집단 댓글로 대응했다. 임나=가야 통설에 대한 경합 가설에 대하여 위기감을 표출하며 소통에 실패하였다는 사실 자체가 가야=임나설은 이미 확고한 통설의 지위를 상실했음을 반증한다. 누구나 인정하는 진실에 근접한 학설이라면 어떠한 경합학설을 제기해도 토론의 장에서 소화할 수 있기 때문이다. 소통과 토론을 거부했다는 사실 자체가 역으로 고구려 수군 대마도 상륙설이 유효한 대항가설임을 반증한다는 해석도 가능하다. 여하간 해소되지 못한 대항가설을 안고 있는 임나=가야설은 앞으로 치열한 논증과 현장 발굴을 통해 검증되고 재검토되어야 할 연구 주제이다.

가야 왕들의 왕관을 전시하고 있는 경북 고령 대가야박물관

임나일본부설과 그 디딤돌로 작용하는 임나=가야설은 고대 한일 관계와 고대 동북아 국제관계의 실체를 파악하는 분기점으로도 그 중요성이 부각될 것이다. 임나=가야설은 명쾌한 사료적 근거도 없이 일부 사학계에서 남용되고 있다. 가야가 임나라거나 가야 일부에 임나가 있었다는 인식은 임나일본부설의 유령을 부활시키는 주문(呪文) 구실을 하고 있다. 본인들이 알았건 몰랐건 임나일본부설이 다시 한반도로 상륙하는 다리를 놓아 주고 있는 것이다.

지금도 임나일본부설의 정체성을 되살리며 한국에 대한 우월주의적 외교를 주문하는 일본회의라는 우익단체가 활동 중이다.[50] 종교단체가 신도정치연맹 등을 통해 정치에 깊숙이 개입하고 있는 것이 현실이다. 임나일본부설이 허구라는 것이 드러나면 최소한 그들의 사상적 뿌리는 사라지게 된다. 한일 관계 악순환의 오랜 근원이 제거되는 것이다. 영토욕을 채우기 위해 고대사를 왜곡했던 과거 특정 세력의 정치적 간섭 없이 이제 객관적으로 고대 한일 관계의 진면목을 드러내야 하는 현실적 이유이기도 하다.

---

50 管野完, 『日本會議の硏究』(東京: 扶桑社, 2016); 山崎雅弘, 『日本會議-戰前回歸への情念』(東京: 集英社, 2016); 노 다니엘, 『우경화하는 神의 나라』(서울: 랜덤하우스, 2006).

3부

한일 역사
화해의 길

백제의 멸망과 열도에 남겨진 항전 태세의 흔적

660년 사비성이 무너지고 공주성에서 저항하던 의자왕 군이 패배하면서 백제의 국운은 막을 내리기 시작했다. 수도 사비가 당나라 군에게 유린되었다는 소식에 지방의 호족들이 일어섰다. 3년에 걸친 치열한 백제 부흥 전쟁이 시작되었다. 무왕의 조카 부여복신을 중심으로 승려 도침과 흑치상지 장군이 함께했다. 662년 한때만 해도 나당연합군을 포위해 고립시킬 정도로 부흥군의 기세는 드높았다. 그런데 일본에 체류 중이던 부여풍장을 귀국시켜 새 왕으로 옹립한 뒤부터 내분이 시작되었다. 복신과 도침의 균열은 결국 부흥군의 상징 복신마저 제거하는 데 이르렀다. 사기가 하늘을 찌르던 백제부흥 왕조에 망조가 든 것이다.

당시 일본의 제명여왕은 부여풍장에게 지원 요청을 받고 임시 수도를 후쿠오카 다자이후로 옮겨 백제 구원에 나섰다. 백제-왜 동맹의 끈끈한 결속력은 세계 외교사에서 유례를 찾기 어려울 정도다. 『삼국사기』의 기록에는 왜군의 배가 천 척에 달했다고 한다. 2만7천의 왜군이 백제를 돕기 위해 참전했다. 당시 일본의 가용 군사력의 전부가 동원되었다고 해도 과언이 아니다. 백강구(금강 하구)에서 백제 부흥군과 왜의 연합 함대는 나당연합군에게 총공세를 펼쳤다. 당시 백제·왜 연합 수군과 나당연합 수군이 결전을 준비하는 비장한 모습을 한중일 삼국의 사서는 생생하게 전한다.[1] 『구당서』에 보면 나당연합군이 공주에서 금강 하류의 백제 부흥군 근거지 주류성을 향해 육군과 수군이 합동 기동하는 장면이 나온다. 『삼국사기』는 『구당서』를 인용한 듯 거의 같은 내용

---

1 『舊唐書』卷一九九上 百濟伝, 於是仁師仁願及新羅王金法敏帥陸軍進, 劉仁軌及帥杜爽扶余隆率水軍及糧船, 自熊津江往白江以會陸軍. 同趨周留城.

이 나온다.[2] 『일본서기』에는 일본 지원군이 바다를 건너 주류성이 있는 금강 안으로 진입하려는데 금강 하구에 진을 친 나당연합 수군과 조우하는 장면을 자세히 그렸다.[3] 『일본서기』에 등장하는 백촌강은 한중 사서에 나오는 백강이다. 서천의 향토사 연구가에 의하면 금강의 물가에 하얀색 모래밭이 있어 예로부터 백강이라 불렸다고 한다. 황해와 대한해협을 건너와 편을 갈라 만난 네 나라의 숙명적 싸움이 백강 하구에서 벌어졌다. 지금 군산과 장항 사이 부근이다. 바다가 붉게 물든 혈전 끝에 운명의 여신은 나당연합군의 손을 들어 주었다. 동북아 바다를 주름잡던 백제의 이름이 끊어지는 순간이었다. 의자왕의 왕위를 이은 부여 풍장이 고구려로 망명하자 주류성을 중심으로 항전하던 백제 부흥군은 궤멸되었다.

당시 나당연합군에 대항하는 백제를 고구려가 도왔다면 어떻게 되었을까? 두 나라가 힘을 합했다면 나당연합군과 힘의 균형을 이루어 위기를 돌파할 수도 있었을 것이다. 힘의 균형(balance of power)은 고전적 현실주의 국제관계 이론에서 국가의 생존을 도모하기 위해 흔히 추구하는 전략이다. 모겐소가 백제의 외교 고문이었다면 고구려에게 죽기살기로 원병을 청하라고 자문했을 것이다.

2019년 6월 백촌강 전투의 무대에서 가까운 서천에서 당시 국제정세를 놓고 PolMil 게임을 약식으로 해 보았다. 폴밀게임 즉 정치·군사 도상 연습은 안보정책 개발 연습이라고도 불린다. 국제관계 속에서 발생

---

2 『三國史記』卷二十八, 於是仁師仁願及羅王金法敏帥陸軍進, 劉仁軌別及帥杜爽扶余隆帥水軍及糧船, 自熊津江往白江口, 以會陸軍. 同趨周留城.

3 『日本書紀』天智二年(663), 新羅, 以百濟王斬己良將, 謀直入國先取州柔. 於是, 百濟知賊所計, 謂諸君曰, 今聞, 大日本國之救將廬原君臣, 率健兒萬餘, 正當越海而至. 願諸將軍等, 応預図之. 我欲自往待饗白村...賊將至於州柔, 繞其王城. 大唐軍將, 率戰船一百七十艘, 陣烈於白江.

가능한 위기 상황을 상정하여 다양하고 예측 불가능한 국면 전개에 대응하는 관련 당사국 액터들의 상호작용을 미리 모의(simulation)해 보는 것이다. 백제가 고구려에 지원을 요청했는지 안 했는지는 사료가 부족하여 확증하기 어렵다. 백제 풍장이 패전 후 고구려로 망명했다는 기록은 최소한 양국이 전략적 이해관계가 맞았을 가능성을 시사한다. 일단 백제를 합리적 행위자로 간주하고 밀약에 의거해 고구려에 지원 요청을 했다고 가정해 보자. 만일 백제와 고구려가 동맹의 밀약을 했음에도 백제가 무너지는 동안 고구려가 돕지 않고 방관했다면 동맹의 의무를 방기(abandonment)하고 책임전가(buckpassing)를 한 셈이다. 스나이더의 동맹의 연루와 방기 이론이 머리에 떠오른다. 나당동맹과 백제의 싸움에 공연히 연루(entrapment)될 것에 대한 우려 때문에 고구려가 나서지 않았을 수도 있다.[4] 어쩌면 고구려는 숙적인 당나라에게 피 흘리게 하기(bloodletting)를 노린 고육책일 수도 있다. 냉정한 현실주의자는 동맹국에게 책임을 전가하고 가상적에게는 피 흘리게 하는 전략이 외교사에는 다반사라 말한다.

백제 멸망 다음은 고구려가 타깃이 될 것을 뻔히 알면서도 동맹 노력을 충실히 이행하지 못한 소위 과소균형(underbalancing)의 문제도 서천 세미나 장에서 제기되었다. 스웰러가 제시한 국내정치적 사정에 의한 당시 백제의 과소균형의 속사정도 동양 외교사의 미개척 연구 테마

4 Glenn Snyder, "The Security Dilemma in Alliance Politics," *World Politics*, Vol. 36, No. 4 (1984), pp. 461-495. 연루-방기 딜레마는 주로 미소 냉전기 미국의 나토 동맹국들에게 미국이 제공한 확장핵억제(extended nuclear deterrence)의 신뢰성에 대한 의문이 제기될 때 인용되던 개념이다. 서유럽을 타깃으로 한 소련의 중거리 핵미사일 SS-20 전력화와 같은 핵 위협 증강에 대응하여 과연 미국이 연루의 위험도 불사하고 동맹국을 버리지 않고 핵 우산을 확실히 제공할 것인가 하는 동맹 딜레마의 문제를 묘사한다.

이다. 백제 말고 고구려의 국내 사정에도 동맹 기제가 작동하지 못한 이유가 있었을지 모른다. 고구려가 신흥 강대국 수나라와 당나라를 상대로 버틸 수 있었던 것은 활발한 동맹 외교 덕분이라는 주장도 있다. 10여 년 전 우즈베키스탄의 사마르칸트 아프랍시압 궁전 유적에 가본 적이 있다. 희미하게 남은 벽화에 오우관을 쓰고 칼을 찬 두 명의 고구려 무사가 당나라 사신을 감시하는 듯했다. 당나라가 소고드와 무슨 작당을 하려는지 살피기 위해 연개소문이 645년에 파견한 사람들이라는 학설이 맘에 들었다. 고구려는 외교에도 치밀하고 능수능란했던 것 같다. 그런 고구려가 왜 백제의 멸망에 적극 대응하지 못했을까? 당고종 부대가 고구려 국경에서 행한 양동작전이 주효했던 것일까? 고당대전을 승리로 이끈 절세의 영웅 대막리지 연개소문이 언제 사망했는지 학설이 분분하다. 최소한 660년 이전인 것은 확실하다. 660년에서 663년 사이에 당이 두려워했던 연개소문은 세상에 없었다. 고구려가 핵심 전략가 연개소문 없이 내분으로 우왕좌왕하는 바람에 위기에 빠진 백제를 도울 수 없었던 것일까. 고구려 내부의 정치 요인 때문에 백제에 대한 동맹외교가 순발력 있게 가동되지 못했다면 스웰러가 말한 신고전적 현실주의의 주장이 다시금 주목되는 사례이다.

주류성이 무너졌다는 소식에 대한 『일본서기』의 기록에 의미심장한 구절이 있다. 백제의 이름이 끊어지게 되었으니 나라 사람들이 서로 조상의 묘가 있는 곳에 이제 어떻게 가겠는가 하고 한탄하는 구절이 나온다. 백제와 야마토 왜 간의 깊은 유대감을 엿볼 수 있는 대목이다. 일본 오사카역사박물관에는 나라시대 조정 관료의 대부분이 오사카 출신이라는 통계 자료를 전시하고 있다. 어쩌면 당시 상당수의 야마토 왜 정권 엘리트가 백제를 본국으로 보지 않았을까 싶을 정도이다. 당시 오사카는 백제인의 집단 거주지였다. 지금도 오사카 남쪽에는 백제와 관련된 지명이 여기저기 남아 있다. 코베대 교환교수 당시 남백제 소학교라는 학교 앞까지 찾아가 본 적도 있다. 주류성의 항전이 수포로 돌아가자 백제 유민이 왜로 물밀듯이 들어갔다. 일본 조정은 이들을 환대하고 오사카 주변과 비파호 등에 거주 구역을 마련하며 편의를 제공하였다. 일본 관서지방 각지의 현지 박물관은 당시 유입된 온돌 등 한반도 풍의 문화를 담담히 전시하고 있다.

대거 유입된 백제 군대와 유민을 맞이한 일본은 나당연합군이 바다를 건너 침공할 가능성에 대비해야 했다. 『일본서기』 기록을 보면 병법에 능한 억례복류(憶禮福留)와 답본춘초(答㶱春初) 등 백제 장군이 항전 작전 기획의 책임자였던 것으로 보인다. 대마도에는 천혜의 항구 아소만 입구를 경계하듯이 내려다보는 카네다성(金田城)이 지금도 원형이 잘 보전되어 있다. 큐슈대학의 일본인 여성 교수는 필자에게 이 카네다

◀ 대마도 카네다성의 건물지와 무너진 성벽

▶ 후쿠오카 다자이후 오노산성 성문 유적- 백제 장수의 절박함이 느껴진다.

성에서 트랙킹했을 때 본 백제식 산성의 강렬한 인상을 전해 준 적이 있다. 2017년 여름, 대마도에서 답사할 때 한반도의 백제식 산성과 달리 급하게 쌓은 흔적이 다급했던 백제인들의 심정을 전하는 듯했다.

백제식 산성은 대마도부터 큐슈 북쪽과 세토나이해 연안을 따라 오사카의 다카야스 산성까지 일사분란하게 축조되었다. 큐슈 다자이후의 양쪽에도 백제식 산성이 있다. 2018년 군사고고학회 동료들과 오노조 산성 성벽을 따라 걸으며 전쟁을 각오한 백제와 왜 연합 세력의 결연함을 느껴 보았다. 오노산과 마주한 작은 산 사이의 좁은 평지에는 미즈키(水城)라는 토성을 쌓아 침공에 대비했다. 두 개의 산 사이 좁은 목을 이어 붙인 1.2km 길이의 토성인데 높이는 9m 정도이다. 수성이라는 이름을 붙인 이유는 방어효과를 높이기 위해 토성 앞에 파놓은 해자(垓子) 때문이다. 과거 2006년 큐슈대학 방문교수로 있을 때, 큐슈대 법학부 전임강사가 된 제자와 함께 미즈키 토성에 올라 가 보았다. 우거진

후쿠오카 다자이후의 미즈키성 유적. 뒤로 토성 모습이 길게 보인다.

수풀을 헤치며 가파르게 경사진 토성에서 하카타 항 쪽을 바라보며 당시 방어 전략을 복기해 보기도 했다. 몇 년이 흘러 2013년 코베대학에 객원교수로 있을 때 오사카의 동쪽 산에 있는 다카야스성(高安城)을 찾아 올라간 적이 있다. 멧돼지 출몰 경계 표시를 헤치며 산속에서 군량 창고의 흔적인 창고지를 발견했다. 산꼭대기까지 식량을 비축하고 최후의 항전을 준비했던 백제 장수들의 심정을 헤아려 보았다. 다행히 야마토 왜를 향한 검은색 전운은 비켜갔다. 공포의 대상이었던 나당연합군의 상륙 침공은 없었다. 대신 야마토 왜에게는 남의 불행이 다행이라고나 할까. 668년 고구려가 무너진 뒤 신라와 당 사이에 갈등이 빚어졌다. 동맹국이던 두 나라는 치열한 싸움 끝에 675년 신라가 승리했다. 지금은 티벳이라 불리는 토번이 당나라 군대를 격퇴한 덕분이었다. 당은 한반도에서 축출되었고 신라는 한때 무주공산이던 만주까지 진출했던 것 같다.

| 오사카 타카야스산성 정상부 숲속의 백제식 산성 내부의 창고터

여기서 잠시 나당동맹에 대해 중국 국제관계 이론가와 나눈 대화를 소개하고 싶다. 2015년 경주 한국학 국제학술회의 패널에 칭화대학 카네기연구소 소속 교수를 초청한 적이 있다. 한중동맹론을 주장한 바 있는 얀세통 교수팀의 일원으로 인하대학교에서 방문교수로 온 적도 있는 서진 박사이다. 얀세통 교수는 필자가 칭화대 특강을 마치자 따로 대담을 청해 장시간 한국의 대외정책에 대해 이야기를 나눈 적이 있다. 서 박사는 나당동맹을 언급하면서 한국의 대중정책을 입에 올렸다. 은근히 한미동맹에서 발을 빼고 중국 편에 서보라는 훈수를 두고 싶어하는 듯했다. 필자는 즉각 당나라 편에 섰다가 배신당한 신라의 예를 들었다. 약소국이 강대국에 편승동맹을 맺을 때 감수해야 할 위험이 토사구팽인데 신라가 그 꼴을 당했다고 지적한 기억이 난다. 경주박물관으로 가는 자가용 안에서 나당전쟁은 오해에서 비롯된 것 아니었나 하는 중국 학자의 변명이 돌아왔다. 필자는 고개를 저으며 반박했다. 신라가 대당전에서 이길 수 있었던 것은 당시 티벳이 후방에서 당의 군사력을 분산시킨 덕분이라는 답변에 이야기는 멈추었다.

하버드대의 스티븐 월트 교수는 강대국의 위협에 주변국이 선택할 수 있는 대응전략에는 균형동맹(balancing)과 편승동맹(bandwagoning)이 있다고 했다.[5] 균형동맹은 다른 동맹국과 힘을 합해 강대국에 맞서는 것이다. 편승동맹은 오히려 강대국과 한 편이 되어 다른 약소국을 공격한 뒤 전리품의 일부를 개평으로 챙기는 것이다. 백제와 고구려의 위협에 시달리던 신라는 새롭게 부상하는 당나라라는 강대국에 편승했다. 하지만 월트의 경고대로 백제와 고구려를 멸망시킨 당나라의 칼끝은 예외 없이 동맹국 신라를 향했다. 당나라 조정에서는 내친 김에 신

---

5 Walt (1987), 앞의 책.

라까지 점령하자는 논의가 있었다. 김유신은 당의 숨은 의도를 간파했는지 고구려와 전쟁할 때 마치 당나라의 힘을 빼려는 듯이 군수 지원을 늦추었다. 김유신의 속마음을 알 수는 없지만 사실이라면 현명한 정책이다. 군량미를 실은 병참 지원을 의도적으로 늦춤으로써 고구려를 멸망시킨 다음에 있을 당나라의 배신에 대비했는지도 모른다.

일본의 관찬 사서에 심어진 비수

『일본서기』에 실린 백제의 멸망 이후의 기록을 천천히 읽어 보면 독립국가 형성(nation building)의 전형적 패턴이 발견된다. 우선 국가 이름을 왜에서 일본(日本)으로 바꾸었다. 태양과 광명을 숭상하는 부여계 문화 요소가 엿보인다. 다음으로 712년의 『고사기』와 720년의 『일본서기』 편찬 작업이 실행되었다. 과거에도 여러 번 있었지만 일본은 아스카에서 나라의 평성궁으로 수도를 옮기는 작업도 병행했다. 짧은 간격을 두고 국가정체성을 정립하려는 노력은 새롭게 독립한 정치공동체가 흔히 보이는 행태다. 흥미로운 점은 두 사서에 일본 고유의 기록을 인용한 것은 없고 『백제기』, 『백제본기』, 『백제신찬』과 같은 백제 역사서가 계속 등장한다. 『일본세기』라는 저자 불명의 책이 『일본서기』에 인용되지만 후대에만 등장하는 것으로 보아 백제 멸망 전후 급조된 사료로 추정된다. 이러한 현상은 두 사서의 편찬 이전에는 일본 열도에 백제 멸망 이전 양국 관계에 대한 사서 자료를 수집 정리하는 독립된 정부 부서가 없었던 것이 아닌가 하는 의문을 낳게 한다. 백제-왜 관계가 동군연합(同君聯合) 혹은 후견-피후견 관계이므로 왜국에서는 외교 관계를 별도로 기술할 필요가 없었던 것이 아닐까 하는 상상도 하게 된다. 이처럼 역사서 편찬 과정을 세밀하게 살펴보면 일본이라는 새로운 국가에는 백제의 국가성 계승의 흔적이 보인다.

예를 들어 보자. 탐라가 일본 정부에 사신을 보낸 것도 백제 멸망 이후인 점이 예사롭지 않다. 주로 백제가 붕괴되던 텐지와 텐무 천황 시기이다. 탐라(제주도)는 백제의 부용국(제후국)이었다. 상국 백제가 멸망하자 신라에 복속되면서도 탐라가 전에는 보내지 않던 사신을 일본에 보낸 사실 역시 주목할 점이다. 탐라 왕들이 백제와의 전통적 관계를 일본이 계승할 수 있는지 타진한 것은 아닐까 검토해 볼 만한 대목이다.

미국의 국제정치학자 제임스 모로우(James Morrow)는 국력의 크기가 다른 국가들간의 비대칭적 동맹관계에서 안보-자율성 상쇄 현상이 일어나는 것을 주목했다.[6] 약소국이 강대국과 동맹을 통해 안보를 증진시키는 대신 대외관계의 자율성에 구속을 받는다는 것이다. 백제는 왜 및 탐라와 자유롭게 국제교류를 했는데, 왜가 백제 멸망 이전에 탐라와 독립적 교류를 하지 못한 점은 백제가 강대국 입장에서 동맹국 왜의 대외관계를 제한했을 가능성을 말해 준다.

『일본서기』에는 백제로부터 지속적으로 선진 문물을 전수받았다는 사실의 열거와 함께 그 에이전트는 도래인과 일본에 잡혀 있던 백제 왕족이라는 이야기가 반복된다. 『신찬성씨록』의 기록에는 백제계 호족의 계통이 일본으로 이어지고 있음을 명확히 보여 준다. 아키히토 전 일본 천황이 자신의 선조인 칸무 천황의 어머니가 백제 무녕왕의 자손이라고 언급한 것은 매우 상징적인 사건이었다. 동경 황거 공개 때 정원을 거닐

---

6 James D. Morrow, "Alliances and Asymmetry: An Alternative to the Capability Aggregation Model of Alliances," *American Journal of Political Science*, Vol. 35, No. 4 (November 1991), pp. 904-933; Morrow의 논점의 유사한 선행 연구로서는 Michael F. Altfeld, "The Decision to Ally: A Theory and Test," *The Western Political Quaterly*, Vol. 37, No. 4 (December 1984), pp. 523-544.

면서 평화주의자 아키히토 천황의 마음 속에는 일본의 뿌리 백제에 대한 인식과 한일 화해에 대한 염원이 있었던 것이 아닌가 상상해 보곤 했다. 여하튼 국가 제도와 문화 형성의 핵심 요소의 뿌리가 백제라는 기록들은 모두 신생 독립국 일본의 국가성 계승 관계를 추정하게 한다.

그런데 『일본서기』와 『고사기』 양 사서의 텍스트를 보면 한반도 세력에 대한 우월적 지위를 반복적으로 주입하려는 듯한 기술 태도가 부각된다. 신라에 대해서는 더욱 적대적인 기술 태도가 두드러진다. 신공황후 신라 정벌 기사 이후 일관된 시각이 반영되어 있음을 보여준다. 백제의 국가성을 수용하고 백제의 선진문물을 흡수했다는 측면과 백제보다 왜가 우월적 지위에 있었다는 이야기는 서로 상충된다. 선진문물을 수입하던 나라가 수출하던 나라보다 우월적 국제관계를 맺었다는 기록은 어색하기 짝이 없다. 왜 이런 모순된 기술 내용이 같은 사서에 있는 것일까?

평성궁 유적의 복원 모습. 나라시 야마토사이다이지 전철역에서 걸어서 갈 수 있다.

30년에 걸친 추론의 만족스러운 답은 아직 구하지 못했다. 모호하지만 가상 시나리오는 이렇다. 백제 멸망 후 일본으로 유입된 유민 세력은 일본 정권에서 환대를 받았고 두 세력은 연합해서 새로운 독립국가 건설의 주역이 되었다. 하지만 일본 국내에는 오래 전부터 독자적 세력권을 구축한 신라계 세력이 버티고 있었다. 이 신라계가 나당연합군을 끌어들일 가능성도 대비해야 했다. 결국 백제계와 신라계 세력은 둘 다 공존할 수 있는 타협을 모색했다. 그 결과 역사서를 새로 써서 대륙의 백제와 신라와는 무관한 새로운 역사 정체성을 만들어 낸 것이 아닐까. 일본이라는 나라의 뿌리를 하늘에서 내려온 천손민족으로 규정하고 바다 건너 대륙과는 다른 별천지 일본이라는 스토리텔링을 만들어 냈다. 일본은 백제와도 신라와도 무관한 나라이니 문화와 혈통적으로는 대륙에 뿌리를 두고 있지만 이를 숨기고 우선 정신적으로는 독립하겠다는 것이다. 하지만 역사서를 쓰면서 모두 가공의 신화로 할 수는 없기에 백제 유민이 멸망 때 가져왔거나 멸망 후 정리한 『백제기』 등 기록을 참고해서 각 지방의 전승 신화를 더해 『고사기』와 『일본서기』를 편찬했다. 그때 편찬을 주도한 백제계 학자들의 신라에 대한 원한은 완전히 지울 수 없어 신라를 정벌의 대상으로 삼는 이야기가 빠지지 않았다. 일본 내의 친 신라계를 견제하는 포석이기도 했다. 역사책을 새로 써서 국가정체성을 새로 구성하는 국가사업의 전모는 결국 임나일본부설을 중심으로 진행되었다. 다시 말하면 『일본서기』의 내용은, 신생국 일본의 대외정책 노선과 국내정치 역학관계가 반영되어 구성된 것이라는 가설이다.

　『고사기』와 『일본서기』의 스토리텔링에 심어진 한국에 대한 우월주의와 편견 그리고 숨겨진 복수심은 1,300년 동안 면면히 그 독자들을 통해 전해졌다. 17세기부터 국수주의 국학자들의 탐독으로 두 고대 사서에 스며든 한국에 대한 적대적 정체성은 정한론으로 현실에 모습을 드러냈다. 8세기에 국제관계 역사와 일본 내부 정치과정이 응축된 결과물로 심어진 한반도에 대한 적대적 정체성 유령은 결국 되살아났다. 정한론의 신봉자 사이고 타카모리의 반란, 운요호 사건, 청일전쟁, 노일전쟁에 이은 한일 강제병합으로 실행 세력의 마음을 통해 부활하였다.

일본의 제국주의 모방은 정한론이 없었더라도 실행되었을 것이다. 하지만 정한론의 뿌리 깊은 파토스가 그 엔진에 윤활유로서 작용했음이 틀림없다. 근현대 한일 관계의 비극의 이면에 낡은 천 년 전의 역사서가 작동했다면 놀라운 이야기이다. 현재의 한일 관계의 악순환의 이면에도 신국 일본의 신화를 신봉하는 심리구조가 숨어 있을지 모른다. 그렇다면 한일 양국의 미래지향적 화해 프로세스의 출발점이 이 역사서에 심어진 갈등의 불씨 임나일본부에 대한 수술이어야 하지 않을까?

임나일본부설을 내려놓는 화해의 길

2013년 일본 코베대학에서 열린 특강 자리에서 한일 화해 가능성을 실험해 본 적이 있다. 임나일본부설 문제를 놓고 학생들에게 돌직구를 날렸다. 우익 성향의 학생이라면 불편해 할만한 내용이었다. 『일본서기』의 임나일본부설이 고고학적 사실과 다르고 모종의 정치적 배경에서 탄생한 것이라고 넌지시 떠보았다. 그러면서 한일 화해를 위해 임나일본부설이 근현대 한일 간 불행한 과거에 원인을 제공했다는 보충 설명을 일본 중고교 교과서에 넣어 보자고 제안했다. 공개 강좌였기에 어떤 사람이 왔는지 알 수 없는 자리여서 다소 걱정을 했다. 이 공개 강연을 마련한 일본인 교수는 언론에 보수파로 알려져 있으므로 진보성향의 청중은 많지 않았을 것이다. 코베 시민으로 보이는 나이 지긋한 중

년 일본인이 의외로 쿨하게 답했다. 그 정도라면 가능하다는 답변이었다. 일본인 학생들이 강의 소감을 쓴 평가서를 수거하여 하나씩 읽어 보았다. 일본의 고대 역사서에 한일 관계의 근원적 악재가 숨어 있다는 지적에 의외로 일본 학생들은 반발하지 않았다. 한일 관계의 희망을 발견한 순간이었다. 임나일본부설이 전승해 온 한국에 대한 적대적 정체성의 해체, 그것이 비록 작은 우호적 행위일지 몰라도 어쩌면 양국의 오랜 앙금을 씻는 출발점이 될지 모른다는 생각이 들었다.

사실 일본이 자국 국사 교과서에 실린 한국에 대한 적대적 요소에 대하여 우호적 제스처로서 수정 혹은 보충 설명 삽입 등 특별한 조치를 실행하기는 쉽지 않을 것이다. 일본 우익의 반발이 훤하게 예상된다. 일본의 우호적 조치를 유도하기 위한 한국 측의 선제적인 노력도 병행되어야 하는 이유다. 교착상태에 빠진 화해 프로세스를 우리가 선제적으로 결자해지하는 의지를 보이는 것도 생각해 볼 만하다. 역지사지(易地思之)의 배려심을 발휘해 볼 수는 있지 않을까?

686년에 사망한 천무(텐무) 천황 이후 원명(겐메이) 천황은 710년에 나라(奈良)의 평성궁(헤이죠)으로 천도를 단행했다. 당시 일본 조정에는 오사카를 기반으로 한 백제계 관료가 압도적 세력을 형성했다. 백제계 세력의 관점이 『고사기』와 『일본서기』라는 사서 편찬 과정에 반영되었을 개연성이 있다. 신라가 외세 당의 힘을 빌어 백제를 멸망시켰기 때문인지 『일본서기』의 저자는 신라에 대한 적개심을 숨기지 않았다. 신라는 언젠가는 손을 봐 주고 싶은 나라로 규정하는 기술 태도가 반복된다. 필자는 아스카와 나라 평원에 갈 때마다 생각에 잠기곤 한다. 입장을 바꾸어 역지사지의 마음으로 백제 유민들의 관점에서 생각해 보게 된다. 백제식 기와를 전시한 아스카 박물관에서, 고향 땅에서 쫓겨나

낯선 곳을 향하는 배에 올라탄 백제인들의 심정을 헤아려 보았다. 백제 왕족과 귀족들에게 망국의 비통과 숙적 신라에 대한 원한은 심연처럼 깊었을 것이다.

사실 국가 초기부터 백제의 역사에는 한의 앙금이 배어 있었다. 주몽과 소서노의 두 아들 비류와 온조는 갑자기 굴러 들어온 돌, 유리에게 태자 자리를 빼앗긴 신세가 되었다. 어머니 소서노의 손을 잡은 비운의 두 왕자는 고구려 왕궁을 뒤로해야 했다. 일부 사서에서 비류와 온조가 주몽의 친자식이 아니라는 이야기가 있다. 비류와 온조의 친부는 주몽이 아니라 우태라는 설이 슬며시 끼워져 있다. 이것도 백제 왕통을 폄하하려는 신라계 사관의 곡필 때문이라는 주장이 있다. 고향을 떠나는 두 왕자의 마음에는 어머니 소서노에 대한 연민과 원통함이 진하게 배어 있었을 것이다. 고구려에 대한 경쟁심은 부여계 종주권에 대한 집착으로도 이어졌을지 모른다. 백제가 처음에는 고구려의 거수국으로 출발했지만 훗날 국력이 커지자 고구려에 끊임없이 도전한 것은 그 원한의 발로가 아니었을까?

김부식의 사대모화 역사관의 굴레

신라도 할 말이 없는 것은 아니다. 국가 존망이 위기에 빠진 상황에서 불가피한 선택이었는지 모른다. 더욱이 김춘추는 사위 김품석과 사랑하는 딸 고타소랑이 참혹하게 처형된 원한이 사무쳐서 백제를 멸망시킬 것을 하늘에 서약했다. 하지만 신채호는 삼한 통일이라는 대의에 외세를 끌어들인 것 자체를 비판했다. 신라는 박혁거세의 박씨와 석씨 정권을 김씨가 대체한 나라이다. 김유신도 가야 출신 김씨인데 모두 흉노에서 망명한 세력의 후손이라는 설이 최근 주목받고 있다. 사실 부여계

인 고구려, 백제와 달리 신라 김씨는 북방계 이주 세력이라는 문화 흔적이 여기저기 보인다. 신라 지배층에는 어쩌면 한나라 무제에게 편승했던 흉노의 전략문화의 씨앗이 있는지도 모른다. 외세를 끌어들여 백제와 고구려를 멸망시킨 점에 대하여 역사가들의 평은 분분하다. 문제는 신라의 외세 편승이 거기에서 멈추지 않았다는 데 있다. 김춘추가 당에 편승해서 성공한 역사적 경험이 수백 년 후 고려 신라계 호족의 붓끝을 통해 재현되는 사건이 있었다. 묘청의 난을 진압하고 한국 고대 역사 정체성을 송두리째 바꾼 김부식의 『삼국사기』 편찬이다.

어쩌면 이 사건으로 본격화된 한국사 굴절과 모화사대 역사관의 착근이 희대의 분기점이 되었다고 신채호는 통탄했다. 필자가 이 책에서 정말 하고 싶은 이야기가 바로 이 대목이다. 먼저 선언적으로 '역사 화해 프로세스'의 명제를 던지면 이렇다. 김부식에 의해 굴절된 한국사의 자화상을 원래대로 복원하고, 동시에 『일본서기』의 적대적 대한반도 정체성의 해제를 등가 교환해 보자는 제안이다. 도대체 역사 기술을 가지고 무슨 교환을 하고, 한일 우호 회복을 도모한다는 말인가 하고 궁금해 할 것이다.

굴절된 역사의 동시 교정이라는 한일 화해 프로세스의 이야기는 신채호 선생이 한국사의 자주성이 굴절된 분기점으로 지목한 시점으로 거슬러 올라간다. 고려 인종 때 묘청의 난이 있었다. 승려 묘청은 고구려를 계승한 나라답게 고토 회복을 해야 한다면서 서경 천도 문제를 놓고 김부식과 권력투쟁을 벌였다. 대혼란을 수습한 뒤 김부식은 대대적인 국가정체성 개조 사업을 벌였다. 『삼국사기』를 편찬하여 신라 중심의 역사관을 정립하는 것이었다. 신채호는 이 묘청과 김부식의 대결을 자주 국풍파와 사대 유학파의 결전으로 해석했다.

신채호는 왜 김부식의 역사관을 망국의 뿌리로 보았을까? 『삼국사기』 원문을 직접 읽어 보기 전에는 그 이유를 이해하지 못한다. 김부식의 『삼국사기』의 고수대전과 고당대전 기사를 읽어 보면 도대체 그 서술 입장이 중국편인지 고구려편인지 헷갈릴 정도이다. 고구려, 백제, 신라는 중국 왕조들에게 조공하며 굽신거리는 비굴하고 왜소한 모습으로 그려져 있다. 중국 사서를 중심으로 한국 사료를 첨삭한 것처럼 보인다 해도 과언이 아니다. 보다 근본적인 문제는 한국사 국통맥의 변경을 시도했다는 점이다. 당대의 사료이기에 가장 신뢰할 수 있는 광개토호태왕비의 기사 내용과 상당히 괴리되어 있는 점 하나만 보아도 『삼국사기』가 사료에 충실하지 않다는 점을 알 수 있다. 호태왕비에는 백제와 신라는 원래 고구려의 속국이라 규정되어 있다. 고구려는 천제의 아들이 통치하는 천자국이고 백제와 신라는 제후국이라는 인식이다. 이러한 인식은 『삼국사기』에 기술되지 않았고, 역사적 사실도 중국에게 유리하게 굴절되어 기록되어 있다.

묘청의 난이 일어나기 전 고려를 방문한 송나라 사신 서긍이라는 사람이 있었다. 서긍이 황제에게 올린 출장 보고서와 같은 『선화봉사고려도경』에는 주목할 만한 내용이 있다. 인종 당대 고려인의 국통 인식이다. 고려의 역사를 기술하면서 서긍은 삼국시대라는 표현을 쓰지 않았다. 부여를 계승한 고구려가 있고, 다음에 발해가 계승했다는 내용이다. 백제와 신라는 별로 거론하지도 않았다. 김부식은 어쩌면 고구려의 제후국에 불과한 신라를 삼국시대라는 프레임을 끌고 와서 '고구려와 대등한 신라'라는 역사관을 창조한 것이 아닐까? 엄청난 역사 재구성 작업이 아닐 수 없다. 김부식은 신라 출신 호족으로서 자기들의 정치적 위상을 높이기 위해 신라의 국제적 지위를 높이려 했던 것 같다. 그 바람에 한국사의 국통 인식에서 고구려의 위상은 상대적으로 저하되었다. 덧붙여 고구려의 고토를 회복하려는 묘청파 등 북벌론자들의 논리적 근거를 약화시켜야 된다는 정치적 계산이 깔려 있었다고 볼 수 있다. 그래서 그랬는지 엄연히 대륙의 강자로 군림했던 대진(발해)의 역사에 대해서는 무시로 일관했다. 신채호가 김부식을 조선시대 사대모화 병의 근원으로 지목할 만한 불공평한 태도이다.

고려 국경의 진실 게임

여기서 고려 서북계에 대한 학계의 최근 논쟁을 잠시 소개하고 싶다. 우리 중세사 학계에 난데없이 고려 서북계 문제가 불거지면서 교육 현장이 대혼란에 빠졌다고 한다. 191쪽에 있는 우측 지도의 고려 국경은 조선시대 전기까지 우리 전통사학의 입장이 아니라 조선총독부의 일본 관변학자들이 축소 왜곡한 것이라는 놀라운 주장이다. 원래 고려의 국경은 왼쪽 지도에 그려진 것처럼 현재 요하 동측과 두만강 이북에 걸쳐 있었다는 것이다. 국회 동북아역사특위라는 국가기관의 발의에 따라 시작된 고려 국경사 연구팀이 발표한 것이라 무게는 남달랐다. 그것이 발견된 과정도 충격적이다. 해방 후 70년이 될 때까지 조선총독부 산하 조선사편수회가 제작한 『조선사』 37권의 번역을 미루고 있다가 이제야 해 보았더니 그 왜곡의 실체가 낱낱이 드러났다는 것이다.

사실 초등학교 때 고려가 고구려를 계승한다는 의미에서 국호를 고려라 했다는 교과서를 읽고 어린 마음에도 의문이 지워지지 않았다. 서희가 거란 장수 소손녕에게 고려는 고구려 땅을 이어받았기 때문에 고려라고 이름 붙였다고 당당히 말했다고 배웠다. 그런데 이상하게도 당시 배운 사회과 부도에는 고려 영토가 압록강과 원산을 이은 선을 넘지 않았다. 지금도 만주 전역에는 고구려의 옛 성이 수없이 남아 있다. 드넓은 만주 영토는 하나도 차지하지 못한 주제에 고구려를 계승했다고? 그런 억지가 어디에 있냐고 혼잣말을 되뇌인 적이 있다. 고려 사람들이 거짓말을 했거나 아니면 사회과 부도의 고려 국경이 틀린 것이 아닐까 하는 의문이 구름처럼 피어오를 만하다.

그런데 우리 공식 사서인 『고려사』 「지리지」에는 고려의 사방 경계를 말하면서 "서북은 이르는 곳이 고구려에 미치지 못했으나, 동북은 그것을 넘어섰다."라고 되어 있다.[7] 요동반도 쪽은 조금 줄었으나 연해주 쪽으로는 고구려의 영토를 넘어섰다는 말이다. 한국 초중고 교과서에 서술된 고려 영토가 우리나라 공식 사서의 내용과 달라도 너무 다른 것이 아닌가? 조선왕조실록에도 우리 현행 교과서의 내용과 상충되는 고려 국경에 대한 내용이 나온다. 조선왕조실록이 어떤 책인가? 세밀한 기록의 가치로 유네스코 세계기록 문화유산에까지 등재된 사료이다. 세종실록에는 고려의 "사방 경계[四境]는 ...(중략)... 북쪽으로 [두만강에서] 공험진에 이르기 7백 리, 동북쪽으로 선춘현(先春峴)에 이르기 7백여 리"라고 기록되어 있다.[8] 상기 내용은 고려시대 윤관 장군이 설치한 9성과 관련된 선춘령과 공험진의 위치를 설명하면서 나온 글이다. 두만강 이북 700리에 고려 군사 시설이 있었다는 기록과 압록강-원산이 국경이라는 기존 학설은 달라도 너무 다르지 않은가?

교과서에서 묘청의 난을 설명할 때 나오는, 지금의 평양이라 한 서경(西京)이라는 이름도 이상했다. 고려 사람들은 동서남북 방향감각을 상실했나? 고려시대에 현재 서울은 남경이라고 불렸다고 한다. 경주는 동

7 『고려사』 「지(志)」 권제10 (卷第十) 지리1 (地理一).
8 『世宗實錄』 권 155, 「地理志」 咸吉道, 吉州牧, 慶源都護府.

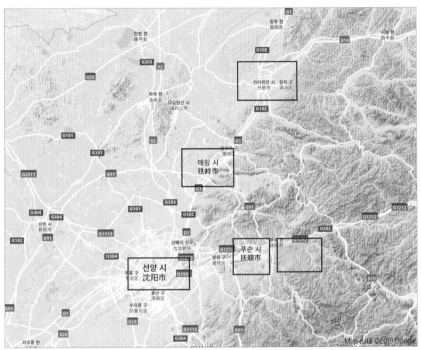

심양시 북쪽에 있는 철령시의 위치 지도(답사팀 제공)와 철령박물관 모습

경이라고 불렀다는 이야기도 있다. 모두 방향 감각대로 이름이 맞다. 그런데 왜 서경은 틀린 것일까? 지금 평양은 개성의 북북서 방향이다. 방향감각이 정확하지 않은 것에 의문을 가져야 정상이다. 중기 이후는 몰라도 최소한 고려 초기 고려의 서경은 요양이었다는 복기대 교수팀의 주장은 따라서 당연히 필자의 관심을 끌었다.

사실 서희의 강동 6주에 대한 기존 학설도 상식을 벗어난 주장이라는 의문이 있었다. 강동(江東)이라면 강의 동쪽이 아닌가? 강동 6주를 압록강 남쪽으로 비정한 기존의 통설은 방향감각도 없는 주장이 아닌가 하는 의문이 있었다. 현행 교과서는 신의주와 원산 사이에 고려가 천리장성을 쌓았다고 그림까지 그려 놓았다. 하지만 복 교수에 의하면 의주 인근에 산성의 흔적이 일부 있지만 원산까지 천리장성이 있었던 흔적은 보고된 적이 없다. 유적과 유물을 근거로 하는 실증주의 사학의 원칙과 정면 배치되는 학설이다. 더욱이 평균 해발 표고 1000미터를 넘나드는 산악 지역에 천리장성을 쌓을 필요가 있었을까? 거란과 여진 같은 기마부대를 동반한 북방민족이 말을 타고 산을 넘을 필요가 있었다고 생각하는 것 자체가 비상식적이다. 기존 학설에서 철령위가 금강산 서북쪽에 있었다면 당연히 그 군사시설의 흔적으로 입증해야 한다. 이케우치 히로시 등 조선총독부 관변학자들은 그러한 사진이나 증거 자료를 남긴 적이 없다.

앞뒤가 안 맞는 이야기는 또 있다. 조선과 명나라 사이에 철령위 설치 문제를 놓고 빚어진 마찰 때문에 나온 이성계 장군의 요동 정벌 스토리도 어설프다는 감을 지우기 어렵다. 우리 교과서에는 철령위 설치 문제로 명나라와 다투다가 고려 우왕의 요동 정벌 어명이 떨어졌다고 했다. 고려 동쪽 국경이 원산이고 철령이 함경도와 강원도 사이에 있는데 생뚱맞게 북서쪽 끝으로 가는 요동 정벌은 또 무슨 말인가? 철령위 설치 문제를 해결하려면 동쪽으로 진군해야지 엉뚱하게 압록강 쪽 위화도로 간 것은 무슨 황당한 경우인가 하고 고등학생 때 고개를 설레설레 저었던 적도 있다. 2019년 6월 복기대 교수팀의 주장을 현장에서 확인하는 검증팀과 동행한 적이 있다. 심양 이북에 철령이라는 도시가 있었다. 원산 인근이 아니라 중국 만주에 같은 이름의 철령이라는 도시가 있다는 말을 들은 적이 없었으니 속은 기분이 들었다. 철령시에는 위화도 회군의 진실을 밝혀주는 철령박물관이 있다. 박물관에는 이 지역이 과거에 여진과 치열하게 다투던 전략적 요충지임을 보여주고 있었다. 고래로 전쟁은 전략적 요충지를 놓고 발발하는 법이다. 생뚱맞게 원산과 금강산 사이에 명나라가 군사 요새를 쌓을 이유가 없다.

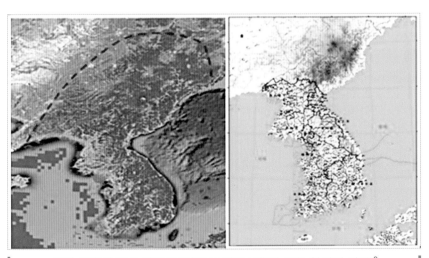

고려 국경에 대한 경합학설 (조선 전통사학과 기존 학설의 비교)[9]

9 복기대 교수팀은 자신들의 고려 국경학설(왼쪽 지도)이 조선 초 『고려사』를 편찬할 당시 전통적인 역사인식이었다고 주장한다. 오른쪽 지도는 기존 역사 교과서의 내용과 같은 것인데 동북아역사재단 용역 사업이 국회와 교육부로부터 수용불가 판정을 받은 동북아역사지도 연구의 결과물 중에서 고려의 영토를 표시한 지도이다.

지금도 용산 국립박물관에는 고려 동쪽 국경을 원산 부근으로 그려 놓고 윤관의 9성도 함경도 어딘가에 있었던 것으로 학생들에게 전시하고 있다. 하지만 세계기록문화유산인 조선왕조실록에는 두만강 북쪽 700리에 공험진과 선춘령이 있다고 기록되어 있다. 엇갈리는 기록 때문에 초중고 교육 현장에서는 학생 지도에 애를 먹고 있다. 서울역사박물관에 전시된 보물 1602호 조선시대 조선팔도고금총람도(朝鮮八道古今總攬圖)에서 윤관의 9성은 흑룡강성과 두만강 사이에 있었다고 표시되어 있다. 함경도 길주라는 이야기는 나오지도 않는다. 이러한 명확한 사료를 무시하는 사학자들은 최소한 그 이유라도 설명해야 하지 않을까?

균형자 외교를 하는 강대국 고려의 실체

또 한 가지 의문은 고려는 요나라와 송나라 사이에 양다리를 걸치고 균형외교를 한 내용이 나온다. 유럽에서 독일과 프랑스 사이에서 균형자(balancer) 노릇을 한 영국은 강대국이었다. 고려 때 천추태후라는 인물이 심지어 요나라 정벌군을 편성할 정도로 고려는 거란에 맞선 나라였다. 고려 사신이 요나라와 송나라 조정에서 고압적 태도를 보여도 상대국들이 쩔쩔 매는 모습이 기록에 나온다. 우리 국사학계에서 그린 왜소한 고려 지도로는 꿈도 꿀 수 없는 객기에 가까운 외교 행동들이다. 한반도보다도 작은 소국 고려라면 국제정치이론에 의하면 균형(balancing)보다는 편승(bandwagon)이나 타협(accommodation)이 어울린다. 역사에 기록된 고려의 강대국 균형자 행태와 현행 교과서의 왜소한 고려 영토의 모순은 의문이 아닐 수 없었다.

그런데 그런 궁금증에 단비와도 같은 정보들이 최근 몇 년간 쏟아져 나왔다. 2017년 가을, 러시아 극동아카데미 고고학자들이 인하대에서 발표한 내용 중에 언론의 관심을 끄는 부분이 있었다. 두만강 이북 블라디보스톡 지역에 고려 산성으로 추정되는 유적들이 산재해 있다는 것이다. 처음에는 여진족의 유적인 줄 알았는데 발굴 조사 후 고려 산성으로 추정된다고 결론지었다고 한다. 고려 청자와 고려인들의 유물이 일관되게 다수 발견되었다고 한다. 산성처럼 축조와 유지에 긴 시간을 요하는 군사시설은 한 나라의 영토 내에 존재하는 것이 상식이다. 원산보다 훨씬 북쪽인 블라디보스톡에서 고려 산성이 발견되었다면 고려 동계(동쪽 국경)가 원산이라는 현 통설은 재검토되어야 마땅하다. 당시 국제회의 내용이 조선일보에 보도되었지만 중세사 학계는 반박도 동의도 없이 꿀 먹은 벙어리처럼 반응을 보이지 않았다.

인하대 고조선연구소『조선사』정밀 해제 연구팀에서도 요사와 금사 등 문헌자료와 다양한 사료를 종합 검토한 뒤 충격적인 연구 결과를 공개했다.[10] 요나라 시대 거란과 고려의 국경은 압록강이 아니라 요하 인근이라는 것이다. 여러 문헌에서 고려의 서북쪽 국경인 압록강은 한반도의 압록강이 아니라 중국 요동반도 서쪽의 요하라 주장했다. 요하는 당시 압록강으로 불렸는데 가운데 글자인 녹 자가 삼수변의 맑을 록 자를 쓰는 압록강(鴨淥江)이다. 한반도의 압록강은 가운데 글자가 실사변(糸)을 붙인 푸를 록(綠)자를 쓰는 별개의 강이라 한다. 우리말로는 같은 압록강이지만 중국어로는 록 자의 발음이 달라서 중국 문헌에는 헷갈리지 않고 일관되게 구분했다고 한다. 즉, 한반도의 압록강(鴨綠江)은 당시 국경과는 관련이 없었다는 주장이다. 한두 번 나오는 것이 아니라『요사』에 반복되어 압록강이 두 개가 있었다. 고려사 전공자 윤한택 박사는 고려군의 군사시설이 요하 동쪽에 위치했음을 실증했다. 국가예

10 윤한택·복기대,『압록과 고려의 북계』(서울: 주류성, 2017).

산을 들여 발견된 충격적인 학설이므로 고려사 전공자들은 진위를 판별하는 데 달려들어야 했다. 하지만 중세사 학계는 SNS에서 비난은 하면서도 반론을 제시하지 못하고 있다.

인하대 연구팀은 고려 국경이 한반도 안쪽으로 들어오게 된 것은 조선사편수회의 관변학자들이 저지른 사료 조작에 기인한다고 했다. 쓰다 소우키지나 이케우치 히로시는 명확한 근거 없이 만주 지역 역사 지명을 마구잡이로 한반도 안에 구겨 넣었다고 한다. 엉터리로 지명을 찾아 다니는 행태는 『일본서기』에 나오는 임나일본부 관련 지명을 경상도에서 찾는 사료 조작에서도 이미 볼 수 있었다.

조선총독부의 관변학자들은 고려 국경도 왜 한반도 안에 그리려 했을까? 임나일본부설은 한반도 남부의 연고권을 주장했다. 만주를 포함한 고구려가 한국 역사의 중심에 서는 것은 불편한 사실이었을 것이다. 만주는 독립적으로 취급하고 조선은 거기에 종속되었다는 만선사관을 만들어 한국사의 주체성을 부정하려 했다. 만주와 한반도를 지배한 강대국 고려의 역사는 식민사학자들에게는 매우 지워버리고 싶은 역사였던 것이 아닐까? 강대국 고려를 피식민지 민족이 기억하는 것도 달가운 일이 아니었을 것이다. 무력하고 타율적인 민족이라는 식민지 정체성을 심어야 하는데 눈엣가시 같은 존재가 바로 강대국 고려였던 것은 아닐까? 그렇다면 고려 영토를 반 토막 내어야만 했던 근본 이유도 임나일본부설에 있었던 것이라는 심증이 굳어진다. 임나일본부설은 늘 한반도 침략과 결부되었다. 일본 참모본부 정보공작과 심리전의 핵심 과제이기도 했다고 한다. 임나일본부의 남선경영설 논리에 맞추어 한국사 전체를 재단하는 것이 조선사편수회의 목표였던 것은 아닐까? 사실로 확인된다면 정말 소름 끼치는 무서운 일이다.

중국 사료도 인정한 고려의 요하 동측 서북계

고려 국경이 신의주 앞 압록강이 아니라 서북쪽으로 수백 킬로미터 떨어진 요하 동쪽이었다는 사실은 동북아역사재단의 전신 고구려역사재단을 설계한 허성관 전 행자부 장관도 사석이었지만 『고려도경』(공식 이름은 宣和奉使高麗圖經)을 인용하며 분명히 언급한 바 있다. 송나라 특사 서긍이 저술한 『고려도경』에 고려 강역에 대한 서술에 놀라운 대목이 보인다. 고려는 서쪽으로는 요수 즉 요동반도 서쪽의 요하에 국경을 두고 있다는 것이다.[11] 그 아래 대목에는 송나라에서 육로로 고려에 갈 때 연산도를 거쳐 요수를 건너면 그 동쪽에 고려 국경이 있다고 했다. 같은 글에 고려의 남쪽 요해(遼海)가 있다고 했으니 최소한 요동반도에 걸쳐 있었다고 보는 것이 타당하다.

필자는 2013년 대만 외교부 초청으로 가을 학기에 대만국립대학에 방문교수로 체류한 적이 있다. 대만 정부 측에서 마련해 준 연구실이 국가도서관에 있었는데 종종 희귀도서자료실에 출입했다. 『고려도경』의 앞선 판본을 찾아 복사해 둔 자료를 지금도 가지고 있다. 하지만 국내 고려사 학계는 『고려도경』을 중요한 사료로 보지 않는 경향이 있다고 한다. 역사적 사실을 복원하기 위해서라면 비문, 설화, 문집까지 모두 섭렵하라는 실증주의 사학자 랑케의 엄밀한 연구 태도와 전혀 다른 입장이다.

2019년 2월 국학연구소 임찬경 박사의 안내로 중국 요녕성 조양시에서 거란의 전탑인 북탑을 세밀하게 관찰한 적이 있다. 도심에 우뚝 선 벽돌탑이 거란인들의 깊은 불심을 보여 주는 듯했다. 거란인들은 자

---

11 서긍 저, 조동원 외 역, 『고려도경- 중국 송나라 사신의 눈에 비친 고려 풍경』(서울: 황소자리, 2005), p. 72.

중국 요녕성 조양시에 있는 요탑 앞에서

신들이 살던 도시에 대부분 전탑을 세웠다고 한다. 그런데 인하대 유학생으로 중국 C 대학 교수로 임용된 중국인 P 박사의 연구에 의하면 요동반도 동쪽에는 거란 전탑이 발견되지 않는다고 한다. 전쟁을 통해 전탑이 소실된 경우는 거의 없었다고 하니 그 주장은 요동반도의 반은 거란의 영토가 아니었다는 해석이 가능하다. 서희가 강동 6주를 놓고 담판한 것에서 알 수 있듯이 거란과 고려가 치열하게 영토분쟁을 했기 때문에 거란과 고려 사이에 무주공산 같은 공간이 있었을 리 없다. 그러면 거란인의 생활 공간이 아닌 요동반도의 동측 부분은 고려의 영토였을 가능성을 배제할 수 없다.

최근에 고려 국경에 대한 일관된 논점의 대항가설을 접하고 나니 오래된 의문이 한꺼번에 해소될 수 있겠다는 생각이 들었다. 인하대 고조선연구소의 주장에 따르면 당시 고려가 요하 동쪽 요동반도의 반을 차지했다면, 요양은 개국 직후 고려의 서쪽 수도 즉 서경이 될 수 있다. 고려시대 초기에 서경이라 이름 붙인 곳은 한반도 평양이 아니라 요하 동쪽의 요양이나 다른 고대 도시일 수 있는 것이다. 러시아 고고학자들의 연구는 고려의 영토가 두만강을 넘었다는 새로운 고려 국경론과 맥을 같이한다. 고려는 기존의 압록강-원산보다는 북쪽에 국경이 있었다는 새로운 관점이다. 이러한 새로운 연구 성과들이 앞으로 축적되어 통설이 된다면 고려의 국력과 국제관계의 실체에 대한 좀 더 사실에 근거한 연구가 활성화될 것으로 기대된다. 아직은 양대 경합 학설이 충분한 상호 토론을 거치지 못했기 때문에 인하대 측 학설의 타당성이 확증된 것은 아니다. 하지만 당분간 두 개의 주장을 교과서에 병기하는 것이 공정한 것이 아닐까 생각해 본다.

사료편식증과 다원적인 역사학 생태계 복원의 과제

인하대 고려국경 연구팀의 주장과 강원대 남의현 교수 등의 학설에 대한 관련 사학계의 반응은 실망스럽기 그지없다. 학자들은 공론의 장에 나와서 실증적인 근거에 바탕을 둔 논리로 서로 치열한 토론을 벌임으로써 진실을 추구하는 것이 본업이다. 기존 통설에 배치되는 획기적인 새로운 주장이 나오면 선진국 학계라면 엄밀한 방법론으로 검증하려는 노력을 기울였을 것이다.

고려 국경에 대해 이 정도의 충격적인 연구 결과가 나왔다면 일본 같으면 언론에 대서특필되고 긴급 학술회의를 개최할 만한 사안이다. 하지만 고려사 비전공자로서 옆에서 관찰한 결과는 괴이하기 그지없었다. 공개된 학술발표회를 방청하지도 않았고 반박 논문이나 학회 차원의 세미나도 일체 없었다. 대신 사학 관련 몇 개 학회가 모여 고려 국경 연구팀이 박근혜 정부의 연구비 지원 특혜를 받았다고 길거리에서 성명서를 발표했다. 사실과 다르게 국정교과서 파동에 연루된 것처럼 언

일부 사학계의 동종교배 문화를 성토하는 역사 시민단체
(2019년 大韓史郞 제공)

론 플레이를 했다는 비판에도 아랑곳하지 않았다. 학자라면 논문에 대한 학술토론으로 대응하는 것이 순리인데도 정부 기관을 끌어들인 행태에 대한 실소가 시민사회에서 터져 나왔다. 결과는 이덕일 박사의 글을 재판정으로 끌고 간 사태와 비슷하게 싱겁게 끝났다. 고려 국경 연구팀이 관제 국정교과서에 참여했다는 가짜 주장은 곧 사실무근임이 밝혀졌다. 우익 성향의 국정교과서 집필진에 고려 국경 연구팀 누구도 참여한 바 없으며, 거기에는 오히려 기존 사학계 학자들이 주축이었음이 확인되었을 뿐이다. 공개 토론회는 회피하면서 연구 내용과 무관한 가십성 이야기로 뒤에서 폄하하려는 국내 일부 고대사학자의 행태를 사회과학자로서는 도저히 이해하기 어려웠다.

국제정치학자로서 사학계의 소위 주류와 비주류의 논쟁을 지켜보면서 알게 된 사실이 있다. 심각한 편의주의적인 사료 편식증 문제이다. 기존 통설에 배치되는 사료는 신뢰할 수 없다고 치부되거나 무시되기 일쑤이다. 이러한 확증 편향의 문제는 논쟁적인 고대사 분야에서 더욱

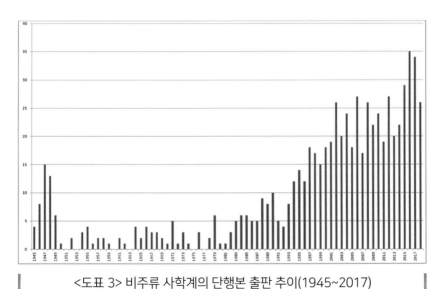

<도표 3> 비주류 사학계의 단행본 출판 추이(1945~2017)

두드러진다. 한사군 재북한설이나 임나일본부설과 관련된 주류 역사학계의 기존 논문에서 비주류 학자들의 연구 성과를 인용하는 경우는 거의 없다. 자신의 주장이 보편성을 확인받기 위해서는 가장 다른 주장 즉 대척점에 있는 논거들을 비판하는 것이 상식이다.

아래 〈도표 3〉은 1945년도 해방 이후 민족사학을 자칭하는 비주류 학파의 단행본 출판 빈도수를 전수 조사한 것이다. 소위 재야사학이라는 대학강단 밖의 연구 성과도 포함했다. 우선 두드러진 경향은 1982년 이후 비주류 학파의 단행본 출간이 증가 추세에 있다는 점이다. 2016년 한 해에만 35권 이상 출판되었다. 그럼에도 2010년 이후 최근 출판된 비주류 사학의 연구 성과들이 낙랑군 등 한사군 문제를 다룬 주류학계의 논문에 인용된 적이 거의 없음을 확인했다. O 교수 등 주류학계의 대표적인 위만조선 연구자들이 그러했다. 아무리 자신들의 주장과 배치된다고 해도 그 많은 연구 성과를 유령 취급하는 행태가 놀라웠다. 같은 주장을 하는 사람들끼리만 서로 인용하는 행태는 학문공동체에서는 금기사항이다. 논쟁없는 학문은 정체의 길을 갈 뿐이다.

위에서 소개한 고려 국경에 대한 인하대 고조선연구소의 연구 성과는 매우 신선한 내용이다. 그런데 중세사 학계에서 고려 전공자라고 하는 모 교수의 반응은 충격적이었다. 인하대 팀과 함께 하는 세미나 장에서 반대 발표를 하지 않고 스스로 강단 밖에서 방해활동에만 열중했다고 한다. 연구비 지원을 중지하라는 외압을 가하거나 언론 플레이를 통해 사이비 사학의 프레임으로 비난하는 데 열을 올렸다. 그의 동료들은 영토를 확장하는 연구는 파시즘의 욕망에 불과하다며 색깔론으로 논점을 몰고 갔다. 80년대 신군부가 부족한 정통성을 만회하려고 국수주의 역사학을 조장했는데 그 유산이 재야사학이라는 주장도 했다. 1979년 이유립 선생이 박창암 장군과 우익성향의 잡지 「자유」지에 연재한 것을 근거로 삼았다.

하지만 〈도표 3〉은 그런 주장이 설득력이 없음을 보여준다. 신군부 통치 기간인 1980년에서 1987년 사이 비주류 사학의 출판물은 급증한 바 없었다. 1980년과 1981년에는 오히려 가장 적은 시기에 포함된다. 오히려 1987년 민주화 항쟁 이후 비주류 사학은 지속적으로 성장했다. 전체 시기를 놓고 보면 독재 혹은 권위주의 시기인 1950년~1987년의 평균 출판물보다 1987년 민주화 이후 민족사학의 단행본 출판물이 압도적으로 많다. 재야사학(민족사학)이 권위주의와 내통했다는 주장은 사실과 다르다. 그 반대로 권위주의 시기에 민족사학 혹은 재야사학이 지지부진했다는 점을 〈도표 3〉은 보여주고 있다. 민주화가 공고화되면서, 다원적 학문 풍토가 확산되면서 결국 강단 사학계에도 근본적인 논쟁이 시작되어 건강한 학문 생태계가 형성되고 있다는 점은 다행이다. 고려 국경의 진실에 대한 학자들의 치열한 논쟁과 융합적인 방법론에 의한 정밀한 검증 결과를 기다려 본다.

김부식 사관의 해체는 굴절된 한국사의 복원

최근 국내 학계 일부에서 제기된 고려 서북계(서북쪽 국경)에 대한 연구 결과는 고려사와 나아가 한국사 해석의 새로운 과제를 제기했다. 김부식은 고구려의 영광은 축소하고 보잘 것 없던 초기 신라의 위상을 높이려는 정치적 의도로 사서를 편찬한 것이 아닐까? 유학자로서 자신의 사대모화 사상의 잣대로 역사를 마음대로 재단했을 가능성을 시사하는 것이다. 고려 국경에 대한 문헌 및 고고학 연구 성과는 김부식이 한국사의 자화상을 결정적으로 왜곡했다는 신채호의 주장에 힘을 실어주었다. 신채호 선생은 묘청의 서경 천도 운동이 실패하고 김부식의 사대모화 사상이 득세한 것을 한국의 주체적 자주성이 일그러지는 단초로 보았다.

중국에 대한 사대모화로 국시가 기울어지는 시점이 김부식의 『삼국사기』 편찬이라는 해석이다. 김춘추가 당의 힘을 빌어 난국을 돌파하려 했던 외세 의존 심리의 작은 씨앗이 신라계 김부식을 통해 역사 해석을 전면적으로 바꾸는 모화 심리로 성장했다. 원나라와 치른 전쟁에 지쳐 강화조약을 맺은 고려는 결국 부마국으로 전락했다. 고려 말기 자주성을 회복하려는 최영 등의 노력은 사대모화 사대부의 등에 올라탄 이성계의 위화도 회군으로 또 좌절되었다. 결국 조선은 역대 왕조 처음으로 사대주의를 국시로 삼는 왕조가 되었다.

대국을 섬기는 사대외교는 일종의 강대국에 대한 편승동맹이라 볼 수 있다. 약소국이 강대국과 비대칭적인 동맹을 맺으면 안보-자율성 상쇄(security-autonomy trade-off) 기제가 작동하게 된다. 제임스 모로우(Morrow)의 이 모델은 강대국과 약소국의 동맹의 다이나믹스를 설명하는 데 종종 원용되는 개념이다. 강대국에게 보험을 받는 대신 주권의 일부가 구속되는 자율성의 침해를 감수해야 한다. 안보적으로 깊이 의존하면 그만큼 자율성은 축소되는 역비례 관계이다. 동시에 타국에 안보를 의탁한 경우, 급변하는 국제정세에 기민하게 대응하지 못하면 자율성도 놓치고 국가안보도 위태롭게 하는 최악의 상황에 처할 수 있다. 외세에 의존하는 심리는 필연코 국방을 소홀히 하는 경향을 낳는다.

조선은 초기 200년은 평화를 구가했지만 새롭게 등장하는 강국의 도전에 둔감했다. 조선은 당대 최강의 육군을 보유한 토요토미 히데요시와 청나라의 위협에 두 번이나 국난을 겪었다. 중국을 문화의 중심으로 보는 성리학적 세계관에 매몰된 나머지 주변국의 부상에 제대로 대응하지 못했다. 국방력도 약화되어 백성들만 거듭되는 전화에 희생되었다. 유교적 화이론이 내면화된 조선은 결국 19세기 제국주의 열강의 먹잇감으로 전락했다. 조선이 망국의 불행을 당한 데에는 여러 가지 원인이 있겠지만 경직된 화이론적 사대모화 심리를 빼놓을 수 없다. 조선의 사대주의의 기원은 고려 때 김부식이 역사 정체성 재편으로 그 씨앗을 심은 것이다.

일본 우익을 잠재울 김부식 역사관의 성찰

김부식의 역사 정체성 개편의 흐름은 현대 한일 관계의 악화 요인과도 연관된다. 일본 우익들은 한국의 친중 사대모화 전략문화의 뿌리가 깊다고 생각한다. 물론 과장된 주장이다. 하지만 일본의 대외 관계사를 가만히 들여다보면 전혀 근거없는 이야기가 아닐 수 있다는 생각도 든다. 도서 국가인 일본은 한국과 달리 지리적으로 대륙의 국제정세 영향을 덜 받았다. 치열한 동아시아 국제관계를 강 건너 불구경할 수 있는 이점이 있었다. 지난 2천 년을 돌이켜보면 일본은 동북아 국제관계 형성에 주도적인 국가가 아니었다. 지난 100년간 대동아공영권이라는 지역패권을 노리는 야심의 화약 냄새가 오래되지 않아서 그렇지, 사실 일본은 역사적으로 동북아 국제관계 무대 밖에 주로 있었다.

그런데 드물게 한국, 중국 등 대륙국가들과 조우했던 기억 속에 늘 한중 연합에 대한 공포심이 일본의 무의식에 있는 듯하다. 일본이 패전과 전쟁의 공포에 시달리던 시기에는 공교롭게도 한중 연합이 이루어진 상태였다. 나당 연합군, 여몽 연합군, 조명 연합군은 모두 일본이 가진 패전과 공포의 집단의식과 결부되어 있다. 백제-왜 연합군의 백촌강

해전 패배 후 일본 열도는 공포에 사로잡혔다. 전국에 조선식(백제식) 산성 등 방어시설을 구축하며 전전긍긍했다.

여몽 연합군에게 침공당한 기억은 일본 전략가들의 무의식 깊숙이 자리잡고 있다. 큐슈 후쿠오카에 가면 북쪽 해안가에 지금도 여몽 연합군의 상륙에 대비해 쌓은 낮은 성벽이 여기저기 남아 있다. 긴 해안선을 따라 돌로 쌓은 방어시설은 여몽 연합군의 1차 침공에 얼마나 필사적으로 대응했는지 보여주고 있다. 당시 카마쿠라의 막부는 여몽 연합군의 상륙을 저지하지 못했다. 만일 카미카제라 불리는 태풍이 불지 않았다면 어떻게 되었을까? 최소한 큐슈는 몽골에게 점령되는 신세를 면하지 못했을 것이다. 미어샤이머는 무정부 상태의 국제체제 하에서 한 국가가 완벽한 안보를 보장 받는 길은 패권국이 되는 것이라 했다. 패권군주의 꿈을 꾼 원나라 황제들이 일본 열도 전체의 항복을 받기 위해 카마쿠라 막부로 진군하는 것을 마다했을 이유가 없다.

임진왜란과 정유재란 당시 동북아에서 최강의 전투력을 보유한 나라는 일본이었다. 그런 토요토미군의 중국 정복에 발목을 잡은 것은 조명 연합군이었다. 이순신 함대의 병참선 차단도 주효했지만 명군의 참전은 토요토미의 야심에 커다란 전략적 부담이었다. 울산성 전투에서 말피를 마시며 고전한 선봉장 카토 키요마사의 이야기는 잘 알려져 있다. 그는 귀국 후 난공불락이라 할 수 있는 쿠마모토성을 쌓으며 성 곳곳에 우물을 팠다. 울산성에서 조명 연합군에게 포위되었을 때 각인된 공포의 기억은 일본 사회에 깊이 새겨졌을 것이다. 노량해전에서 겨우 빠져나온 일본인들에게 조명 연합 수군의 기억도 오래 남았을 것이다.

중국에게 한반도는 중원의 머리를 때리는 망치와 같이 느껴진다고 한다. 지정학적으로 중요하다는 의미이다. 청일전쟁으로 조선이 일본의 영향권 내로 들어가자 청나라의 안보불안이 심화되었다. 현대 중국이 골치 아픈 북한을 쉽게 버리지 못하는 이유도 아마 여기에 있을 것이다. 북한이 시진핑 정권에게 전략적 자산인가 아니면 부채인가 하는 대 논쟁이 있었다고 한다. 그런데 북한이 미국과 관계 정상화를 시도하자마자 시진핑의 김정은 정권에 대한 태도가 돌변했다. 생일잔치를 벌이고 평양도 방문하는 등 김정은에게 소황제 대접을 했다. 전략적 완충국인 북한이 중국의 품에서 벗어나는 것에 대한 두려움이 반영되었을 것이다. 이처럼 지정학적으로 한반도는 중국에게 중요하다. 흥미로운 점은 똑같은 지정학적 논리가 일본에게도 작동된다는 것이다. 일본의 전략가들에게 한반도는 일본 열도를 노리는 단검과 같은 존재로 인식되었다. 여몽 연합군의 침공이 대표적인 예이다. 한반도 세력과 대륙이 일본에게 적대적으로 연합하는 구도는 최악의 상황이다.

　한국은 중국이 더욱 강대한 나라가 되면 중국 편에 설 가능성이 있다

원과 명에 대한 적대의식이 표출된 후쿠오카 하코자키 신궁 누문(樓門)의 적국항복(敵國降伏) 문구

고, 우익들은 왜곡된 시각으로 보는 경향이 있다. 한국의 오랜 사대모화 문화를 그 근거로 든다. 최근 일본에서 우익들이 한국과 중국을 싸잡아서 적대시하는 출판물이 봇물을 이루고 있다.[12] 혐한론자들이 모두 反중국인 것은 아니지만 동아시아 전략 구도에서 한국이 장차 중국편에 설 수 있다는 공포심이 반영된 듯하다. 어차피 한국은 한미동맹에서 중국으로 갈아탈 것이므로 한국에 미련을 갖지 말고 미일동맹과 한중동맹으로 전선을 명확하게 하자는 엉뚱한 발상도 서슴지 않는다. 한미동맹의 내구성과 현대 한국인들의 중국에 대한 경계심은 억지로 과소평가한 관점이다. 한국에 대한 편견과 우월의식이 빚어낸 망상이라고도 할 수 있다. 하지만 중국에 대한 왜소감이 한국 사회의 무의식에 존재하는 것은 사실이다. 중국에 대하여 변변히 항의도 하지 못하는 것은 중국에 대한 문화적 열등감이나 왜소감의 발로라는 지적이 있다. 그들 말대로 우리에게는 김부식이 바꾸어 놓은 소국 의식의 사회심리가 여전히 작동하고 있는지도 모른다.

일본 우익의 오해를 잠재우기 위해서라도 김부식이 바꾸어 놓은 우리 국통 정체성에 대한 활발한 공론화가 필요하다. 김부식 류의 사대모화 역사관은 일제 강점기 임나일본부설과 화학적으로 결합되어 한국인의 자존감을 더욱 위축시켰다. 한국은 세계를 리드하는 대기업, 경제대국의 지위 그리고 문화대국의 위상에 걸맞지 않게 과거 역사에서 온 피해의식에 사로잡혀 있다는 지적이 있다. 강대국에게 당하기만 한다는 약소국의 정체성이 내면화되어 피해망상증을 벗지 못하고 있다는 진단이다. 일본의 사소한 행동에도 과민 반응하여 일본 우익에게 빌미를 주

---

12 ケント ギルバト(Kent Gilbert), (2018); 宮崎正弘, 室谷克實, 『美朝急轉で始まる中國·韓國の惡夢』 (東京: 德間書店, 2018); 언론인으로서 한중 관계에 대한 일본의 시각을 담담하게 정리한 자료는 澤田克己, 『韓國「反日」の眞相』 (東京: 文藝春秋, 2015).

고, 다시 한국 사회 일부에 고착된 피해심리를 확증해 주는 악순환의 함정에 빠져 있는 것은 아닐까? 김부식이 구부려뜨린 역사 자존감의 상처를 치유해야 우리 무의식 속의 과도한 피해의식을 극복할 수 있을 뿐 아니라 건강한 한일 관계의 모색이 가능하다는 처방이다.

미중 경쟁 구도와 한국의 선택

한국 사회의 사대모화 정체성을 희석하는 것이 어떻게 한일 관계 개선과 관계가 있는지 미중 관계의 맥락에서 설명해 보고자 한다. 거창해 보일지 모르지만 우리가 처한 시급한 안보 현실이다. 요새 세계 정치의 중요한 화두는 미중 경쟁이다. 하버드대의 그래함 앨리슨은 '투키디데스 함정'이라는 유명한 술어로 미중 충돌을 경고하고 있다. 부상하는 신흥 강대국과 패권국이 서로 패권을 다투는 패권전쟁으로 이어진 역사적 사례를 논거로 삼는다. 대표적인 예가 고대 그리스의 스파르타와 신흥 부국 아테네 사이의 펠로폰네소스 전쟁이다. 앨리슨은 비록 두 강대국이 전쟁을 회피하려 해도 제3국의 도발적 행동에 의해 어쩔 수 없이 전쟁에 말려드는 위험을 지적한다. 사라예보의 총성이 1차 대전으로 비화되었듯이 북한의 도발이 미중 양국을 파국으로 유도할 수 있다는 주장이다.

패권 전쟁이 새로운 이야기는 아니다. 로버트 길핀의 패권안정이론(hegemonic stability theory)이 한때 국제정치경제학(International Political Economy)이라는 이름으로 국제정치학계에 풍미한 적이 있다. 길핀은 강대국의 주기적 성쇠에 주목한 킨들버거와 비슷하게 주기적인 패권의 교체라는 거대 담론을 제시했다.[13] 패권국은 그 국가의 압도적 크

---

13 Robert Gilpin, *War and Change in World Politics* (Cambridge: Cambridge University

기 덕분에 다른 나라들이 제공할 수 없는 공공재(public good)를 국제사회에 제공할 수 있다고 한다. 빵 같은 사유재(private good)와 달리 나눌 수 없고 다른 나라의 무임승차를 배제할 수 없는 자유무역과 안보 같은 공공재의 공급에는 패권국이 필요하다는 것이다. 전 세계 총생산의 50%를 점했던 미국은 자유무역 제도라는 공공재를 공급하는 대신 패권국이라는 지위를 이용하여 나름대로 권익을 챙긴다. 하지만 패권을 유지하기 위해 전 세계에 배치된 과잉 군사력과 기술개발의 소홀로 상대적 우위가 서서히 감퇴되기 시작한다. 패권적 지위가 제공하는 한계 효용이 한계 비용보다 적어지면서 패권국으로서의 메리트는 떨어진다. 관대하던 패권국이 쫀쫀해지면서 동맹국의 무임승차에 대해 불만을 토해 내는 시점이기도 하다. 최근 나토와 아시아 동맹국들의 방위비 분담을 채근하는 트럼프의 인식과 공통점이 발견되는 대목이다. 길핀은 새롭게 등장한 신흥 강대국과 기존 패권국의 패권 전쟁으로 국제질서는 새롭게 재편된다고 한다.

그가 제기한 다소 무서운 개념은 기존 패권국이 심지어 신흥강대국의 도전을 억제하기 위해 예방전쟁(preventive war)을 하는 경우도 있다고 한 것이다. 미국이 중국의 야심적인 일대일로(One belt one road), 위안화의 기축통화화, 화웨이를 앞세운 기술굴기에 불편한 심기를 감추지 않은 것은 잘 알려져 있다. 미국, 일본, 호주, 인도를 묶어서 중국을 포위하는 다이아몬드 안보동맹의 타깃도 중국이라는 풍문이 널리 퍼져 있다. 이 문제에 대한 국제 안보연구자들의 인식을 파악하기 위해 10년 동안 인도, 호주, 일본, 미국을 돌아다니며 의견을 수렴해 보았다. 중국이 무리하게 힘에 의한 현상 변경을 시도할 경우 미국을 중심으로 한

Press, 1981).

옥죄기 구도는 거세질 수밖에 없다는 답이 돌아왔다. 미국이 과연 핵시대에 전면전의 위험을 감수하면서까지 중국 포위망을 좁혀들어 갈지 두고 볼 일이다. 아니면 티벳, 신장 위구르, 홍콩, 대만 등의 분리 독립 운동을 통해 중국이 스스로 붕괴될 것을 기다릴지 흥미롭게 지켜볼 만한 국제 문제이다.

오르갠스키(Organski) 역시 세력전이(power transition) 이론으로 패권 전쟁이 발발하는 원인을 설명했다. 고전적인 힘의 균형 이론은 국가들 사이에 힘의 균형이 달성되면 전쟁의 위험이 줄어든다고 보았다. 반면 오르갠스키는 그것은 국력팽창 속도의 상대적 차이가 적었던 농업시대 이야기라고 일축했다. 산업화 이후에는 반대로 힘의 불균형이 평화를 유지하기 쉽다고 말했다. 그는 산업화 이후 국제사회는 기존 권익 배분 체계에 만족한 국가들과 불만족한 국가들로 위계적으로 구성되어 있다고 역설한다. 불만족 국가들이 절치부심 국력 팽창에 전념한 결과, 만족한 패권국가의 국력 수준에 엇비슷하게 성장할 때 국제사회에 긴장이 조성된다고 보았다. 도전하는 신흥 강대국이 기존 질서에 대한 현상 타파적 욕구가 강하면 강할수록 패권 전쟁의 가능성이 높아진다고 설명했다. 기존 패권국가는 미래의 전쟁을 예감하고 도전국이 더 성장하기 전에 그 싹을 제거하기 위해 예방전쟁을 하는 경우도 있다고 한다. 만일 도전국이 패권국의 가치를 공유하는 경우, 영국에서 미국으로 패권이 넘어가듯이 평화적 교체도 가능하다고 한다.

중국이 미국 주도의 세계질서에 불만족하지 않고 자연스럽게 승계한다면 평화적인 패권 전이도 가능하다는 이야기이다. 하지만 미국 조야에서 시진핑의 중국몽(中國夢)을 미국 주도의 기존 질서 안에 포용하기 어렵다는 비관론과 함께 트럼프 정권의 중국 때리기가 본격화되었다고 보는 사람도 있다. 시진핑이 황제처럼 종신제 국가주석으로 취임하면서 중국의 민주주의에 절망하고 비관론에 기운 미국 학자도 적지 않다.

'현상타파국'이라는 개념이 한때 부상하는 중국을 어떻게 다루어야 할지 고민하는 서방 전략가 사이에서 회자된 적이 있다. 만족한 현상유지 국가로서의 이해상관자(stakeholder)와 불만족한 현상타파국의 기로에 선 중국을 전자에 남도록 유도하는 방안으로서 WTO(세계무역기구) 참가를 논하는 사람을 본 적도 있다. 랜달 스웰러는 미중 관계를 논하면서 이익균형(balance of interest)이라는 개념을 제시했다.[14] 한스 모겐소의 힘의 균형(balance of power)에 대해 스티븐 월트가 위협균형(balance of threat)이라면서 '균형(balance)'이라는 표현을 재미있게 이어 받은 적이 있다. 스웰러의 '이익균형'도 마치 '균형' 개념 시리즈 3탄처럼 들린다. 중국 입장에서 현상타파(revisionist) 전략으로 얻는 이익과 현상유지(status quo) 전략으로 얻는 이익이 균형을 이루면 미중 관계가 안정된다고 하는 이야기였다.

잠시 이야기를 돌려 보면 대만에도 퍼닝 이펙트(동음이의어 효과)를 좋아하는 사람의 에피소드가 있다. 2013년 가을 대만 외교부 초청으로 대만국립대에 방문교수로 체류할 때 세미나 자리에서 토론자로 초청받은 적이 있다. 대만국립대의 석지유(쉬치유) 교수는 중국 외교정책의 패턴을 설명하면서 '관계의 균형(balance of relations)'이라는 개념을

---

14 스웰러의 이익균형은 국내 체제 단위 내와 국제 체제 수준의 두 개의 수준에서 작동되는데 한 개별국가가 기존 질서 유지에 들어가는 돈이 현상 타파에 소요되는 돈보다 같거나 적으면 그 나라는 현상유지형 국가가 된다. 또 국내정치 과정, 선호도 등의 이유로 떠오르는 현상타파 세력의 이익이 그 시점의 국제사회에서 현상유지 세력보다 크면 국제체제는 불안정하게 된다. Randall Schweller, "Bandwagoning for Profit: Bringing the Revisionist State Back In," *International Security*, Vo. 19, No. 1 (Summer 1994), pp. 72-107.

선보였다. 중국은 다자외교보다 양자 관계를 선호하며 중국과의 일대일 관계에서 중국의 위신에 심각한 도전이 없다면 안정적으로 관계를 유지하는 성향이 있다는 주장이었다. '균형'이라는 영향력 있는 국제정치 용어(jargon)의 파도를 타고 싶어했는지 모르지만 흥미로운 개념이라 생각했다. 석 교수는 소속은 대만대학이지만 친 중국 성향의 학자로 잘 알려져 있다. 중국의 입장을 변호하려는 목적론에서 나온 개념이 아니냐는 비판을 받기도 했다. 석 교수의 일대일 관계의 균형 개념을 들어보면 일대일로가 연상된다. 미국 주도의 동맹 네트워크를 물류협력의 미끼로 돌파하고 와해시키는 이론적 무기로 활용될 수도 있다고 생각된다.

패권 전쟁 이론은 또 있다. 조지 모델스키(George Modelski)는 약 100-120년을 주기로 장주기 패권 교체 사이클(Long-term cycle)이 있다고 주장했다.[15] 포르투갈, 스페인, 네덜란드, 영국의 해양 패권이 비슷한 주기로 성쇠를 반복했다는 것이다. 바다의 지배를 강조한 지정학자 알프레드 마한처럼 해군이 좋아할 만한 이론이다. 통상국가로서 국제사회의 주도권을 행사하려면 역시 바다 길(Sea lines of Communication)을 지배하는 해양력이 필수라는 전략 개념으로 이어진다.

중국 지식인들이 한때 『강대국의 흥망』이라는 거대담론에 몰입했던 적이 있다. 폴케네디의 강대국의 흥망을 탐독하면서 관영 방송 CCTV에서 시리즈로 방송하기도 했다. 등소평은 1978년 개혁개방의 기치를 내걸며 도광양회(韜光養晦)의 지혜를 신신당부했다. 중국이 충분히 성장할 수 있는 100년까지는 빛을 감추고 바짝 엎드려 서양에게 도전하

---

15 George Modelski, *Long Cycles in World Politics* (London: Macmillan Press, 1987); 모델스키와 톰슨의 장주기 전쟁론의 번역은 김우상 외 편역, 『국제관계론 강의I』 (서울: 한울 아카데미, 1997).

지 말라는 충고였다.

하지만 아편전쟁과 대만을 빼앗긴 청일전쟁의 수치를 설욕하려는 마음이 앞서서인지 강대국 꿈을 너무 일찍 꾸었던 것 같다. 원래 마오쩌둥의 국가전략은 지정학적으로 대륙사상에 가까웠다. 강대국이 되기 위해서는 해양력이 필요하다는 주장에 중국 전략가들이 귀를 기울이기 시작했다. 중국 유화청 해군사령관이 대양해군을 들먹이기 시작했다. 태평양으로 나가려면 제1 도련과 제2 도련을 돌파해야 한다는 주장이 인민해방군에서 나오기 시작했다. 제1 도련은 일본-오키나와-대만-남중국해를 잇는 선이다. 제2 도련은 그 외곽의 섬들을 잇는 선으로 사이판-괌-인도네시아로 이어진다. 중국군은 단계적으로 이 두 개의 방어선 안에 미해군 세력이 들어오는 것을 거부(Deny)하거나 들어오더라도 행동의 자유를 제한하려는 소위 A2/AD(Anti-access/Area Denial) 전략 확보에 열을 올렸다. 정밀유도 미사일로 미 항모세력을 격침시키고 역

| 미국의 대중 견제 전략 거점, 오키나와 수리성 유적

내 미공군 기지를 마비시키겠다는 것이다.

중국의 동향을 예의 주시하던 미군이 방관할 리 없었다. 미군은 해공 군력을 유기적으로 결합하여 전투력 증폭 효과로 중국의 도전을 상쇄 (offset)한다는 공해전투(Air-Sea battle) 개념을 들고 나왔다. 이어 해병대 와 육군의 요구도 수용하여 발전된 합동접근기동(Joint Access and Ma-neuver in the Global Commons)으로 진화된 개념을 만들어 냈다. 최근에 는 미 육군을 중심으로 다중영역 작전 개념까지 등장하며 전통적 전장 영역에 더해 우주, 사이버, 전자기장를 통합한 개념도 나오고 있다.

그야말로 미중 간 치열한 전략개념 경쟁 한 판을 보는 듯하다. 안보 연구자로서는 흥미진진한 대결이지만 마음 한 구석은 불안하다. 미중 대결의 사이에 지리적으로 한국이 끼어있기 때문이다. 우리가 말린다 고 그만둘 일도 아니다. 이 모든 두뇌 싸움이 중국이 시작한 중화 제국 의 꿈과 무관하지 않다.

여기서 잠시 지정학 이야기 한 대목을 들어보자. 19세기 영국의 대표 적 지정학자 매킨더는 해양 세력의 시대는 가고 유라시아와 같은 대륙 의 시대가 오고 있다고 주장해 유럽의 전략가들을 놀라게 했다. 이후 지정학이 대유행하기 시작했다. 매킨더(Halford Mackinder)와 스파이 크만(John Spykman)은 유라시아 대륙의 심장지대(heartland)와 주변부 (rimland) 중 어느 쪽을 장악한 나라가 유리한지 전혀 다른 대전략을 제 시했다. 심장지대를 차지한 나라는 러시아다. 중국은 대륙국가이면서 동시에 대륙의 주변부에 걸쳐 있다. 바다에 접하고 있으니 중국은 주변 부의 이점도 노릴 만하다. 대륙의 주변부가 오히려 강대국으로 성장하 기에 유리하다는 스파이크만의 이론에 중국 전략가들이 관심을 가졌을 지도 모른다. 러시아 항모 랴오닝함을 사서 대양해군을 추구하는 중국은 이제 대륙국가를 넘어서 해양대국의 지위를 넘보고 있다. 일대일로 (One belt, One road) 프로젝트는 이제 북극해의 개방으로 일대이로의 개념으로 확대되고 있다. 한국의 동해는 빙하가 녹아 생긴 북극항로로 들어가는 중요한 루트가 되었다. 갈수록 동해에 출몰하는 중국 군용기와 군함의 의도가 엿보이는 배경이기도 하다. 이러한 배경에서 중국은 바다로 진출하려는 야심을 구체화하게 되었다. 중국은 바다로 진출하기 위해 제1 도련과 제2 도련을 설정하고 남지나해에서 미국 주도의 해양질서에 본격적으로 도전하기 시작했다.

중국의 부상과 미국 주도 세계질서에 대한 전방위적인 도전에 미국은 동맹 네트워크의 결집으로 대응했다. 미일동맹을 강화하고 호주와 인도를 묶어서 다이아몬드형 안보동맹 즉 일명 QUAD 중국 포위망을 구축하고 있다고 중국은 비난한다. 이런 강대강 대치 국면 때문일까. 매킨더가 일찍이 대륙세력과 해양세력의 마찰점이라고 예리하게 지목

| 한미 연합사단 내의 미2사단 박물관(2017년 방문)

한 한반도가 다시 주목받고 있다. 지정학이 부활하는 조짐마저 보이고 있다. 북한의 전략적 가치는 상승일로이다. 중국은 순망치한이라는 고사를 들어 북한을 애지중지 보호해 왔다. 핵 도발을 일삼는 북한은 중국에게 전략적 자산이 아니라 부채라는 소리는 쏙 들어 갔다. 시진핑은 김정은을 극진히 대접하며 생일 파티까지 열어 주었다. 몇 년을 미루던 평양 정상회담도 주저없이 실행했다. 모두 북한이 미국과 관계 개선을 시도하자 일사천리로 벌어진 상황이다. 몸이 달아 북중 관계를 다시 굳히려는 중국의 속내가 드러난 장면들이다.

한국도 미중 사이에서 어떤 포지셔닝을 하는지 그 일거수 일투족을 주변국들이 예의 주시하고 있다. 이미 1950년에 일어난 치열한 한국전쟁을 통해 미중 양국이 한 치도 양보할 수 없는 전략적 이해관계의 속살을 보인 바 있다. 일본 우익들은 한국이 중국 편에 설 것이라고 나팔을 불고 있다. 미국도 설마 하지만 한국 청와대의 움직임을 정밀 추적하고 있다. 미국이 한국의 행보를 가늠하는 리트머스 페이퍼로 간주하는 것이 하나 있다. 미국은 나아가 베트남, 필리핀 등 중국의 남방 이웃과 키르기스스탄 같은 대륙 이웃과 군사협력을 모색하는 세계 바둑판 포석을 깔고 있다. 그 어느 것에 견줄 수 없이 미국이 가장 공을 들인 협력체가 바로 한미일 안보협력이다. 역대 미태평양사령관들은 한미일 군사협력이 여전히 최적화되지 못하였다고 실망감을 숨기지 않는다. 한반도는 중국 입장에서는 수도 북경의 뒷머리를 때리는 망치와도 같은 형세를 하고 있다. 한국이 미국의 대중 전략에 동조하는 것은 그만큼 위력적이다. 따라서 한국이 미일동맹과 보조를 맞추는 것은 세 나라의 군사력의 단순 결합 이상의 의미를 갖게 된다. 한미일 협력의 한 부품인 한일 관계가 그래서 미국에게도 중요할 수밖에 없다.

한일 역사 화해의 나비효과

부상하는 현상타파적 위협세력에 대응해서 당사국들이 세력균형을 도모해야 마땅함에도 동맹기제가 잘 작동하지 않는 경우가 있다. 소위 과소동맹(underbalancing) 현상이다. 모겐소 같은 고전적 현실주의자나 월츠 등 신현실주의자들이 설명하지 못하는 부분이다. 이처럼 국가들의 동맹 외교가 예상과 다르게 기대에 못 미치는 현상에 주목한 사람이 있다. 어려운 학술용어를 빌리자면 이들은 신고전현실주의자(neo-classical realist)라고 불린다. 랜달 스웰러는 이러한 현상을 파고 들었다. 앞에서 설명했듯이 신현실주의자(neo-realism)들은 독립변수인 국제사회의 무정부성이나 힘의 분포에 따라 외교정책이 규정된다고 보았다. 고전적 현실주의자들이 인간의 권력욕이나 국가의 이기적 국력추구를 국가행동의 동인으로 본 것을 수정했다. 인간의 본성에 문제가 있는 것이 아니라 국제체제의 구조(structure)가 국가들의 안보 불안감의 원천이라 본 것이다.

스웰러는 선배 학자들의 부족한 점을 채우려 했다. 그는 고전적 현실주의와 신현실주의를 수용하면서 부족한 설명력을 보완하려 했다.[16] 자력구조(self-help)에 의존해야 하는 무정부성과 국력 분포가 여전히 독립변수이지만, 매개변수로서 각 국가의 국내정치 과정과 지도자의 특성도 작용하는 것을 포착한 것이다. 한국이 중국의 부상에 대응해서 미일과 힘을 합하는 데 다소 소극적인 이유에 적용해 보자. 일본 우익은 한국 문재인 정부가 친중 성향이 있거나 기회주의적으로 미중 양국의 눈치를 보고 있다고 생각한다. 국내 정치의 특별한 사정이라는 매개변수가 작동한다는 지적이다.

---

16 Randall Schweller (1994), 앞의 글; Randall Schweller (1998), 앞의 책.

스웰러는 알기 쉽게 동물에 비유하여 국가들의 성향을 분류했다.[17] 여덟 가지 국가 유형 분류에 의하면 기존 질서에 만족한 패권국 미국은 밀림의 왕자 사자이다. 불만족한 현상타파국이지만 자신의 국력에 자신이 없는 중국은 늑대 혹은 여우이다. 미국 편에 서서 현상유지를 원하는 일본은 매 혹은 부엉이에 해당한다. 일본보다 국력이 작지만 현상유지를 지지하는 한국은 비둘기이고 대만은 양에 해당한다고 볼 수 있다. 스웰러는 양처럼 무력한 나라는 새로운 현상타파 도전국이 승리할 가능성이 보이면 그쪽에 붙어 편승하는 경향이 강하다고 했다.

문제는 예측이 애매한 비둘기 한국이다. 한국이 미국과의 동맹을 중시하는 보수정권이 들어오면 일본 우익은 안심한다. 반대로 한미동맹을 기조로 한다고 하면서도 적당히 중국 눈치를 보는 노무현 정부나 문재인 정부는 일본에게 불안하기 짝이 없다. 한국을 한미일 협력체제 틀 안에 묶어 두기 위해 닻내리기(anchoring)를 강요하려 하는 이유이다. 이명박 정부 때부터 집요하게 한일군사정보보호협정(GSOMIA) 체결을 원했던 일본의 속내가 여기에 있다.

일본에게 또 다른 문제는 한국이 비둘기 수준의 국력을 넘어 일부 지표에서는 매와 같은 군사력과 경제력을 보유하고 있다는 점이다. 일본 우익이 한국 때리기를 해도 미국이 여전히 한국과의 동맹을 중시하는 이유이다. 동북아에서 매 두 마리를 동맹으로 확보한다면 패권국 사자의 지위는 더욱 공고해지기 때문이다. 반대로 한국의 성향이 현상타파적으로 바뀌면 중국과 연합하여 자칼이 되어 일본을 겨누는 예리한 칼이 될 수 있다. 일본에게는 위협적인 상황이다. 그러나 양이든 자칼이든 한국이 중국 편에 서서 미국에 맞서 현상타파국이 된다는 것은 과

---

17 위의 책, pp. 85-90.

도한 우려이다. 일본 우익의 한국에 대한 인식에 무언가 잘못된 정보가 들어있기 때문일 수 있다. 어쩌면 임나일본부설과 그것의 여운이 뇌리에서 무의식적으로 작동하는 기제가 있는 것이 아닐까? 일본에게 현대 한국에는 조선시대처럼 대중 사대주의 전략이 발붙일 곳이 없음을 인식시켜 주는 것이 필요한 이유이다. 왜곡된 정보인 임나일본부설이 깊이 박힌 일본 우익의 기억과 정체성에 기인하는 시각을 교정해 주어야 할 필요성이기도 하다.

일본은 동아시아에서 가장 불안한 눈으로 중국의 부상을 바라본다. 미일동맹을 강화함으로써 중국의 부상을 견제하는 것이 기본 입장이다. 종종 중일 경제협력의 여지도 남겨두는 헤징전략[18]을 구상하고 있

------

18 헤징(hedging)이라는 용어는 주식투자가 등락이 갈리는 여러 종목에 분산 투자하거나 부동산과 채권 등으로 분산해서 투자 손실의 위험을 회피하는 행동인데, 대중 헤징전략은 중국이 향후 강대국이 되어 돌연 적대적인 행동을 할 것에 대비해서 현재는 경제협력을 하지만 군사적 대비도 소홀히 하지 않는 위험분산형 대응전략을 의미한다.

❘ 13세기 여몽연합군 상륙에 대응한 해안가 성벽의 일부(후쿠오카시 서남학원대학) ❘

으나 무게 중심은 여전히 미일동맹에 방점이 찍혀 있다. 속내는 역시 미국과의 협력 안보를 우선하는 하드헤징이다. 하지만 미일동맹만으로는 중국을 상대하기에 불안하다. 한반도 남부를 확실한 완충지역으로 두고 싶어하는 것이 솔직한 일본 전략가들의 전통적인 속내이다. 그런데 한국이 미중 사이에서 애매한 태도를 취하면 일본 우익의 불안감을 자극하게 된다. 일본 극우는 중국의 경제력이 더욱 커지면 우리가 결국 위성국가가 될 것이라고 호들갑을 떠는 경향이 있다. 일본 지식인 중에도 중국의 힘이 세지면 한국이 한미동맹에서 이탈하여 친중 노선을 취하지 않을까 우려하는 사람이 있다.

일본의 기우가 전혀 근거 없는 것은 아니다. 왜냐하면 바로 역사적 전례 때문이다. 일본인의 대륙에 대한 공포는 늘 한반도가 대륙의 강대국과 연합하여 일본을 위협하는 악몽에 기인한다. 나당 연합군이 백제-왜 동맹을 격파한 후 일본 열도는 적국이 본토에 상륙할까 봐 공포에 시달렸다. 실제 고려는 몽고의 강압에 못 이겨 여몽연합 함대를 두 번이나 이끌고 가서 카마쿠라 막부를 위협했다. 비록 일본이 시작한 전쟁이지만 조명 연합군의 반격에 일본 토요토미 침략군은 결국 패전의 쓴 잔을 마셔야 했다. 일본인의 뇌리에 한반도의 세력이 대륙의 강대국과 연합하는 것은 최악의 시나리오이다.

이러한 지정학적 배경과 역사적 경험에서 일본은 한국의 대중국 정책을 불안한 눈으로 지켜보고 있다. 일본 사회가 우리의 선택을 오해하지 않도록 하는 노력이 필요한 부분이다. 한국의 대중 사대의식의 근원인 김부식 사관의 교정이 하나의 방법일 수 있다. 물론 한국이 김부식이 재구성한 고대사의 정체성을 스스로 궤도 수정한다고 해서 동북아 전략지형에 큰 영향은 주지는 못한다. 국제사회에는 여전히 구조적 현실주의자들이 말한 물리적 힘의 분포가 중심적 동인으로 작동한다. 하지만 한국이 일본인들의 안보 불안감을 해소해 주는 작은 계기는 될 것이다. 일본 지식인들이 이것을 우호 조치로 이해한다면 얼어붙은 한일 관계 회복의 단초가 될 수 있다. 이른바 나비효과의 시작이다. 브라질에서 나비의 펄럭임이 우연한 조건들이 결합되면 텍사스에 태풍이 된다는 이야기가 나비효과(butterfly effect)이다. 설사 결정적 계기가 되지는 못한다고 하더라도 언론이 힘을 보태 준다면 나름대로 아이스 브레이커(ice breaker)는 되지 않을까? 외부의 다른 조건과 우연히 겹치면 몽상 같은 나비효과가 불가능한 것도 아니다. 구조적 차원의 힘의 재균형(rebalancing) 즉 한미일 대중 연합구도의 진전과 결합된다면 한일 양국에 관계 접합제의 기능을 할 수 있다. 물론 필자가 말하는 한미일 협력은 방어적 목적의 힘의 균형이다. 지역 평화를 위한 처방으로서 한미일 삼국의 공동 대응만을 의미한다. 미어샤이머의 공세적 현실주의와는 전혀 관계없다. 혹은 최소한 한일 양국 안보협력의 자리에서 서로 호의를 확인하는 불쏘시개의 역할을 할 수도 있다. 역사 이야기는 그 자체로 흥미로운 화제가 된다. 백촌강 해전에서 한일 양국이 외세에 맞서 같이 싸운 이야기를 하면 분위기는 부드러워질 것이다. 역사가 한일 갈등의 원인이 아니라 화해와 소통의 소재로 변신하는 순간이 된다. 이러한 맥락에서 한일 고대사 정체성의 재구축은 동북아 국제정치 과정에 끼어들 여지가 있는 것이다.

양국 시민사회가 구성하는 새로운 한일 관계 정체성

사회적 구성주의자들은 분위기 이완제(아이스 브레이커) 이상의 효과를 기대할지도 모른다. 양국 시민사회에서 상호 구성된 정체성은 하나의 독립변수로서 향후 양국 관계 제도화를 추동하는 의외의 역할을 할 수도 있다. 성공적인 거래라면 말이다. 일본은 임나일본부설에 대한 객관적 사실관계를 국민들에게 전파하고 한편 한국은 위축된 역사 자존감을 정상화하는 사회심리 치료 과정을 거칠 것을 시민사회와 학계 차원에서 검토해 볼 수 없을까? 한일 양국 국가와 정부가 화해하지 못한다면 어쩌면 시민사회와 학술공동체가 나서야 할지도 모른다. 서로 자국 역사서의 정치적 왜곡을 인정하고 교정하는 민간 차원의 화해 프로세스이다. 일본의 우익세력은 한국을 적대시하는 역사 기술을 내려놓고 한국은 일본에게 안보 불안감을 조장하는 사대모화 역사관을 내려놓는 것이다. 임나일본부설의 잔영과 김부식 역사관을 동시에 내려놓는 것이다. 서로 상대에게 위협이 되는 칼을 내려놓는 화해를 위한 우호 조치의 교환이다. 둘 다 역사의 우여곡절 속에서 정치적 의도에 의해 재구성된 역사관을 바탕으로 하고 있다. 이 구부러진 역사의 사실을 원래 상태로 되돌리는 것은 역사가들의 의무가 아닐까?

『일본서기』이전의 한일 고대 관계에 대한 정체성을 복원한다면 우선 백제와 왜의 친밀성이 되살아날 수 있다. 이상적 한일 관계의 모델은 백제와 왜의 동맹관계에서 찾을 수도 있다. 또 다른 양국 관계의 이상적 모델은 대진국(발해)과 일본의 우호적 외교이다. 학문의 신으로 숭상된 헤이안 시대 스가와라 미치자네(管原道眞)가 대진국 사신과 교유한 사건을 일본은 아름답게 기억하고 있다. 후쿠오카의 유명한 관광지 다자이후의 텐만구 안쪽에 그 전시물이 있다. 대진국은 당시 해동성국으로서 당에 필적하는 대국이었다. 대진국은 한때 당의 동맹국이었던 신라를 의식해서인지 일본과 활발하게 교섭했다. 당-신라 관계에 대한 균형외교로서 일본에 접근했을 가능성이 있다는 이야기이다. 당시 이

세력균형 덕분인지 대진국이 멸망하기 전까지 동북아 지역은 오랜 평화를 구가했다.

현재 미국은 한일 관계를 개선하여 한미일 안보협력으로 중국의 해양 팽창을 견제하고 평화를 유지하고자 한다. 한일 관계의 파국을 회피하고 양국 우호를 기대한다. 문제는 양국 국민이 상대방에게 갖고 있는 역사적 앙금이다. 과거로 거슬러 올라가서 서로 긍정적으로 인식했던 선례를 찾아 보아야 한다. 일본은 대진국의 기원인 고구려에 대해 적대적 정체성을 갖지 않았다. 김부식 이전의 대진국도 일본이 불편해 하는 對중국 사대 정체성이 없었다. 한일 역사 화해의 모델을 대진국과 일본의 우호관계에서 찾을 수 있지는 않을까?

서로 상대에게 손가락질만 하지 말고 자신이 상대에게 가한 상처를 인정하고 진실을 가교로 접점을 찾을 때 한일 관계에 희망이 보일 것이다. 우리가 백 년 전 일제 침략에 따른 피해의식에 사로잡혀 상대에게

┃ 후쿠오카 다자이후 텐만구 신사

가한 아픔은 까맣게 잊은 것은 아닐까? 신라인들이 백제인들에게 가한 마음의 상처도 새겨볼 때 역지사지의 마음으로 상대를 포용하는 미덕을 발휘할 수 있다는 생각을 해 본다. 우리가 조국에서 쫓겨나 일본으로 향하는 백제 귀족들의 쓰린 마음을 헤아려 본 적은 있는가?

진실의 인정에서 용서 그리고 화해로 이어지는 선순환을 위해서 필요한 사회심리적 조건에 대한 역사적 성찰은 지금까지 부족했다. 한일 관계 2천 년을 돌아보며 보이지 않는 역사 정체성의 정립이 과연 어느 정도 효과를 볼지는 일단 실천을 하고 평가할 일이다. 마음만 먹으면 큰 비용 들이지 않고 시도해 볼 수 있는 일이다. 더구나 진실을 복원하여 후세에 교육한다는 것은 그 자체로서 정당한 사업이기도 하다. 일본 초중고 역사교과서에 실린 임나일본부 관련 내용에 설명을 보충하는 것은 정치적 의지만 있다면 당장 실행할 수 있다고 한다.

김부식이 축소·왜곡한 한국사를 수술하여 對중국 굴종 심리의 환부를 제거한다면 일본 우익의 한국에 대한 편집증적인 오해의 싹도 사라진다. 하지만 이 일은 한국 국사학계와의 힘든 의견 조율을 거쳐야 되는 지난한 작업이 될 것이다. 우선은 묘청과 정지상이 꿈꾸었던 자주적인 역사정체성을 공론화하는 학계와 시민사회의 포럼의 육성부터 그 싹을 가꾸어야 할 것이다. 이 책은 우리 학계에서 커 온 작은 새싹을 시민사회에 선보이는 것이기도 하다.

이야기를 맺으며

　국제정치학에서 고전적 현실주의자에 의하면 인간의 이기적 본성과 권력욕은 국가들이 국력을 추구하는 근본적 동인이다. 반면 월츠와 미어샤이머와 같은 사람은 국제체제에 상위 권위체가 없는 무정부(anarchy) 상태라는 구조(structure) 자체가 일차적 요인이라 보았다. 국제정치학에서는 그들을 신현실주의자(neo-realist)라 부른다. 자기 힘으로 자신을 지켜야만 하는 상태가 국가들이 느끼는 안보 불안증의 근본 원인이라 보았다. 그래서 생존을 최우선 가치로 하는 주권국가들이 국제체제에서 힘의 분포 변화에 민감할 수밖에 없다는 것이다.

　이런 논리를 따르면 최근 미중 패권경쟁 구도 속에서 양 초강대국의 힘의 우열이 아시아 동맹국들의 전략 선택에도 영향을 준다. 어느 쪽이 향후 패권국이 될지 눈치를 보기 때문이다. 한일 안보협력은 일본이나 한국이 미국 주도의 대중 포위망에 참여한다는 의미가 들어 있다. 한국이 한일 안보협력을 전략적으로 선택할지, 아니면 유보할지 규정하는 기본적 요인도 미 군사력의 우위와 관계가 있다. 2000년대 초 코이즈미 총리는 한일 관계보다 미일동맹 강화에 올인했다. 중국의 부상에 대응하여 미국을 끌어들여 견제하겠다는 전략이었다. 아베 정권의 전략도 큰 변화가 없었다. 일본의 전략가들은 중국의 부상을 견제하는 미일동맹이 강해지면 한국은 자연스럽게 한미일 협력 구도로 붙을 것이라는 계산을 했는지도 모른다. 미일동맹의 결합된 힘이 중국에 비해 우위이므로 한국도 자연히 승자연합에 참여할 것이라고 생각했을 수 있다. 다분히 힘의 분포를 기계적으로 계산하는 구조적 현실주의의 발상이

엿보인다. 이처럼 신현실주의자들은 힘의 분포라는 강력한 국제체제의 압력 속에서 정치 지도자들의 역사관이나 이념의 차이는 부차적인 결정요인이라 평가할 것이다. 하지만 현실은 그렇게 간단하지 않다. 일본의 안보전략가들의 기대와 달리, 박근혜 정부와 문재인 정부는 한일협력에 그렇게 적극적이지 않았다. 장기적으로 한국이 한미일 협력으로 수렴될지 모르지만 지난 몇 년의 갈등 사례는 신현실주의자들이 명쾌하게 설명하기 어렵다.

신현실주의의 반대 편에 서 있는 신자유제도론자들은 다른 관점에서 한일 관계를 설명하고 예측한다. 한일 양국의 갈등 국면이 지속되더라도 결국 양국이 축적한 상호협력의 제도적 구속력으로 관계가 쉽게 무너지지는 않을 것으로 예측할지도 모른다. 두 나라 공히 복잡다기한 국제 레짐에 중첩적으로 가입하고 있기 때문에 파국적 충돌은 가시권 밖에 있다고 낙관하는 주장도 있다. 더욱이 한일 양국이 공고한 민주주의 국가이므로 민주평화론자들은 양국의 관계가 복원력을 발휘할 것으로 볼 것이다. 최소한 아베 정권 전반기에는 한일 양국이 민주주의 가치를 공유한 전략적 파트너라는 표현이 빠지지 않았다. 이런 생각들은 민주평화론이나 복합 상호의존론(complex interdependence)의 논리와 무관하지 않다. 하지만 2019년 여름에 아베 정권이 한국에게 단행한 경제제재 조치는 신자유주의자들의 낙관에 경고음을 울리고 있다. 글로벌 공급망에서 양국의 심화된 의존관계의 해체까지 불사하는 정치권의 강경 언사에 양국 기업들은 가슴 졸인다. 한일 양국이 축적한 높은 수준의 상호의존을 완전히 허무는 것은 불가능에 가깝다. 언젠가는 양국 정치권의 대립에 경제협력의 틀이 제어력을 발휘할 것이다. 하지만 신현실주의와 마찬가지로 신자유주의 역시 최근 한일 갈등을 충분히 설명하지 못하고 있다.

외교정책의 분석 수준(level of analysis)을 개인이나 정책결정 핵심 조직 수준으로 낮추어 보아야 한다는 연구자들도 있다. 거시적인 요인보다 개인이 정책 선택지를 앞에 놓고 실제 어떻게 결정하는지에 초점을 두어야 한다는 발상이다. 국제체제의 압력이 아무리 강하고, 경제적으로 결합되어 있고, 국가의 성격이 비호전적이라 해도 결국 결정은 인간이 내리고 그 결정 과정에는 정보 부족이나 인식적 착오가 종종 좌우했다고 보는 관점이다.[19] 일본 총리의 개인적 인식과 한국 대통령의 일본에 대한 체험이나 인식이 한일 관계 악화의 주 요인이라는 해석으로 연결된다. 아베 총리의 수정주의적 역사관은 바뀔 리 없으므로 한일 관계 개선은 기대할 수 없다고 자포자기했다면 이는 개인의 분석 수준에서 하는 말이다. 한국 문재인 정권의 실세는 반일정서가 강하고 친북, 친중 성향이므로 한일 관계 개선은 물건너갔다고 보는 일본 언론도 같은 개인 분석 수준에서 전망을 했던 셈이다. 국제체제 수준, 국가 수준과 조직/개인 수준의 모든 분석 수준에서 설명을 못하거나 비관적인 진단밖에 없다면 국제정치 이론은 한일 관계 개선에 쓸모가 없는 것일까?

한일 관계 악화의 원인과 처방에 대한 학자들의 상이한 이론을 접하고 나면 더욱 갈피를 잡지 못하겠다는 불만을 외교관들은 토로한다. 예산과 시간은 제한되어 있는데 백가쟁명식으로 이렇게 해야 한다, 아니다 저렇게 해야 한다고 말만 많다는 것이다. 정권이 바뀔 때마다 국가

---

19 외교정책 결정과정에서 인식 착오(misperception) 문제의 대표적 저작은 Robert Jervis, *Perception and Misperception in International Politics* (Princeton: Princeton University Press, 1976); 인식 착오 혹은 오인이 전쟁 발발에 미친 영향에 대한 저비스의 논문을 번역한 김태현 교수의 글이 유익하다. 김우상 외 편역, (1997a), pp. 295-324.

정책 어젠다의 우선 순위가 바뀌고 장관이 교체될 때도 조변석개하기 때문에 일관성 있는 정책을 유지할 수 없다고 호소한다. 거대한 국제관계와 같이 현실의 한일 관계에는 유동적인 생태계처럼 복잡한 변수들이 명멸하는 불확정성의 세계이다. 우연적인 요인과 경험적인 데이터로 포착할 수 없는 요소들이 얽힌 실타래 속에서 정책결정 기관의 조직 논리도 작동하고 국내 정치 과정도 개입한다.

　박근혜 정부 때 위안부 협상 문제를 두고 한일 양국 협상 담당자들은 퍼트남(Putnam)이 말한 양면 게임에 직면했다. 협상가들은 상대국 대표와 협상 조건을 검토할 때 의회나 국내 반대 세력의 정치적 압력도 의식하게 된다. 대외와 대내 양면으로 협상해야 하는 신세가 된다는 뜻이다. A국과 B국이 협상할 때 A국 대표가 내심 생각하고 있는 성공한 타결안의 범위 (winset Ax)와 그 협상 결과를 비준하는 A국 의회가 압력을 넣는 성공 타결의 범위(winset Ay)가 다를 수 있다. 퍼트남은 Ax와 Ay의 교집합의 범위가 적으면 적을수록 상대국에 대한 협상력이 강해진다고 했다.[20] B국 대표에게 나도 양보하고 싶지만 우리 의회가 수용하지 않을 것이므로 이 범위 내에서 타협하지 않으면 협상이 불가능하다고 압박을 가할 수 있기 때문이다. 이 논리를 적용하면 박근혜 외교팀이 피해자 할머니들과 시민단체와 접촉에 소극적이어서 한국의 협상력을 떨어트렸다는 비판이 나올 수 있다. 당시 대통령이 2015년 12월까지 협상 시한을 못 박아 둔 것이 협상력을 저하시킨 요인이라는 지적도 있다. 이처럼 현실 외교의 무대는 오케스트라와도 같이 복잡한 변수들이 개입하는 입체 공간이다. 이명박 정부 때 청와대

----

20 Robert D. Putnam, "Diplomacy and Domestic Politics: the Logic of Two-level Games," *International Organization*, Vol. 42, No. 3 (1988), pp. 427-460.

핵심 참모로 근무했던 동료학자는 매일매일 도박을 하는 심정이라고 토로하기도 했다.

하지만 이론이 없는 현실은 더욱 암담할 뿐이다. 불완전한 나침판이라도 없는 것보다는 낫다. 현대 국제정치학이 수많은 이론을 낳았고 그 덕분에 복잡한 국제관계를 간명한 설명 틀로써 이해하고 처방을 제시하는 데 일정한 공헌을 한 것은 사실이다. 평화를 위한 정치학자들의 처방이 없었다면 국제사회는 더욱 혼란스럽고 전쟁의 홍수 속에서 고통을 받았을 것이라는 평가도 있다.

2001년 여름 홍콩에서 열린 국제정치학회에서 부르스 부에노 드 메스키타 (Bruce Bueno de Mesquita) 교수가 제시한 이론을 말하고 싶다. 그는 자신이 개발한 기대효용 이론(Expected Utility Theory)[21]이 70% 이상 적중률을 보여 미 정보기관도 관심을 보였다고 호기있게 자평했다. 인간의 많은 행동은 사실 합리적 손익계산을 기준으로 한다. 연역적인 방법론으로 구축되는 공식이론(formal theory)이 제시하는 국가 갈등의 최적 해법으로 꼬인 한일 관계를 풀어볼 수도 있다. 앞으로 Big Data가 구축되고 다양한 변수군의 복잡다기한 인과관계를 식별·추적하는 인공지능 프로그램이 발전되면 더욱 정교한 예측 모델이 나올지도 모른다.

캔사스대학 재학 시 박사학위 종합시험의 위원장을 했던 필립 쉬로트(Philip Schrodt) 교수는 전 세계 각국의 외교정책을 예측하는 인공지능 분석 프로그램을 만들고자 했다. 인디아나대 수학과 학부 출신으로 계량정치학의 중심지 중 하나였던 노스웨스턴대와 해군대학원 교수를

---

21 부르스 부에노 드 메스키타가 기대효용 이론의 성과를 자평한 논문을 김재한 교수가 번역한 글이 유익하다. 김우상 외 편역, (1997a), pp. 164-198.

역임하고 중동 연구자인 부인과 함께 우리 대학에 부임했다. 하루 종일 맥킨토시 컴퓨터 앞에서 전 세계 신문 자료를 번역하는 국무성 FBIS 자료를 놓고 데이터 변환 방법에 몰두하던 모습이 기억난다. 벌써 30년 전 이야기이다. 2004년 하와이 미국 국제정치학회(ISA)에서 필립 교수 부부를 만났는데 이스라엘에 맞선 팔레스타인의 인티파다(봉기)를 예측한 연구가 출판된 것을 본 적 있다. 이처럼 국제정치이론이 비록 만족스럽지 못하더라도 한일 관계 현황의 진단과 개선의 처방에 적용할 만한 가치는 있다고 볼 수 있다.

만일, 정부에서 한일 관계 전문가와 국제관계 전공자를 모아 한일 관계를 개선할 액션플랜을 짜라고 한다면 단기, 중기, 장기로 나누어 여러 가지 정책 대안들을 브레인스토밍(brainstorming)하여 수집하는 작업부터 시작할 것이다. 위에서 소개한 국제정치 이론의 철학적 혹은 이론적 개념을 참고해서 인과관계 분석에 기초한 처방을 도출한다. 1부터 N까지 나열된 정책대안을 효과 구현 가능성(feasibility) 측면, 비용 대비 효과 즉 가성비(cost-effectiveness) 측면, 국내 정치 수용성(acceptance)과 파생 부작용(collateral demerit) 측면을 검토하여 표를 만들게 될 것이다. 이어서 해당 시점의 국내정치적 고려 사항과 국제정치적 환경을 종합 검토해서 분기별, 연도별 액션플랜을 도출할 수 있다. 정책 성공률을 높이기 위해 각 정책 대안을 정치군사모의연습(PolMil game) 형식을 빌려 주변국과 일본의 반응을 실험해 보는 것도 좋을 것이다. 현실에서는 정책 대안 일부를 언론을 통해 노출하여 각계 각층의 반응을 사전 감지해 보는 경우도 있다. 이러한 정책연구의 결과물은 의사가 환자에게 5개의 약을 섞어서 처방하는 것처럼 정부에게 특정 시점에 특정 행동을 주문하는 내용이 될 것이다.

이 책에서는 여러 대안을 조합한 종합 처방전에 새로운 투약 요소를 말하고 싶었다. 현실 국제무대의 외교관들에게는 생소할지 모르지만 한일 고대사 정체성의 문제를 제기하고자 했다. 개인적 체험을 곁들여 2천 년 동안 이어진 임나일본부 정체성의 전승과 신념 행동화(identity activation)를 살펴보았다. 긴 호흡으로 한일 갈등의 뿌리를 추적해 보았다. 나아가 일본은 임나일본부설의 예리한 칼끝을 무디게 하고, 한국은 일본이 두려워하는 한중 대일연합의 역사정체성을 희석하는 쌍방 평화 프로세스를 제시하였다. 일종의 등가교환의 제안이다. 이러한 정체성 담론이 당장 급한 현실에 얼마만큼 먹힐지 자신할 수는 없다.

그렇지만 최소한 국제사회와 양국 정부가 주도하는 한일 관계 개선 노력에 하나의 촉매로서 작동하기를 기대해 본다. 어쩌면 화학작용을 돕는 촉매가 아니라 양국의 썰렁한 분위기를 깨는 아이스 브레이커(ice breaker)로 작용해도 좋다. 한일 정부가 손을 놓고 있다면 양국의 시민사회와 학계가 우선 나서서 사회적으로 만들어 가는 한일 관계 정체성의 재구성 작업이 될 수도 있다. 정권의 변동이나 국제체제에서 역학관계의 흐름에 흔들리지 않는 사회적으로 새로운 한일 관계 정체성을 구성해 보자는 말이다. 일본회의와 같은 우익 사회는 자신의 신념과 정면 충돌하는 정체성 재구성에 당혹스러울 수 있다. 하지만 고대 한일 간 공동운명체적 우호관계의 복원이라는 대의를 위해 꾸준히 노력하면 궁극적으로는 양국 시민사회의 화해와 평화에 대한 열망에 의해 그들의 거부감은 용해될 것이다. 풀뿌리 차원에서 정체성 재구성의 경험에서 축적된 협력 제도는 새로운 내구성을 발휘할 수 있을 것이다. 역사적으로 형성된 고대 한일 관계 정체성이 천 년을 넘어 그 무서운 잠재력을 발휘했듯 앞으로 천 년을 버틸 평화의 씨앗을 심어 보자는 사회문화 운동이기도 하다. 더구나 그것은 사실의 왜곡이 아니라 진실로의 역사 복원이라는 '정당한 길'이기도 하다.

참고문헌

한글자료

- 고케츠 이츠시 저, 박현주 역, 『부활하는 일본의 군국주의』, 서울: 제이 엔씨, 2007.
- 곽진오, "戰後處理: 일본과 독일의 비교를 중심으로", 『일본연구논총』 22호 (2005).
- 권선홍, "전통시대 유교문명권의 책봉·조공제도 부정론에 대한 재검토", 『국제정치논총』 57집, 1호 (2017).
- 길승흠, 『현대일본정치론』, 서울: 서울대학교출판부, 1998.
- 김기석, "한일 관계의 구조변화: 국제정치적 요인들을 중심으로", 『일본연구논총』 27호 (2008).
- 김달수, 『일본 속의 한국문화 유적을 찾아서 (1)』, 서울: 대원사, 1995.
- 김달중 편, 『외교정책의 이론과 이해』, 서울: 오름, 1998.
- 김두승, "일본의 중장기 방위정책과 한국의 안보 – 방위대강 2010을 중심으로", 『한일군사문화연구』 13권 (2012).
- _____, "아베 정권의 대중정책과 한국 – 견제와 타협의 이원적 접근전략", 『한일군사문화연구』 21권 (2016).
- 김명옥 외, 『매국의 역사학자, 그들만의 세상』, 서울: 만권당, 2017.
- 김상준, "일본의 안전보장과 군사활동성", 『21세기정치학회보』 23집, 1호 (2013).
- 김성철, 『일본외교와 동북아』, 서울: 한울아카데미, 2007.
- 김용섭, 『역사의 오솔길을 가면서』, 파주: 지식산업사, 2011.
- 김용운, 『한일 민족의 원형』, 서울: 평민사, 1987.
- 김우상 외 편역, 『국제관계론강의 1』, 서울: 한울 아카데미, 1997a.

- _____,『국제관계론강의 2』, 서울: 한울 아카데미, 1997b.
- 김우상,『신한국책략 III』, 서울: 세창출판사, 2012.
- 김의곤,『현대국제정치이론』, 서울: 집문당, 1996.
- 김준섭, "역사인식의 문제와 한일 관계",『일본연구논총』20호 (2004).
- 김지연, "헌법조사회의 중간보고서에 나타난 개헌의 쟁점",『일본연구논총』29호 (2004).
- 김철수, "신교문화와 소도제천, 그리고 일본의 신도문화",『세계환단학회지』1권, 1호 (2014).
- 김태식,『가야연맹사』, 서울: 일조각, 1993.
- 김학성, "증오와 화해의 국제정치: 한·일간 화해의 이론적 탐색",『국제정치논총』51집, 1호 (2011).
- 김현구 외,『일본서기 한국 관계 기사 연구 (I)』, 서울: 일지사, 2002.
- _____외,『일본서기 한국 관계 기사 연구 (III)』, 서울; 일지사, 2004.
- 김호섭, "한일 관계 형성에 있어서 정치 리더십의 역할",『일본연구논총』29호 (2009).
- 김홍규, "미국의 대중 정책 변환과 새로운 냉전의 시작?"『국제정치논총』58집, 3호 (2018).
- 남창희, "일본의 안보역할 확대와 개헌논의",『동서연구』11권, 2호 (1999).
- _____, "일본의 국제안보공헌론의 구체화 과정에 대한 연구",『21세기 정치학회보』19집, 2호 (2009).
- 남창희, 판보싱, "월트의 균형동맹 다수론은 동북아 외교사에도 타당한가?- 백제와 신라의 동맹 정책 비교 연구",『국제문제연구』11권, 4호 (2011).
- 노 다니엘,『우경화하는 神의 나라』, 서울: 랜덤하우스, 2006.
- 문성재,『한사군은 중국에 있었다』, 서울: 우리역사연구재단, 2016.

- 문정인·서승원, 『일본은 지금 무엇을 생각하는가?』, 서울: 삼성경제연구소, 2013.
- 문정창, 『백제사』, 서울: 인간사, 1988.
- 미어셰이머[미어샤이머] 저, 이춘근 역, 『강대국 국제정치의 비극』, 서울: 나남, 2004.
- 민병원, "국제관계 연구의 인식론: 웬트의 과학적 실재론에 대한 메타이론적 고찰", 『국제정치논총』 50집, 2호 (2010).
- 박건영 외 옮김, 『국제정치의 사회적 이론: 구성주의』, 서울: 사회평론, 2009.
- 박동형·남창희·이원우, "북한 미사일 위협 감소를 위한 한미일 공군 차원의 협력 방안", 『한일군사문화연구』 12집, 2호 (2011).
- 박병광, "중국의 아태지역 안보전략과 중일관계", 『한일군사문화연구』 14권 (2012).
- 박성용, 남창희, 이인숙, "漢나라 군사작전으로 본 위만조선 왕험성 위치 고찰: 북한 급변사태 시 중국의 연고권 개입 명분에 대한 함의", 『국방연구』 58권, 2호 (2014).
- 박영준, "탈냉전기 일본의 대국(大國)구상", 『일본연구논총』 23호 (2006).
- _____, 『제국 일본의 전쟁 1868-1945』 서울: 사회평론아카데미, 2020.
- 박창범, 『하늘에 새긴 우리 역사』, 서울: 김영사, 2002.
- 박천수, 『일본 속의 고대 한국문화』, 과천: 진인진, 2011.
- 박철희, "일본 정당들의 헌법개정안 시안 분석을 통해서 본 개헌 논의의 정치과정", 『일본연구논총』 27호 (2008).
- 배정호, 『일본의 국가전략과 안보전략』, 서울: 나남출판, 2006.
- 배준호, 『역사의 품격』, 서울: 책과나무, 2017.
- 복기대, 『고구려의 평양과 그 여운』, 서울: 주류성, 2017.

- 성기영, "왜 열도로의 벼농사 전래와 환단고기 재평가", 『세계환단학회지』 1권, 1호 (2014).
- 성삼제, 『고조선, 사라진 역사』, 서울: 동아일보사, 2005.
- 손기섭 "고이즈미 정권의 동아시아 외교와 중일관계", 『한일군사문화연구』 4권 (2006).
- 손열, "동맹과 공동체 사이의 일본", 『일본연구논총』 23호 (2006).
- _____, "위안부 합의의 국제정치", 『국제정치논총』 58집, 2호 (2018).
- 송호정, 『단군, 만들어진 신화』, 서울: 산처럼, 2004.
- 신도 게이치 저, 박선숙 역, 『일본군사대국화의 현장』, 서울: 사계절, 1994.
- 신욱희, "구성주의 국제정치이론의 의미와 한계", 『한국정치학회보』 32권, 2호(1998).
- 신정화, "과거사문제에 대한 한국 역대 정권의 대응 – 관리에서 주도로", 『한일군사문화연구』 20권 (2015)
- 신채호 저, 박기봉 옮김, 『조선상고사』, 서울: 비봉출판사, 2006.
- 안경전, 『환단고기』, 대전: 상생출판, 2012.
- 양대언, "발해연안 고대신석기 문명과 한민족과의 관계", 『세계환단학회지』 4권, 1호 (2017).
- 오순제, "환단고기와 한국 고대사의 복원", 『세계환단학회지』 1권, 1호 (2014).
- 우실하, 『동북공정 너머 요하문명론』, 서울: 소나무 2007.
- 윤내현, 『우리 고대사, 상상에서 현실로』, 서울: 만권당, 2016.
- _____, 『사료로 보는 우리 고대사』, 서울: 만권당, 2017.
- 윤명철, 『한국 해양사』, 서울: 학연문화사, 2003.
- 윤창열, "광개토태왕비문과 환단고기의 整合性", 『세계환단학회지』 5권, 1호 (2018).

- 윤한택·복기대,『압록과 고려의 북계』, 서울: 주류성, 2017.
- 이근욱,『월츠 이후- 국제정치이론의 변화와 발전』, 서울: 한울, 2009.
- 이기태, "데탕트기 미국의 동아시아 정책과 일본의 대한안보정책",『국제정치논총』 54집, 2호 (2014)
- 이덕일,『우리 안의 식민사관』, 서울: 만권당, 2014.
- ＿＿＿,『동아시아 고대사의 쟁점』, 서울: 만권당, 2019.
- 이도학,『새로 쓰는 백제사』, 서울: 푸른 역사, 1997.
- 이면우, "대지진 이후의 일본과 동북아질서",『한일군사문화연구』 13권 (2012).
- 이명찬, "센카쿠제도를 둘러싼 중·일간 갈등과 동북아",『국제정치논총』 53집, 1호 (2013).
- 이병선,『임나국과 대마도』, 서울: 아세아문화사, 1990.
- ＿＿＿,『한국 고대 국명 지명의 어원 연구』, 서울: 이회문화사, 2002.
- 이상우·하영선 공편,『현대국제정치학』, 서울: 나남 출판, 1992.
- 이상우,『국제관계이론, 4정판』, 서울: 박영사, 2006.
- 이원덕, "일본사회의 우경화와 안보정책 전환: 군사적 보통국가를 향하여", 김호섭, 이면우, 한상일, 이원덕 저,『일본우익연구』, 서울: 중심, 2000.
- 이원우, "안보협력 개념들의 의미 분화와 적용: 안보연구와 정책에 주는 함의",『국제정치논총』 51집, 1호 (2011).
- 이정훈,『발로 쓴 반 동북공정』, 파주: 지식산업사, 2009.
- 이종성, "五族協和論과 일본-만주국 관계",『세계환단학회지』 6권, 1호 (2019).
- 이종욱,『한국 고대사의 새로운 체계』, 서울: 소나무, 1999.
- 이주경, "한일 파트너십 공동선언의 정치과정 – 일본정치의 구조변동과 대한외교 전략의 상관",『한일군사문화연구』 27권 (2019).

- 이주한,『한국사가 죽어야 나라가 산다』, 서울: 역사의 아침, 2013.
- 이찬구, "광개토호태왕비문의 신묘 병신년조 기사에 대한 재고찰",『세계환단학회지』3권, 1호 (2016).
- 이토 나리히코 저, 강동완 역,『일본은 왜 평화헌법을 폐기하려 하는가』, 서울: 행복한 책읽기, 2005.
- 이형구,『(발해연안에서 찾은) 한국 고대 문화의 비밀』, 서울: 김영사, 2004.
- 이호재,『현대국제정치론-세계평화의 권력이론적 접근』, 서울: 법문사, 1987.
- 임종국,『실록 친일파』, 서울: 돌베개, 1991.
- 전용신 역,『일본서기』, 서울: 일지사, 1989.
- 전재성, "알렉산더 웬트(Alexander Wendt)의 양자사회과학에 대한 비판적 고찰",『국제정치논총』56집, 2호 (2016).
- 전진호, "21세기 일본의 국가이념과 헌법조사회",『일본연구논총』25호 (2007).
- 전황수, "일본의 헌법조사회 발족과 개헌논의",『한국과 국제정치』33호 (2000).
- 정경희, "3세기말·4세기초 야마토 부여왕조(스진崇神왕조)의 개창과 천신족 표방-신도 '천신-국신론'의 등장 배경",『단군학연구』38권 (2018), pp.199-211.
- 정미애·전진호, "안보법제의 문제점과 일본 국내적 함의",『한일군사문화연구』21권 (2016).
- 정인보,『조선사연구』, 서울: 서울신문사, 1947.
- 정인보 저, 문성재 역주,『조선사 연구 하』, 서울: 우리역사재단, 2013.
- 조세영,『봉인을 떼려 하는가』, 서울: 아침, 2004.
- 조양현, "아베 일본의 외교안보정책",『한일군사문화연구』5권 (2007).

- 조원홍, "주류 강단사학자들의 문제점은 무엇인가", 『세계환단학회지』 4권, 1호 (2017).
- 조희승 저, 이덕일 주해, 『북한학자 조희승의 임나일본부 해부』, 서울: 말, 2019.
- 지양미, "한민족의 문화유전자로 이어진 고조선 문화", 『선도문화』 22 권(2017).
- 진창수, "미래 한일협력 강화방안에 관한 연구", 김석우 외 공저, 『미래 한일협력의 정치학』, 서울: 인간사랑, 2009.
- 천자현, "국제정치에서 공식적 사과의 이론과 실제: 공식적 사과의 분류와 일본 사과문의 분석", 『국제정치논총』 54집, 3호 (2014).
- 최기성·허진성, "일본 '평화헌법'의 경로의존성", 『국제정치논총』 50집, 1호 (2010).
- 최운도, "TMD의 동북아 역학관계와 일본의 선택", 『세계지역연구논총』 21집 (2004).
- 최재석, 『고대 한일 관계사 연구』, 서울: 경인문화사, 2010.
- 최종건, "신현실주의 기원과 한국 국제정치학의 이론적 함의", 『국제정치논총』 53집, 4호 (2013).
- 최태영, 『한국상고사』, 서울: 유풍출판사, 1997.
- 판보싱·김태형, "중국 선진(先秦)시대와 미국의 현실주의적 동맹이론의 비교 고찰", 『국제정치논총』 55집, 3호 (2015).
- 홍윤기, 『일본속의 백제』, 서울: 한누리미디어, 2008.
- _____, "日本의 天神祭祀와 桓檀古記의 書誌學的 位相研究(1)- 환웅천왕의 神靈 모신 日本 나라땅 熊神神社의 聖地 考察", 『세계환단학회지』 2권, 1호 (2015).
- 황순종, 『식민사관의 감춰진 맨얼굴』, 서울: 만권당, 2014.
- _____, 『임나일본부는 없었다』, 서울: 만권당, 2016.

- _____, 『매국사학의 18가지 거짓말: 우리역사를 팔아먹은 주류 역사학 자들의 궤변을 비판한다』, 서울: 만권당, 2017.
- _____, "가야사(伽倻史)와 임나일본부설(任那日本府說)에 대한 주류학계 의 인식 비판", 『세계환단학회지』 5권, 1호 (2018).

영문자료

- Altfeld, F. Michael, "The Decision to Ally: A Theory and Test", *The Western Political Quaterly*, Vol. 37, No. 4 (December 1984).
- Dougherty, James and Pfaltzgraff, Robert, *Contending Theories of International Relations- A Comprehensive Survey*, New York: Harper and Row, 1981.
- Frieden, Jeffry and David Lake, *International Poltical Economy- Perspectives on Global Power and Wealth,* New York: St. Martin's Press, 1987.
- Grieco, Joseph, "Anarchy and the limits of cooperation; a realist critique of the newest liberal institutionalism", *International Organization*, Vol. 42, No. 3 (Summer, 1988).
- Gilpin, Robert, *War and Change in World Politics*, Cambridge: Cambridge University Press, 1981.
- Jervis, Robert, *Perception and Misperception in International Politics*, Princeton: Princeton University Press, 1976.
- Krasner, Stephen D., "Structural causes and regime consequences: regimes as intervening variables", *International Organization*, Vol. 36, No. 2 (Spring, 1982).
- Keohane, Robert O. and Joseph Nye, *Power and Interdependence*, New York: Longman, 1977.

- Keohane, Robert, *After Hegemony: Cooperation and Discord in the World Political Economy,* Princeton: Princeton University Press, 1984.
- Lande, Carl, "Leaders, Factions, and Parties: The Structure of Philippine Politics", Yale Southeast Asia Studies Monograph Series, No. 6 (1965).
- _____, "Networks and Groups in Southeast Asia: Some Observations on the Group Theory of Politics", *American Political Science Review,* Vol. 67, No. 1 (March 1973).
- _____, "Political Clientelism in Political Studies: Retropects and Prospects", *International Political Science Review,* Vol. 4, No. 4 (1983).
- Mearsheimer, John, *The tragedy of great power politics,* New York: Norton & Company, 2001.
- Modelski, George, *Long Cycles in World Politics,* London: Macmillan Press, 1987.
- Morgenthau, Hans, *Politics Among Nations: The Struggle For Power and Peace,* New York: Alfred and Knopf, 1963.
- Morrow, James, "Alliances and Asymmetry: An Alternative to the Capability Aggregation Model of Alliances", *American Journal of Political Science,* Vol. 35, No. 4 (November 1991).
- Nam, Chang-hee, "Clientelistic Expansion of Japan in Korea: The Political Economy of the Greater East Asian Co-prosperity Sphere", Ph.D. Dissertation, University of Kansas, 1992.
- _____, "South Korea's Big Business Clientelism in Democratic Reform", *Asian Survey,* Vol. 35, No. 4 (July/August 1995).
- _____, "Can South Korea Embrace Japan's Expanding Security Role? - Sources and the Manifestation of the Conflicting Identities", *Pa-*

cific Focus, Vol. 32, No. 3 (December 2017).

- Nam, Chang-hee and Wook Kim, "North Korea-Japan Negotiations for Diplomatic Normalization: A Game-theoretic Analysis", *The Korean Journal of Defense Analysis,* Vol. 12, No. 1 (Summer 2000).

- Organski, Abramo FK, *World Politics,* New York: Alfred and Knopf, 1968.

- Organski, AFK and Jacek Kugler, *The War Ledger,* Chicago: University of Chicago Press, 1980.

- Putnam, Robert D., "Diplomacy and Domestic Politics: the Logic of Two-level Games", *International Organization,* Vol. 42, No. 3 (Summer, 1988).

- Russet, Bruce, *Grasping the democratic peace: Principles for a post-Cold War world,* Princeton: Princeton University Press, 1994.

- Schweller, Randall, "Bandwagoning for Profit: Bringing the Revisionist State Back In", *International Security,* Vo. 19, No. 1 (Summer 1994).

- _____, Randall, *Deadly Imbalances- tripolarity and Hitler's strategy of world conquest,* New York: Columbia University Press, 1998.

- Snyder, Glenn, "The Security Dilemma in Alliance Politics", *World Politics,* Vol. 36, No. 4 (July, 1984).

- Waltz, Kenneth, *Theory of International Politics,* Reading MA: Addison-Wesley, 1979.

- Walt, Stephen, *The Origins of Alliances,* NY: Cornell University Press, 1987.

- Wendt, Alexander, "Anarchy is What states make of it: the Social Construction of State Politics", *International Organization,* Vol. 46, No. 2 (June 1994).

- _____, *Social Theory of International Politics*, Cambridge: Cambridge University Press, 1999.

일문자료

- 軍事情報研究會, "アメリカの對中國戰爭-西太平洋有事想定", 『軍事研究』 (2013年 10月).
- ギルバト, ケント(Kent Gilbert), 『中華思想を盲信する中國人と韓國人の悲劇』東京: 講談社, 2018.
- 永留久惠(나가도메 히사에), 『對馬國誌 第1卷 原始·古代編』對馬市: 交隣舍出版企劃, 2009.
- 永岩俊道(나가이와 토시미치), "美國の對中軍事戰略と日本の對應", 『國際安全保障』41-1 (2013).
- 野木惠一(노기 케이이치), "アメリカ海軍と空軍の新海洋戰略, エアシ·バトルを解讀する", 『軍事研究』(2012年 4月).
- 森本敏(모리모토 사토시), 『日本の安全保障』東京: 實務教育出版, 2016.
- 森浩一(모리 코이치), 『考古學入門』大阪: 保育社, 1976.
- 室谷克美(무로타니 카즈미), 『崩韓論』東京: 飛鳥新社, 2017.
- 宮崎正弘, 室谷克實(미야자키 마사히로·무로타니 카즈미), 『美朝急轉で始まる中國·韓國の惡夢』東京: 德間書店, 2018.
- 三和良一(미와 료이치), 『槪說日本經濟史』東京: 東京大學出版會, 1993.
- 澤田克己(사와다 가츠미), 『韓國「反日」の眞相』東京: 文藝春秋, 2015.
- 管野完(스가노 타모츠), 『日本會議の研究』東京: 扶桑社, 2016.
- 末松保和(스에마츠 야스카즈), 『任那興亡史』東京: 吉川弘文館, 1949.
- 白石太一郎(시라이시 타이치로), 『古墳とその時代』東京: 山川出版社, 2001.
- 安倍晋三·岡崎久彦(아베 신조·오카자키 히사히코), 『この國を守る決意』

東京: 扶桑社, 2004.

- 淺井基文(아사이 모토후미), 『平和大國か軍事大國か』東京: 近代文藝社, 1997.

- 山野車輪(야마노 샤린), 『嫌韓道』東京: ベスト新書, 2015.

- 山崎雅弘(야마자키 마사히로), 『日本會議-戰前回歸への情念』東京: 集英社, 2016.

- 大下英治(오시타 에이지), 『安倍晋三-安倍家三代』東京: 德間書店, 2006.

- 大內力(오오우치 츠토무), 『日本經濟論-上』東京: 東京大學出版會, 1962.

- 岡崎久彦(오카자키 히사히코), 『戰略的思考とは何か』東京: 中公新書, 1983.

- 大平裕(오히라 히로시), 『「任那」から讀み解く古代史』東京: PHP研究所, 2017.

- 石井進(이시이 스스무) 外, 『槪說 日本史』東京: 山川出版社, 2009.

- 石井寬治 (이시이 칸지), 『日本經濟史』東京: 東京大學出版會, 1976.

- _____, 『日本經濟史』東京: 東京大學出版會, 1991.

- 朝鮮史硏究會, 『朝鮮史硏究入門』名古屋: 名古屋大學出版會, 2011.

- 土屋喬雄(츠치야 타카오), 『日本經濟史槪說』東京: 東京大學出版會, 1968.

- 久米邦竹 (쿠메 쿠니타케), "神道は祭天の古俗," 『史學會雜紙』第23-25號 (1891).

- 土生田純之(하부타 요시유키), 『古墳』東京: 吉川弘文館, 2011.

원전

- 『高麗史』

- 『舊唐書』

- 『史記』

- 『三國史記』

- 『三國志』「魏志」
- 『宣和奉使高麗圖經』
- 『世宗實錄』
- 『宋書』
- 『日本書紀』
- 『晉書』
- 『太白逸史』
- 『後漢書』

색인